历史的面孔

古代中国的生存路径与人性解读

宗承灏◎著

FACES OF HISTORY

天津出版传媒集团
天津人民出版社

图书在版编目（CIP）数据

历史的面孔：古代中国的生存路径与人性解读 / 宗承灏著. -- 天津：天津人民出版社，2019.6
ISBN 978-7-201-14328-6

Ⅰ. ①历… Ⅱ. ①宗… Ⅲ. ①历史人物 – 人物研究 – 中国 – 古代 – 通俗读物 Ⅳ. ① K820.2-49

中国版本图书馆 CIP 数据核字 (2018) 第 295476 号

历史的面孔 古代中国的生存路径与人性解读
LISHI DE MIANKONG GUDAI ZHONGGUO DE SHENGCUN LUJING YU RENXING JIEDU
宗承灏　著

出　　版　天津人民出版社
出 版 人　刘　庆
地　　址　天津市和平区西康路 35 号康岳大厦
邮政编码　300051
邮购电话　（022）23332469
网　　址　http://www.tjrmcbs.com
电子信箱　tjrmcbs@123.com

责任编辑　章　赪
封面设计　王　鑫

制版印刷　大厂回族自治县德诚印务有限公司
经　　销　新华书店
开　　本　787 × 1092 毫米　1/16
印　　张　21
字　　数　247 千字
版次印次　2019 年 6 月第 1 版　2019 年 6 月第 1 次印刷
定　　价　59.00 元

目　录

自序　人性永远是一面镜子 / 1

第一辑 变　局

变法者的春梦——成于霸道，败于霸道 / 002
谋利者的哲学——鼠在所居，人固择地 / 023
投机者的身份——游侠乎？流氓乎？ / 049
篡国者的狂想——是乌托邦，还是理想国？ / 075

第二辑 残　局

激进者的玩法——是诗人，还是热血沸腾的疯子？ / 104
谏言者的妩媚术——盛世不能承受之重 / 126
改革者的突围——后世人当知我谢我 / 152
英雄者的命运——风波亭外的玄机 / 184

第三辑 危　局

廉洁者的法宝——祖制到底有多可怕 / 210

亡国者的困惑——歪脖子树上的死结 / 232

爱国者的视野——钦差大臣与西方世界的交锋 / 259

卖国者的无奈——替罪羊的攻守之道 / 290

自　序

人性永远是一面镜子

在所有的器物中，我最迷恋镜子，也最害怕镜子。年轻的时候，我有一张还算标致的脸，迷恋镜子，其实是迷恋自己。尤其是某一天，有女同学说我长得像某个明星，迷恋更甚。我记不清在哪里听过一句话，“镜子窥视着我们”——我们打量着它，显现的是一张你瞪着它，同时也被它瞪着的脸。

很多次，我看着镜子中那张脸，它在不同的时间里呈现出不同的状态，或得意，或颓废，或晦暗，或坚硬，或软弱。在那里，我庸常不堪的生活袒露着它的每一处肌理，像是刻意营造出的一种假象，虚幻而又深刻。在那里，我穿我的衣，我睡我的觉，我们相安无事，而又彼此对望，两不相欠。

当我在某一个清晨或者傍晚，注视那些消失的历史人物，我试图走近他们，可所有的努力都成了徒劳。时间还在，可是时代早已面目全非。我们总想通过文字去打捞时间，可时间里散失的不是残肢断骸，不是光怪陆离的人生故事，而是旺盛的腥气或是心态的转移。那些顺流而下的时间，就像是我曾经迷恋的一面面镜子，我看着它，它也同样看着我。它看着我穿过一无是处的青年，走进谨小慎微的中年，走向昏昏然不知老之将至的年月，乃至最后的死亡。

那些转瞬即逝的人和事，成了泡在时间药剂里的一个个标本，虽然存在，但已变形。我从不相信，我的文字能够在这个镜面的世界里安顿世道人心，我顶多是勉强完成对自己的交代，而这种交代又是如此潦草。我喜欢的一个歌手，二十年前高八度唱“不成熟的，快快成长；成熟了的，都通通地开放”；二十年后低八度吟“我想回头望，把故事从头讲”。是他拒绝成长，还是时间让他学会了放弃抵抗？

这个世界的声音有着多元化的嘈杂，而我不愿意做一个没话找话的人。刷存在感有很多方式，而我偏偏选择了文字，这真是一件不幸的事，它让我失去了很多生活的乐趣。可在这迅疾如电的人生短途中，我实在找不到比写作更有意义的事。文字是时间馈赠人类最好的礼物，而我总是为自己一再陷入叙事的枯燥、视野和内心的逼仄而深感内疚，捶胸顿足。写作靠天赋，而上天只给了我一份蛮力。我只能不停地耕作，用量的积累来完成质的提升；除此之外，我不知如何打发这滚滚而下的时间。幸好，我是农民的儿子，耕作是祖祖辈辈留下的活命技能。在选择事件和人物时，我总是会选择大时代的主流人物，毕竟他们才是中国历史的推手与掌舵者。我写他们，仍希望能够还原他们的生存状态，或者说通过内心的重演和借鉴，来叠加自己的人生，来达到对于中国历史深层次的了解与感悟。

欧洲中世纪晚期，罗马教廷为了筹集资金，开始授权神职人员四处贩卖赎罪券。据说，那些领受了赎罪券的人们的罪过就能获得神的赦免。从某种意义上看，这赎罪券更像是人生的万能钥匙。每一段人生都不可替代，所有的命运都殊途同归。在命运和不公面前，谁能祈求一张能解决所有问题的赎罪券？对于一个写作者来说，这些都是不存在的。在丰富的人性之下，世事有万千答案，又何止一张赎罪券？

基于此，我想尽可能地打捞那些置身于时间洪流中的个体。他们大多是治世者，或置身于一个摧枯拉朽的时代，或置身于一个“道术为天下裂”的时代。他们是大人物，同样也是时间深处的小人物。他们所信奉的生存哲学和人性阴影上的矛盾，是时代的困惑、文化的困惑，是所有生命共同体的困惑。天才的火花渐次熄灭，英雄不可避免地与悲剧相携而生。他们以刀锋、以阴谋、以帝王术、以补天志，去征服他们所处时代的途程。正因为如此，一个微不足道的时间节点才会被人为地赋予了诸多的意义。是人主宰了国运，还是国运裹挟了人的命运？

1918 年 11 月 7 日，快要过六十岁生日的前清民政部员外郎、学者梁济问他的儿子梁漱溟："这个世界会好吗？"正在北京大学当哲学教授的梁漱溟回答："我相信世界是一天一天往好里去的。"

梁济留下一句："能好就好啊！"三天之后，梁济在北京积水潭投水自尽。他在遗言中写道："国性不存，国将不国。必自我一人殉之，而后让国人共知国性。"

我不喜欢美人迟暮，我喜欢英雄老去。毕生所积蓄的力量以及人生中的破绽，都会在最后的时光中情不自禁地透过一些细节流露出来。原来他们的愤怒是如此虚张声势，原来他们的霸道是如此摇摇晃晃。他们被一再书写，也被一再误读。他们是镜子里的我们，我们是现实里的他们。老子在《道德经》里最感叹的是我的大患在我"有生"，若我不是人，我有何患？大人物也好，小人物也罢，其实都是一个时代缩影。那些来自历史现场的跺脚与呐喊，只是时间的一小部分。如果把这一小部分当成历史的真面目，那无疑是一叶障目。

人有困惑，习惯于向外部世界探索，总认为是世界欠了他的。这中间有多少悲剧、认知的扭曲，就有多少堂而皇之去犯错的理由。古罗马思想家奥古斯丁说过："同样的痛苦，对善者是证实、洗礼和净化，对恶者是诅咒、浩劫和毁灭。"以此类推，同样是一朝权在手，例如当皇帝，对善者可以成就仁政、和平和自由的世界，对恶者却是文字狱、枷锁和不公。

抱着苹果手机忙着刷朋友圈的你，不会想到乔布斯说过的一句话："你的时间有限，所以不要为别人而活，不要被教条所限，不要活在别人的观念里，不要让别人的意见左右自己内心的声音。最重要的是，勇敢地去追随自己的心灵和直觉。只有自己的心灵和直觉才知道你最真实的想法，其他一切都是次要的。”

乔布斯说的这句话，王阳明早在600年前就说过，而王阳明只用了“致良知”三个字。致，即“找”；良知，也就是“自己”。我们来这世上一遭，兜兜转转不过是在“找自己”。有的人将别人的期待视为要找的那个“自己”，结果是越找，离自己越远，越觉得困惑；有的人穿上别人的马甲，以为找到了真的“自己”，结果活得别别扭扭，身心困顿。

一些人茫然失落，一些人盲目自大，一些人自惭形秽。曾经认为坚硬的，也开始松散；曾经以为自信的，也开始怀疑；曾经以为沉默的，也开始聒噪。在这个世界上，我们中的大部分人都将平庸地度过短暂的岁月，很少有人能够登上巅峰看风景。只有极少数人会在认清这一现实后，还愿意去追逐世俗的高度和内心的宽广度。他们总是将自己视为命运的宠儿，总认为希望就在下一秒钟，下一个路口。我们宁愿相信在转角处会遇上想要的偶然性，也不愿相信会撞上南墙的必然性。芸芸众生，凭什么不是我，又凭什么偏偏是我？

有人问，人类社会的结构是否只有身、心、世三重？奔了这头，就放了那头。当一头失重，又想要去往另一头平衡一下。今人如此，古人又何尝不是如此。作为古老中国的代表人物，他们是如何面对故步自封，如何面对残忍暴力，如何面对时运颠倒，如何面对痛则思变……是什么支撑着他们完成了自己的人设，是宗教信仰和出世的精神，是“忠、义、信”的价值观，还是痴迷于入世的诱惑？

万物皆有始，虽无限循环，却总有来处。往圣先贤用他们仰望星空时所发出的喃喃自语，开启了万物灵性与心智的交流，并唤起无数同样困惑者当下的觉醒。现代人喜欢挂在嘴上的一句话：离开谁，地球都照转。个体的沧海一粟，挡不住时间的大浪淘沙。颠沛于风云乱世，看似优雅荣光，实则忽略了多少矛盾与尴尬，更遑论内心世界的大开与大合。现代人喜欢问，我们的信仰去了哪里？问总是好的，怕就怕连问都懒得去问，就选择了随大流。一旦不再分享思想的喜悦和感念，一旦来者狂妄后世虚骄，人类的智慧就会退隐于无形。

生活在当代社会，我们感受到时代转型的苦难和文明世界现代性的危机。列奥·施特劳斯在《现代性的三次浪潮》中这样描述现代性的危机：“现代性的危机表现或者说存在于这样一宗事实中：现代西方人再也不知道他想要什么——他再也不相信自己能够知道什么是好的，什么是坏的；什么是对的，什么是错的。寥寥几代之前，人们还是普遍确信人能够知道什么是对的，什么是错的；能够知道什么是正义的（just）或者好的（good）或者最好的（best）社会秩序——一言以蔽之，人们普遍相信政治哲学是可能的，也是必要的。在我们的时代，这个信念已经回天乏力了。”

日暮酒醒人已远，满天风雨下西楼。人性永远是镜子里的自己，是时间慢慢去拨开的谜底。我们每个人内心都是一条河，而河流与河流之间，一直都是有区别的。电影《肖申克的救赎》中有句对白：每个人都是自己的上帝。如果你自己都放弃自己，还有谁会救你？每个人都在忙，有的忙着生，有的忙着死。忙着追名逐利的你，忙着柴米油盐的你，停下来想一秒：你的上帝在哪里？

你的上帝在哪里？夜深人静的时候，我们不敢反复问自己，每问一声，心底都会传来悠长的悲鸣。

第一辑

变局

变法者的春梦
——成于霸道，败于霸道

五匹马向着五个相反的方向用力，围观的人群跟着发出撕心裂肺之声，像是火花溅入眼睛里。商鞅的身体在惊叫声里成了一堆可以任意揉捏的泥巴，被撕扯得失去比例。人间至痛莫过于此，一个肉身凡胎的人被揉捏成了一只长臂长腿的怪物，血从身体的各个方位喷涌而出。终于，皮肤的张力因承受不住巨大的拉力，纷纷露出了破绽。他气若游丝，想喊叫，却喊不出来。没有人知道，死亡到底在何时降临。

秦惠王车裂商鞅，并且发出警戒，“莫如商鞅反者”，并且“灭商君之家”。

当我们回望两千多年前那场变法时，一些关键词仍是含糊不清。时间有时候就像是一个喜怒无常的孩童，可以任性而为，却始终无法抹去宿命的烙印。有人说，商鞅成于“霸道”，也败于“霸道”，最后他能够以其肉身殉于“霸道”，也算是冤有头债有主。不知商鞅在身体撕裂前的最后时刻会想到什么，是为自食其果而感到后悔，还是为青出于蓝而胜于蓝感到欣慰。他的心里一定想起故乡，他是一个魏国人，向西而去才是他生命的来路。想着大地深处的河流与山脉，想着函谷关外的草木与野兽，他的血液里升起一种悲哀。他想逃，想变成一只鸟，振翅飞翔蓝天，可是天地如牢笼。老子在他的《道德经》中说，“强梁者不得其死”。行霸道之人往往没有好下场，即便是对历史、对国家、对民族有过巨大贡献的大人物也难以逃脱历史的规律。

1. 秦国需要一剂春药

秦人好勇，无论是披着黑色麻衣的穷苦百姓，还是穿着黑色袍服的贵族，每个人的身体里都藏着一份不灭的战斗信念。《汉书》中有如此记载：“今秦变周，水德之时。昔文公出猎，获黑龙。此其水德之瑞。”也就是说，早年秦文公外出打猎时，曾经捕获过一条黑色的龙，而这正是五行之中水德的象征。秦国统治者认为自己是水德，崇尚水。而在五行中水德对应的标志颜色是黑色。所以，从春秋战国时的秦国开始一直到一统天下的秦帝国，都崇尚黑色。

黑色既是黑云压顶的愁苦，也是黑铁炼心的刚直。数百年的周朝，实在是太过久远，不安分的又何止秦人。天下本是天下人的天下，谁也别想一口吃了谁，谁也别想将周王取而代之，谁也别想轻易退出这场重生与毁灭的游戏。秦穆公曾经在一批外来人才的辅佐之下东征西讨，变革图强，一度达到“并国十二，开地千里，遂霸西戎”的强盛状态。此后十数个继任者与秦穆公相比，既少了称霸的澎湃之心，也没有人才可堪大用。两者有着必然的联系，有野心必然会想办法去找人才，有了人才才有实现野心的可能。

秦穆公的继任者好像早就忘了祖上的荣光，最自以为是的功名与荣光，也经不起时间的冲刷。英雄的后代也允许出现狗熊似的人物，也可以没有宏大的抱负与志向。秦国的国势就这样走向一个又一个低谷。低到什么程度呢？比如说当时鲁国的“初税亩”是在公元前594年，而秦国的“初租禾”则是在公元前408年，整整落后了186年。按照发展时间推算，作为当时国家根本经济制度的耕地管理及使用体制，秦国要落后于其他先进国家将近两百年的时间。

天下大势除了分合之道，还有强弱起伏之道。而强弱之道，在于人为，不在天理。公元前 361 年的某天清晨，魏国国都安邑（今山西省安邑县）的大街上，一队手持戈矛的骑兵冲开摩肩接踵的人流，一辆华丽的马车由四匹马拉着奔驰而过。车子里坐的是魏国国君魏惠王，他听说相国公叔痤病得非常厉害，一大早坐了马车登门看望。

连年的操劳，使得公叔痤积劳成疾。魏惠王握着公叔痤苍白的手，问他还有什么未竟的心愿，需要交代哪些国事。或许是很久没见到君王，公叔痤挣扎着爬起来，颤抖着嘴唇，说了一句对魏惠王至关重要的话："我的中庶子公孙鞅，虽然年轻，却才能不凡，希望大王把国家大事委托给他。"

公叔痤是魏国的相国。中庶子，类似于弟子兼助手。那一年，公孙鞅已经在公叔痤的身边度过了四个寒暑，并已赢得公叔痤的赏识。公孙鞅精通"刑名之学"，习杂家之言，好李悝之教，兼兵家之术，是一个复合型人才。

商鞅是孟子和庄子的同时代人，但比他们俩稍微年长一点儿。因为后来受封于商，所以被称为商君或商鞅，其实本名叫公孙鞅，又叫卫鞅。商鞅是卫国公室的庶出公子。按照当时的宗法，嫡长子拥有父辈的继承权，其他庶子则不可能享受到太多父辈的荫庇。他们虽然得不到太多的实际利益，但应该享有的政治待遇还是能够保障的。如果他的人生目标仅仅是锦衣美食和妻妾美女，那么他大可不必跑到魏国去给公叔痤当个小秘书。

为了引起魏惠王的重视，公叔痤在这里故意渲染了商鞅的才能。他说："假如大王不愿意重用公孙鞅，那么请你干脆将他杀掉。因为这个人如果不为魏国重用，就一定会到别国去。以他的才能，一定会使他国富强起来，那样就会对魏国造成很大威胁。"

那时齐、楚、燕、韩、赵、魏、秦七个大国和宋、卫、中山等小国相互之间经常发生战争。魏国的地理位置居中，容易四面受敌，忧患意识极为强烈。尽管如此，魏惠王还是没有将公叔痤的这句话放在心上。公叔痤将他对魏王说的话告诉商鞅，请商鞅赶快逃命。商鞅却若无其事地说："彼王不能用君之言任臣，又安能用君之言杀臣乎？"

学富五车的商鞅在公叔痤门下本就无法施展他的一腔抱负，公叔痤死后，他就更显得郁郁不得志。当他听到秦孝公求贤的消息后，就带着他的老师尸佼投奔秦国而来。尸佼被后世列为诸子百家之一。

秦孝公求贤的诚意，商鞅并不怀疑。然而诚意并不等同于治国方略的选择。自古以来，人们对治理国家提出了千百种主张，大而言之，形成传统共识的便有王道治国、道家治国、儒家治国、墨家治国、法家治国几种主流。其中王道治国是经过两千多年历史延续的成规定制，最为成功的范例便是西周礼制。这种王道礼制，也的确曾经使天下康宁一派兴盛。战国以来，王道礼制大为衰落。秦穆公时，百里奚操持的正是王道之学，秦国迎来了自己的巅峰时刻，秦穆公也由此成为春秋霸主，老秦人至今引以为傲。

商鞅是在走投无路的情况下，冒险来到秦国的。商鞅的包裹里揣着从魏国带来的一部非常重要的书——《法经》。魏国是战国中第一个实施变法图强的诸侯国，算是一个根基深厚的老牌强国。他的强大在很大程度上得益于一个人、一部法典。这个人就是李俚，这部法典就是《法经》。

《法经》是中国最古老的成文法典之一。一部《法经》将法家的思想具体到可执行的地步，犯了什么错，定为什么样的罪，接受什么样的刑。如果魏惠王把魏文侯和魏武侯制定的改革路线坚定不移地执行下去，那么战国时代最强大的国家可能就是魏国，而不是后来崛起的秦国。可惜的是魏国的这场改革，始于魏文侯，止于魏惠王。

商鞅在魏国期间，将《法经》里的每一个字都刻在自己心里。虽然李俚这时候已经去世了半个多世纪。但是从某种意义上说，商鞅依然算是李俚的弟子。

秦孝公发布的求贤诏，伴随着他强国富民的决心，很快就传遍了山东六国。秦孝公曾经目睹了其父秦献公改革的平淡收场，他在内心深处遥想远祖秦穆公所建立的强国霸业。每念于此，他都能感觉到身体里的血液在燃烧。

他在即位的第一年，就迫不及待地向天下发出了那篇改变大秦时局的求贤诏。诏文说："献公即位，镇抚边境，徙治栎阳，且欲东伐，复穆公之故地，修穆公之政令。寡人思念先君之意，常痛于心。宾客群臣有能出奇计强秦者，吾且尊官，与之分土。"

无数个不眠夜晚，栎阳城始终有一盏灯孤独地亮到天明，那里正是秦孝公下榻的寝宫。作为秦人的王，作为嬴氏王族的带头大哥，秦孝公没有理由回避这个战乱不息的时代赋予他的使命。这是一片生产王的土地，土地越是贫瘠，当王的冲动就越是不可遏制。每个王的眼中都闪动着亢奋的火焰，都害怕被这个世界冷落。为争夺霸主这个名额，他们把流血与死亡，当作自己的选票。战场上胜负往往并不取决于战场，而是取决于战争之外的诸多因素。

商鞅进入秦国时，通过内史景监的引见才见到秦孝公。对于景监这个人，史料着墨不多。他举荐商鞅，若是没有利益往来，必然是出于男人之间的情义，他敬佩商鞅、相信商鞅，甚至对商鞅不说明理由的要求也会无端地接受。商鞅于他，是一个可敬可亲的名士挚友。

商鞅与秦孝公的初次会面，完全是两位野心家的直接碰撞。

商鞅第一次见秦孝公，双方并没有碰撞出多少火花。商鞅显然是有备而来，口若悬河，从三皇五帝开始谈起。秦孝公听得直打瞌睡，最后给了商鞅一个"妄人"的评价。所谓"妄人"，就是不懂装懂，自以为是，令人讨厌的狂妄之徒。《史记》中形象地记载了这一细节：这边商鞅滔滔不绝地说，唾沫星子乱飞，而那边的秦孝公却昏昏欲睡。

秦孝公不耐烦商鞅的长篇大论，径自撇下一堂大臣扬长而去。

为此，作为商鞅引见人的景监被秦孝公狠狠训斥了一通："你难道就给我引荐这样的人才吗？这样的人对我有用吗？"还没等商鞅将自己内心的想法统统倒出来，秦孝公就令人将他逐出会客室。

商鞅精通"刑名之术"，自然是游说巧辩的高手。他初次见到秦孝公，在没有摸清对方底牌的情况下，只能采取避实就虚、引蛇出洞的游说战术。

他向对方大谈“帝道”，他以为，像秦孝公这样有野心的霸主，王道是永远不会跑偏的话题。

第二次接见商鞅，中间仅仅隔了五天。商鞅第二次宣讲的主题是王道，比第一次效果要好一些，但仍然没有切中要旨。双方二次见面，气氛还算融洽，商鞅丝毫没有收敛的意思，依然滔滔不绝如黄河之水。秦孝公这一次没有昏昏欲睡。商鞅虽然说的是王道，但也点明了秦国当前所面临的主要问题，同时提出了当前两项重点工作，一要内劝农，二要外修战。或许是商鞅说中了秦孝公的心思，秦孝公有了与商鞅进行深度交流的愿望。

这一次会面，双方虽然没有做到相谈甚欢，但是比第一次有了突破性的进展。对商鞅而言，他总算是摸清了秦孝公的路数。商鞅突然发现，原来面前坐着的这个高富帅和自己一样，都是急功近利的主儿。曾经觉得自己生不逢时的商鞅，此时仿佛触摸到了这个时代为自己量身打造的机遇。

有了前两次的试探与铺垫，双方的第三次见面也就不用拐弯抹角，而是直指要害。这一次，商鞅选择了“霸道”这个话题，果然得到了秦孝公的高度认可。此后一发不可收拾，“语数日不厌”，两人由此成为最佳拍档。

“王道”与“霸道”这两个词出现得较晚，但是这两种治国学问早就存在了，司马迁用这两个名词来概括这两套学问。商鞅年轻时师从多门，既学习法家、杂家的学问，也学习兵家的学问。他以杂家的根底谈论帝道、王道，后来又以兵家的根底撰述兵书。

景监后来问商鞅是如何得到秦孝公的欢心的。商鞅答道：“我是用夏、商、周三代盛世来劝说秦孝公，可秦孝公说：‘时间太长，我没有漫长的时间去等待。况且贤能的君主，自身就扬名天下，哪里能默默无闻地等待几十年、几百年来成就帝王之业呢？’因此我就用强国之术向秦孝公陈述，才赢得他的欢心。”

在这次会面中，商鞅明确谈到了“法治”，并希望以此来达到富国强兵的目的。而秦孝公要的就是富国强兵，他的犹豫和困惑大多来自何种途径能够尽快实现这一目标。商鞅在这里为他指出一条光明路径——法治。秦国原来是军事管理制度，国家的军政大权都集于国君一人之身。在政权规模较小的情况下，这种管理体制还能维持其优势，上行下效，雷厉风行。问题是，现在国家的规模越来越大，人口越来越多，财富也不断积累，这种管理体制的弊端随着现实状况的不断升级而日益凸显。国君虽然手握绝对的权力，但却没有办法将这种权力以国家意志的形式贯彻到每一个角落。

更何况，国君根本不可能将自己手中的权力分配下去，因为在大多数情况下，分权就是放权，放权也就意味着君王随时有被架空的危险。按照商鞅的意思，就是将国家的意志和国君的权力通过法律条文的形式外化出来，向整个国家颁布，并依靠国家的力量强制推行。这样一来，“权”就变成了“法”，“人治”就会变成“法治”，君主的权力和国家的意志就会无处不在。

对于宠臣景监推荐来的魏国家臣，一个名不见经传的年轻人，秦孝公所表现出来的惊人的耐心，就足以表明他的志向决不仅仅只是谋强图霸一方这么简单。他要超越这平凡的君王生活，他有一颗席卷天下、包举宇内、囊括四海的心。一个人的野心最怕遇上另一个人的执着。在商鞅身上，我们可以看到三晋人士功利色彩之外的另一面，那就是对于理想的执着。这种执着，是为了实现自己的人生价值，而不是简单的追名逐利。

商鞅之所以在秦孝公面前大谈特谈法家的那一套，而避谈儒家，不是他对法家有着多么坚定的信念，而是因为秦孝公当下最需要解决的是秦国如何迅速崛起的问题。面对秦孝公的急功近利，商鞅已经无法安静地听从自己内心的召唤。

秦孝公最需要的应该是一剂服下即可见效的春药，能让老大帝国一夜间焕发生机。

在这种情况下，商鞅只能以功利的算计来衡量各种学说的优劣程度，而不会用价值观来主导自己的选择。说白了，商鞅这时候还无法形成自己的价值观，只要符合君王的口味，哪怕自己内心认为有问题的东西，他也可以举双手赞成。这不是商鞅一个人的问题。中国的知识分子在时势面前，虽然口口声声说什么“有道则见，无道则隐”，但他们的“道”又何尝不是建立在君王之道的基础上。

这种迎合心态会决定他们选择哪一种方式介入时势。如同商鞅，既然秦孝公喜欢听霸道，那就闭口不谈“霸道”的弊端，只谈“霸道”的历史功效。第三次见面，秦孝公虽然对商鞅的想法赞不绝口，但他并没有启用商鞅进行大刀阔斧的变革。商鞅明白秦孝公是怎么想的，他对景监说：“我对孝公谈了霸道，看样子他已经动心了。他虽然没有表态，但我知道，他肯定会再见我的。”

果不其然，这两个野心家又有了第四次会面的机会。当然，这一次会面所谈的内容属于机密，无人知晓，也不见史料上有所记载。我们能够知道的是这两个男人在一起吃则同席、卧则同榻，一连谈了几天几夜。可想而知，这次长时间的秘密会谈，肯定是在讨论如何推行变革方案，以及在改革途中有可能会遇到的阻力。

也许他们已经下定了决心：不变则已，一变就要成功，绝不能流产。

秦孝公显然已经被商鞅的理论所震撼，陡然觉得往昔那笼罩心田的沉沉阴霾，已经消散得无影无踪。商鞅如同从历史深处走来的持斧之人，将长久以来束缚秦孝公身心的那道枷锁生生劈开。

经过四次的谈论，商鞅终于准确地揣摩到秦孝公心中所欲。秦孝公要的是“及身显名”的大欲，是立竿见影的强国之术，而不是悠远缥缈“邑邑待数十百年”的帝王之道。

2. 商鞅的罪与罚

公元前356年初春，秦国正式拉开改革的序幕。这一日，栎阳宫城的政事堂早早生起了大燎炉，红红的炭火使原本阴冷晦暗的大厅变得暖和明亮起来。与往日不同的是，朝臣们的脸上肌肉都绷得紧紧的，像是有什么大事将要发生。

中国历史上出现的任何一次变法维新都不可能只是一种治国方略的重新选择，它更接近于一种利益关系的重新调整。也正因为如此，改革才会遭到既得利益者百般阻挠。

在改革之前，秦孝公想听听各方的不同意见。商鞅是外来的和尚，他所念的那一套经到底有没有用，秦国人民到底能不能接受，这都是秦孝公所顾虑的地方。正因为如此，秦孝公欲用商鞅变法，又恐天下议己。为了摆脱这种尴尬的两难局面，秦孝公专门安排了这场“御前大辩论”，让支持者与反对者各持己见展开辩论，这样既互通声气，也能够说服对方。

商鞅认为，旧制度已经证明行不通，既然不能实现富国强兵的目的，那就应该早日废除，改弦更张。新事物的出现，本来就会遭到世人的反对。这时候进入商鞅个人秀时间，愚昧的人还没做出任何反应，智慧的人已经有所觉悟。对于商鞅而言，他不可能去做通每一个人的思想工作，也不可能说服他们都来支持自己。

他说：“秦国变法之方略为：奖励农耕以富国，激赏军功以强兵，统一治权以正吏，化俗齐风以聚民。此四项之下，各有若干法令保证其实施。”

一切时代、一切民族和国家在改革时必然遇到阻力和咒骂，秦孝公也面临同样的困境。太师甘龙就是贵族保守派的代表，他反对商鞅改革的理由是，官员和老百姓已经适应了传统，如果硬要改变这一切，必然会导致秦国大乱，天下人都会站出来反对的。

这是一场极为精彩的大辩论，商鞅滔滔不绝地展示自己的口才，说得秦孝公连连称“善”，说得那些反对派们哑口无言，不知如何应答。大辩论固然费神耗时，却拨开了重重迷雾——它给保守派一个良机，他们表明了自己的立场和见解；同时也给了商鞅一个良机，他借此伸张了自己坚定的意志和饱满的信心，更展现了渊博的知识及崭新的时代精神；它给秦孝公一个良机，使他了解了朝臣的不同面貌，并且扫除了心底的困惑和疑虑。

不管那些士族大臣们的脸色有多难看，都无法动摇秦孝公变法的决心。他封商鞅为左庶长（中级官员），直接对自己负责。

可是商鞅上任之后，并没有马上颁行新的法律。他对秦国的形势做了一个简单的分析，他认为这时候的秦国是一个相对落后的国家，要改变这个国家的现状，就要颁行新的法律，实行新的制度，依靠秦国的老百姓。而商鞅这时候要颁发推行的法律政策，将会触动秦国贵族的利益。如此一来，那些贵族将会成为他变法的阻力。商鞅所能依靠的，除了秦孝公以及秦孝公给予他的权力，就只有依靠秦国的老百姓。所以在启动改革之前，商鞅首先要做到取信于民。

南市，是栎阳南门内城墙下的一处农牧货品交易大市。从早晨开始，栎阳城内外的老百姓就会络绎不绝地赶到这里，进行交易。临近中午时分，集市已经人山人海。这一日，市场中心的广场上出现了一阵骚动，许多人都赶过来看热闹。

一小队兵士抬着一根粗壮的木椽向这边走来，待到城墙之下，士兵将木椽靠在墙上。当大家惊疑不定、议论纷纷的时候，商鞅来到了现场，将赏金骤然提高到五十斤。这简直就是一个儿戏。人群开始骚动起来，激动和兴奋的情绪开始蔓延。人们跃跃欲试，而又将信将疑，犹豫着不肯向前。

一个争强而又好奇的青年在众人怂恿下，没考虑那么多，就将那根木椽移到北门去了。结果，这个青年竟然如数得到赏金。人们惊叹不已，商鞅的目的也就真正达到了。

商鞅要通过这样一件事让民众信任他，等到人们都相信他令出必行之后，才开始颁布改革方案。国家号令不会更改，一是一，二是二。徙木立信就是要取信于民。

信任是相互的，由于在“富国强兵”的愿景目标上达到高度一致，秦孝公便以完全信任、充分授权和毫不动摇的支持，使得商鞅敢于放心大胆地作为，并相信自己是在为一个国家的成功做出努力和贡献。这是国君在重臣的心中树立“信誉”。

商鞅知道自己是“空降兵”，除了秦孝公的支持，他没有任何背景，变法遇到的困难可想而知。城门立柱，移木赏金，这是商鞅在百姓心中建立诚信的一种手段。既然商鞅这时候已经得到了君主的支持，那么下面他所要做的，就是争取绝大多数秦国老百姓的信任。两种“信誉”使上上下下取得了一致的价值认同。没有这样的“信誉”，变法就不可能在秦国发生。

商鞅的改革并不是贸然出手的，他是在观察了数年之后，才开始变法的。那些年中，他像一个冷静的刀客，躲在黑暗的角落里，看着别人厮杀，自己却不动声色。他在等待机会，一个可以一招致命、切中要害的机会。当这个机会到来的时候，他决定出手了。他一出手，所有的人就都看见了他，因为他的动作迅疾而猛烈。这一年，是公元前356年。卫鞅的变法，是从立规矩、明赏罚开始的。

商鞅在改革伊始就为秦国今后百年的施政手段定下了一个总基调，那就是以法施政。

这里的“法”成了刑法，成了轻罪重刑、重罪酷刑的代名词，其中最典型、最残暴、流毒最为深远的是连坐法。“不告奸者腰斩，告奸者与斩敌首同赏，匿奸者与降敌同罚。”如果发现问题没有及时举报，一人犯“奸”其他同一什伍的九家街坊全腰斩。一人“流”则九家同“流”，一人“囚”则九家同“囚”。

此后这一连坐法经秦国历代君王和当国重臣不断加工，愈织愈密，愈织愈苛，终于在百年后将大一统的秦王朝打造成了一个集中营。

相对于其他诸侯国而言，秦国的君权原本就缺乏道义及制度上的制约。商鞅变法并没有将君权神圣化，而是通过制度和具体刑罚来塑造君权绝对化，也就是所谓的君王最大，君权最大，君王的刑法最酷。

商鞅的改革之所以能够在短期内取得巨大成功，其根本原因在于他所推行的经济制度改革成功调整了生产关系，促进了生产力的发展。如此令人难以置信的成功，也奠定了法家思想在秦国施政理念中的主导地位，也同时将法家思想的局限和缺陷融入秦国的施政理念。此后秦国的历代君主和当国重臣也理所当然地将法家思想继承下来。在继承中，他们不但没有加以正确的扬弃，恰恰相反，他们更是将法家思想的先天不足不断放大。

秦国历代君主和重臣急功近利且守株待兔，他们根本看不到法家思想与时俱进的先进性，也拒绝考虑法家思想所蕴含的"法者，所以爱民也"的深刻内涵。他们将商鞅改革的暴烈手段视为万世之法，一代谬于一代地传导下去。他们不知道，以重刑、酷刑作为贯彻政令的根本手段来实现改革，只能用于彼时而非此时，只能用于一时而非累世。

秦孝公委任商鞅为左庶长，一人之下、万人之上的最高行政长官。在魏国不被重用的商鞅，终于在秦国觅得施展平生抱负的机会。商鞅在大辩论上抛出"治世不一道，便国不法古"的观点，虽然遭到了士族大臣们的反对，却赢得了秦孝公的支持。商鞅随即草拟了《垦令》，再由秦孝公增订修改，并且公布于世，成为秦国改革的第一份正式法令。

从商鞅做左庶长执政开始，秦孝公就好像从史书上突然蒸发了。本来应该两个人的大戏，这时候却成了商鞅一个人的独角戏，其他的人与事件都成了背景。其他人成为背景尚可理解，作为男二号的秦孝公竟然没有留下几句台词就莫名消失，实在让人无法理解。

徙木立信是商鞅亲自策划并实施的，反对者的骂声和支持者的掌声同时响起。秦国这时候的法制建设、经济、政治改革统统都是商鞅一个人在舞台上的秀，甚至连对外战争也是商鞅领兵出征。商鞅刚开始在秦国推行新法时，有上千人跑到国都栎阳上访，他们态度很明确，反对秦国推行新法。虽然这些上访者在都城闹得很凶，可秦孝公始终没有露面。

战争，给了商鞅重新分配爵禄的机会。官场裙带的链条被他无情地扯断了。那些占尽血缘优势的人与爵禄渐行渐远，而那些真正勇武的战士开始走到最重要的位置上。商鞅从军爵制度开始，取消贵族世袭制度，收回特权，只有在战场上立下功劳，有军功战绩，才能够重配爵序，列籍贵族；

平民百姓，不管出身贵贱，只要有军功战绩，都可以根据杀敌多少，获得相称的爵位，获得功名富贵。有野心的人，通过打仗、杀敌，血腥的屠杀，获得人口和土地。商鞅还没有罢手，他使出了更狠的一招——爵位与封地脱钩。贵族的封地被收归国有，重新分配使用，那些不可一世的贵族们几乎一无所有了。

商鞅一亮相，就打倒了一大片，迅雷不及掩耳，令秦国上下目瞪口呆。

商鞅将他的刀锋毫不避讳地指向贵族当权者，但是他的对手并不好对付——他们有权、有势力，人多势众，不会坐以待毙、等着别人来动他们的奶酪。那不是一般的奶酪，是由不计其数的别墅庄园、豪车美女、钟鸣鼎食、绫罗绸缎、出行时威严的仪仗以及无孔不入的特权共同打造的高级奶酪。他们觉得享有这种高品质奶酪是天经地义的，老子英雄儿好汉，先辈用功勋换来的特权是取之不尽的宝藏，作为后裔的他们世世代代分享不完。

他们什么也不需要做，却什么都拥有。而这种不正常的利害关系，却从来没有人站出来质疑。他们不愿意平白无故地失去这一切，去成就商鞅这个外来务工人员的业绩。司马迁没有记录商鞅开始出手的日日夜夜里，他是怎样度过的。我们可以想象他在那些时间里，他所背负的精神压力——毕竟是人，不是神，血肉之躯有着难以承受的生命之重。

这是一场冒险，更是一场豪赌，不成功，便成仁。他只不过是一名宾客而已，体内流淌着的是卫国的血，和嬴秦并没有关系。支持他放手一搏的不过是秦孝公一人，而不是那批人数众多的贵族。商鞅从来就没有低估他所面对的凶险，为防不测，他制订了周密的安保措施：每当出门的时候，他都会为自己准备十几辆车跟随其后，车上满载着披甲的武士，还有持矛和戟的卫士排在车队的两旁，把商鞅的车围得水泄不通。即使如此，他紧绷的神经也难以松弛下来。

商鞅从哪里来的这份冲动和决心？隔着两千多年的时光，我们已经无从查考，中国的史书只负责记录史实，从史书间搜索出历史人物内心的蛛丝马迹无异于缘木求鱼。我们可以找出许多原因，但是我想，有一个重要的因素——他当年被魏惠王拒绝的那份难堪会一直残留在他的脑海里，纠缠着他。

从商鞅后来的举动分析，他很可能是一个自我感觉良好的人，一个冷酷、强硬、独自决断的人。他坦然中裹藏着凌厉，他对自己过于自信。但是他越是自信，在魏国受挫的辛酸记忆就越是挥之不去。那份记忆折磨着他，催促着他赶快通过一项伟大的事业来证明自己的价值，只有功成名就之时，记忆中的伤痕才能被抹平，成为一段非凡的经历，成为荣耀的注解、骄傲的资本。魏惠王的傲慢帮助商鞅完成了一次人格的反弹，进而帮助了秦国的事业。

眼下，必须要狠，商鞅对犯法的人从不留情面，犯死罪者，不是腰斩就是车裂；犯活罪者，不是剁手就是削鼻，还要把罪行刻在犯人的脸上。他崇尚暴力，崇尚极端的暴力。这份残酷，与秦孝公的野心一拍即合。他的暴力不是草莽剑客的快意恩仇，而是得到国家意志的全面贯彻。商鞅新法的每一个文字，最终都将变成淋漓的鲜血。

商鞅还企图统一国民思想，采取“愚民政策”，把文人、商人、工匠视为“国害”。商鞅不能容忍跟自己想法不同的人，把他们全部流放到偏僻的边陲、穷山恶水当中去，从此再也没有人反对他了。

秦国“连坐”的概念是商鞅最先提出的，连坐制不但推行在百姓身上，就连军队也实行这制度，后来演变成为秦法的主体。商鞅在渭河边论法，一次性就屠杀了七百多反对他执政路线的文人。直到刀斧手的手砍酸了，连刀都举不起来了，才肯罢休。尸体沉入水中，比水里的鱼还要多。那些柔若无骨的尸体，在河水里慢慢游动着，随着河水的流势不断变换着姿势，只有在河水转弯的地方才会停下来。越来越多的尸体聚集在那里，全部是无头的，他们的头颅被冲到了更远的地方。

商鞅在表明法的威严，也是在为自己壮胆。或许在他看来，只有杀戮才能掩饰他内心的忐忑。但贵族们不会坐以待毙。

果然，有人往刀口上撞了。为了这个冒失鬼，商鞅等了很久，守株待兔，等着他自投罗网。但那个人来者不善，让商鞅倒吸了一口凉气——此人不是别人，是秦孝公的亲儿子、当今秦国的太子。太子是下一任的国君，即秦惠文王。或许为尊者讳，他犯了什么法，《史记》中没有记载，这反而让人生疑，他一定是犯了什么上不了台面的错误。

太子犯法，是对商鞅的一次考验。面对太子的挑战，商鞅不能折腰，也不能回头，回头就是死路一条。既然变法的主要矛头指向贵族当权者，那么，在太子面前，卫鞅举起的利刃就不能有丝毫的犹豫。于是，他板着脸，回敬了一句话："法之不行，自上犯之。"意思是说，新法不能推行，原因就在于上面的人在触犯它。但是，如果在太子脸上刻字，太子将如何继承王位呢？这给商鞅出了一个天大的难题，反复思量之后，他决定采取一种变通的方式惩罚太子，就是对他的太傅公子虔处以刑罚，同时对他的太师公孙贾处以黥刑。太子本人的身体完好无损，但他的尊严被侵犯、被惩罚了。

所有人都瞪大了眼睛，他们没有想到商鞅贯彻新法的意志如此坚决。太子挡不住商鞅，就没人挡得住他了。新法推行了 4 年，公子虔又犯了法，他的鼻子被削下来，成为新法的纪念品。

儒家相信"人之初，性本善"，而商鞅代表的法家则把人的本性假设为恶；儒家主张通过礼仪教化驯服潜意识里的邪念，法家认为只有通过严厉的惩治来约束恶的本能；儒家树立"仁爱"的楷模，而法家则寻找"反面典型"来杀一儆百；志在树立道德榜样的儒家为人的存在提供了一个上限，法家则为人的存在设置了一道底线。

商鞅变法处处得罪人，朝野上下的反对意见不绝如缕，特别是宗室贵戚们在私下恨得牙痒痒。后来有人对新即位的秦惠王说：秦国百姓只知商君法，不知国君令。这样的话，恐怕秦孝公生前也应该听过很多次。但是秦孝公的态度是不闻不问，对商鞅除了信任，还是信任。终秦孝公之世，变法派官员一直实权在握，所有反对变法的势力都被压得动弹不得。

3. 商鞅死，秦法未败也

公元前 359 年和公元前 350 年，商鞅的变法分两步走，核心内容集中于“农、战”二字。商鞅所处的那个时代，国家的头等大事莫过于农业和战争。农业是一个国家富强的根本途径，而战争则是战胜敌国最有效的手段。

公元前 354 年，秦国军队夺取了魏国的少梁（今陕西韩城）。

公元前 352 年，商鞅又率领军队包围魏国旧都安邑（今山西夏县），迫使魏国守军投降。此为锋芒初试，表明秦、魏力量对比开始逆转。

公元前 340 年，商鞅率军队大举讨伐魏国，这一次是真正的争雄。一年前，魏国与齐国大战。齐国以孙膑为军师，田忌为大将，杀了魏国大将庞涓，取得胜利。商鞅向秦孝公建议说，魏国惨败，人心不稳，力量疲弱，应该趁机进攻魏国。这一军事主张得到了秦孝公支持。

魏国派出公子昂迎击秦军。公子昂是商鞅在魏国时的老熟人，商鞅给公子昂写了一封信，信上说：“我们是老朋友，阵前相遇，实在令人为难。不如我邀请你到我这里来相会，饮酒结盟，让两国永远和好算了。”

单纯的公子昂信以为真，前往秦营拜会商鞅。结果他刚踏入秦军大营，就被商鞅拿下。秦军立即出击，大破魏军。魏国被迫将河西大部分土地割让给秦国，为了躲避秦国锋芒，把国都也迁到了远离秦国的大梁（开封）。魏国从此不敢再与秦军争雄，直到被秦国消灭。人是一个半是天使半是魔鬼的复合体，明面与暗面会交错出现在一个人身上，就看外部环境的刺激和生存的需要了。同样一个商鞅，可以用南门立木昭示“诚信”二字，也可以言而无信出卖朋友来获取局部利益。

在商鞅的帮助下，秦孝公一雪先人的耻辱，他亲自出城迎接凯旋的商鞅，并把商、于（今陕西商县到河南内乡县之间）地区十五个邑封给商鞅，并赐给他一个称号——商君。

秦孝公赋予商鞅无上的权力，将其提拔为大良造（总理兼军队最高指挥官），官职级别也晋升为二十级中最高的彻侯。

对外实行军事征讨，对内用强权压服人心，推行新政。商鞅提出的愚民思想是与其最重要的变法内容——重农战紧紧联系在一起的，其目的是要人民摈弃杂念、归心于农战。为了使人民能够集中精力专心农战，商鞅认为最重要的一点就是让他们变得愚昧无知。正因为如此，在商鞅变法的各项内容中，“愚民”是关键词。

商鞅认为“昔能制天下者，必先制其民也；能胜强敌，必先制其民也”。如果老百姓都是愚昧敦厚之辈，就不会崇尚学问，更不会被其智巧所迷惑，就会专心致志地按照君王的意志投身于农战。商鞅的强国之术堪称中国历史乃至世界史上最残酷的一种，是一次激进的国家主义试验，在经济模式上则体现为“命令型的计划经济”。在他的治下，秦国成了一个让人望而生畏的“虎狼之国”，举国上下蔓延着极端功利主义的进取氛围。

这一施政目标虽然符合王道，但在制度及道义层面将君主直接推到了人民的对立面。商鞅对普通民众的轻贱，何尝不是暗含着他个人未来的命运，暗含着在他的理念下成长壮大的秦国的命运——轰然而起后，再跌入万劫不复。

在商鞅看来，民强则国弱，民弱则国强。商鞅的弱民之法很简单，就是用强权迫使民众装聋作哑，做一个愚蠢麻木的人，剥夺他们的智商、情商指数，剥夺他们独立思考的能力。具体手段是把诗、书、礼、乐直接列为有亡国危害的禁书，禁止求学、讲学及文化娱乐活动，禁止其他流派思想，全国上下只能听到法家思想的一种声音。学识渊博表达能力强的知识分子“不可以富贵，不可以评刑，不可以独立私议以陈其上”。

在法家看来，愚民政策是无所不能的一剂春药，只要愚民，就会掀起大生产运动；只要愚民，军队就会全面提升战斗力，国家就会涌现无数战斗英雄。殊不知，民智是任何社会制度都无法遏止的，愚民政策到最后只能导致愚人自愚。

商鞅在他的《商君书》中如此言道："入使民壹于农，出使民壹于战……民壹则农，农则朴，朴则安居而恶出。"也就是说，作为执政者要让老百姓对内做好一件事——种田，对外也要做好一件事——战争。只会种田的人，就会变得很朴实。他已经没有思想了，也没有眼界了，他没有见识过别的，只会干这一件事，自然就会变得朴实，这个朴实实际上是愚昧的意思。那么一个愚昧的人，一个无知的人，就会"安居而恶出"，就会很安分地待在家里面，而不愿意出去。

他还说："民之所欲万，而利之所出一。"老百姓有很多很多的欲望，但是国家应该让他所有的欲望都从一个渠道来实现，那就是你种田，你为国家去打仗。你做到这一点，那我们就可以赏赐你；你不这样做，就要惩罚你。所以"利出壹空者，其国无敌"。利出一门，国家所有的资源都控制起来，把所有的社会资源都控制起来，然后只让它从一种渠道出去，这样国家就具有了控制社会资源的绝对能力，国家就会变得很强大，就会无敌。

商鞅的迷失是逻辑递进的，一个国家，一旦价值观发生迷失，作为个人就会失去自己的坚守，作为国家就会产生社会责任的失落。

价值观的迷失，自然而然会走向自我的迷失。作为个人只能以外在的功绩来衡量，作为秦国只能以利润的高低来判断，评价尺度完全功利化而失去伦理约束。一旦自我迷失，经营者的判断力就会下降，国家的政治事业就会变成一场豪赌，甚至有人会为了追求利益最大化而放弃坚守底线，饮鸩止渴。

这种迷失一旦形成社会风气，就会产生劣币驱逐良币的外在效应，对他人的评价准则会转移到狭隘功利尺度。公元前 338 年，秦国上层很多人已经预感到形势即将发生重大变化。商鞅在秦国任宰相已达十年，权焰熏天，志得意满。这时候，贤士赵良却对他说了这样一些话：

"——你通过巴结秦孝公的宠臣景监才得以亲近秦孝公，飞黄腾达。这不是成名的正道。

“——你治理国家却对百姓漠不关心，光顾着大建豪华的宫殿城阙。这些工程算不上政绩。

“——你利用法律手段来排斥异己，对政敌你可以割掉太子老师公子虔的鼻子，对平民百姓你随意用严刑酷法予以残害，只会积累怨恨酿成大祸。这不能算是执法。

“——传统道德对百姓的感化比官府的恐吓命令更能深入人心，下民效仿上官的清廉正直比遵循上官的三令五申更为迅速。现在你排斥传统道德，用权力来强行灌输所谓的先进文化，这谈不上教化百姓。

“——你又称孤道寡，炫耀权势，天天把秦国的贵公子投入监狱，无礼地欺凌他们。《诗经》说：‘老鼠都举止得体，这人却蛮横无理，既然蛮横无理，何不赶快断气。’根据《诗经》来看，这不是平安长寿的做法。

“——公子虔被割掉鼻子后闭门不出已经八年了，你不但不知收敛，反而变本加厉，杀掉杜欢，在公孙贾脸上刺字。《诗经》说：‘得人心者上台，失人心者垮台。’干的这几件事，都不是得人心的举措。

“——你为何不放弃权力，归还十五座封邑，到乡下去浇灌菜园，劝说秦王多做好事：提拔被埋没的贤能、赡养老人、抚恤孤儿、尊敬长辈、礼遇功臣、尊崇有德之士？这样可以使你稍微安全一点儿。

“——难道你还要贪图既得利益，要垄断所谓教化，要积蓄百姓怨恨吗？一旦秦孝公死后，秦国难道真的不会逮捕你吗？可以坐等灭亡的到来了！”

赵良见到商鞅处境危险，也是出于一片真诚，希望能够帮助商鞅解围。商鞅推行改革近二十年，最大的错失是政令无法彻底在宗室贵族里执行，使这批既得利益者与老百姓一样，服膺国家法令。

倔强的商鞅还是在内心回避了那些血淋淋的场面，挑选了最能摆到桌面上的亮丽事实，回答道：“谢谢你的好意，不过我不后悔。当初秦国多么落后，父子男女同室而居，是谁改变了这些陋习？是我。再说前些年，我指挥迁都咸阳，扩大了旧城，建成了比鲁国宫殿还要宏伟的宫殿，这些你都没看到吗？”

公元前338年，秦孝公因病去世。太子驷继位当了国君，是为秦惠文王，也就是二十年前犯法受商鞅惩罚的那位太子。新君既立，而且还是自己的宿敌，商鞅只好避其锋芒，第一时间递上了辞呈。

那些受到惩罚的贵族们又岂能放他入山林。没了鼻子的公子虔，一刻也没有忘记复仇。他可以忍耐八年闭门不出。宗室贵族们支持他，时刻准备着反扑。而秦孝公咽气的那一刻，就是他出门的时候。

当那些饱受商鞅新法折磨的贵族们推举他为代表，向新国王进言时，他并无推脱。他戴着遮羞的面罩出现在秦惠文王面前，尚未开口，年轻的王就知道他要说什么。

公子虔隔着面罩，瓮声瓮气地对秦惠文王说：“大臣过于权重，国家就要危险；左右人等过于亲近，大王自身就要危险。如今秦国上下，连女人和孩子都知晓商鞅变法，没有人知道大王之法，这不等于商鞅成了君王，而大王反而成了大臣吗？”

没有鼻子的公子虔将他的嘴上功夫发挥到了一个前所未有的高度。他在这里用了诡辩术，将商鞅与秦惠文王巧妙地分开。实际上，商鞅变法是国家行为，而不是个人行为，所有法令的出台都代表秦国。商鞅之法，就是秦王之法。公子虔关于“商鞅成了君王，而大王反而成了大臣”的假设万分狠毒，它将商鞅置于欺君罔上、大逆不道的处境中，让人百口莫辩。

根据《史记》的记载，公子虔的门徒甚至告发说商鞅意欲谋反，就更离谱了。不过这类造谣中伤正中秦惠文王的下怀，因为叛逆和谋反，是君王诛杀臣子的最好的借口，这可以让秦惠文王堂而皇之地摆脱徇私报复的嫌疑，用商鞅推行的法律，将商鞅绳之以法。

商鞅就这样死于他一手打造的铁血制度——秦制。可是他在秦国两度变法的效应，仍在持续发酵。秦惠文王杀商鞅报了私仇之后，从国家利益考虑，也还是沿着惯性在往前走。“商鞅死，秦法未败也。”政治上废除“世卿世禄”，以功定爵，建立郡县，实行什伍制度，实行土地私有，废井田、开阡陌，鼓励生产，统一度量衡。又击败当时如日中天的魏国，夺得西河之地。

从历史效应来看，商鞅变法二十年，不仅带领秦国由弱变强，而且逐步动用改革的法器，将大秦帝国打造成为一台疯狂的“战争机器”，秦国也由此成为战国七雄中的头等军事强国。法家思想的先天不足和后天缺陷经过百年积淀，终于培养出一个把法家思想的致命缺陷发挥到极致，把社会矛盾和阶级矛盾积累到极致的秦始皇时期，也终于培养出一个如巨大的火药桶般的大一统秦王朝。

谋利者的哲学

——鼠在所居，人固择地

对于我们普通人来说，人性本善还是本恶的话题争论并无多少实质性的意义。不管本善还是本恶，都不妨碍我们没心没肺地过自己的日子。但是对于春秋战国时期的思想家们而言，相信人性本善还是本恶，意义就大不同了。尤其是那些有机会用自己的思想影响君王、实现改造社会的思想家，他们的思想决定了国家的政治走向，决定了老百姓活在哪一套制度里以及他们的幸福指数。

信奉人性本善的思想家，他们大多注重道德的力量，主张人们通过内心反省，来自发约束自己的不良行为。而那些相信人性本恶的思想家，则相信法律带来的效果，主张用国家机器强行约束人们的不良行为。

1. 帝王术的终极目标

战国是一个百家争鸣的时代，众多的学者先生，纷纷著书立说，争锋论辩。诸子百家，分门别类，千差万别，成就了中国历史上千年不遇的理性之觉醒。这些独树一帜、学有所成的先生们，往往兴私学、集弟子，遍游天下。他们游说各国权势人物，或者自己投身于政界经世致用，或者送弟子出仕干政，自己在幕后发挥影响。在这样的时代背景下，对于有志向、有能力的青年来说，从师游学，客卿出仕，成为出人头地的一条康庄大道。

置身于大时代背景下的李斯，在楚国的府衙中做着文法小吏。对于奔腾向前的生活只有不切实际的想法，却没有突围的办法。在他居住的宿舍旁边有一个厕所，厕所里住着一只老鼠，它每天趁没人时跑出来享用茅坑的粪便。厕所里人来人往，还经常有野狗来抢食。老鼠作为弱者，一不留神，就有可能被人一脚踩死或被狗一口咬死。厕中鼠为了填饱肚子，每天提心吊胆，一边食用粪便，一边留意人与狗的行踪，稍有风吹草动，就要四下逃窜。

这个厕所，李斯每天都要去好几次。李斯注意到了这只老鼠。李斯望着它；它也用两只小眼睛回望李斯，眼神里流露着惊恐不安。那副丢魂落魄的样子，李斯一辈子都不会忘记。

又一天，李斯因事到官府的仓库里去，见仓库里也有老鼠。此处的老鼠与厕中鼠有着巨大的反差，仓中鼠坐在高高的粮堆上面，粮食多得吃不完，也没有闲杂人员和野狗来打扰它们。个个吃得身体滚圆、毛色光滑，一副悠然自得的神态。

同样是鼠辈，却有着截然不同的人生境遇。老鼠的命运让李斯悟出了许多人生真谛。

厕中鼠活得畏畏缩缩、窝窝囊囊，要进不进，要退不退，吃着臭不可当的粪便，还要担心被人扑杀、被野狗撕咬。

仓中鼠却可以生活在如山的粟米之中，现世安稳，岁月静好，一只只吃得脑满肠肥，在米堆中嬉戏着，不必担心有人扑杀，更不会有过路的野狗蹿出来撕咬。

两相比较，李斯不由得感慨万分，喊出了他在这方历史舞台上的第一句台词："人之贤不肖譬如鼠矣，在所自处耳！"人与鼠的境遇是如此相似，每个人的能力生来是相差不大的。富贵与贫贱，全看自己是否能够抓住机会和选择环境。如果位高权重，自然尊贵优雅；如果地位卑下，被人呼来喝去，最起码的人格尊严也会丧失。

两种鼠的命运让李斯明白了一个道理——“鼠在所居，人固择地。”地位决定贵贱，人生在于选择。李斯开始反省自己所走过的人生路。他那本来如荒原般死寂了二十多年的内心世界里，一股熊熊的野火正以燎原之势燃烧。他无法忍受自己如厕中鼠的命运，他要趁着年轻，努力做一只富贵傍身、高高在上的仓中鼠，去实现人生终极目标。

他再也无法安于现状，名利那头怪兽已经在他的体内掀开獠牙，咆哮着发出号令。很多年后，他或许会感谢那两只同种不同命的老鼠。小小的老鼠成了自己的人生导师，在自己最迷茫的时刻，给自己指引了一条光明大道。往者不可谏，来者犹可追。于是，李斯做出了人生最重要的一个决定：离开偏僻贫瘠的上蔡郡，到可以让他建功立业、名垂青史的地方去。

李斯从彼时彼刻起所做的一切努力都是为了要改变自己卑贱的命运，无论是雄心还是野心，总之他要出人头地。

李斯辞掉了小吏的职务，直奔兰陵而去。兰陵当时属于楚国。李斯并不是奔着楚国而去，他是奔着楚国一个叫荀况的人去的。荀子，名况，原是赵国人，曾在齐国担任过祭酒职务，后来受到楚国春申君的赏识，做了兰陵县令。春申君被刺杀后，他从县令的岗位上退了下来，一直居住在兰陵。

荀子融合了儒、法、墨、道、名、阴阳各家学说，是战国末期一位集各家学说之大成的学者。谭嗣同说：“二千年来之学，荀子也。”梁启超也认为：“自秦汉以后，政治学术，皆出于荀子。”李斯拜兰陵令荀子为师，学习帝王之术。韩非是他的同门师弟。

当然也有人认为李斯后来所走的人生之路，完全背离了授业恩师荀子当初的教诲，有离经叛道之嫌。苏轼说过：“荀卿明王道，述礼乐，而李斯以其学乱天下。”之所以有此一说，是因为我们通常把荀子纳入儒家行列。荀子与孔孟虽然号称儒家“三圣”，但他们有着很大的不同。孔孟相信人性本善；而荀子恰恰相反，相信人性本恶。荀子借舜之口哀叹：“人的性情啊，人的性情啊，太不美啦，还问它干什么呢？”（《性恶》：

人之情乎！人之情乎！甚不美，又何问焉？）这透露出他对人性的失望与惋惜。

荀子教给李斯的是帝王术。何谓帝王术？简单地说，它是一项辅佐与控制帝王的技术。在一个讲究政治手段的时代，帝王术是一个政治家行走江湖的必杀技。相对于帝王术，道德仁爱、正义礼乐显得虚而不实，也不能取得立竿见影的效果；对于那些急于博取帝王欢心的政治家，他们不愿意把时间和精力蹉跎在这上面。他们要的是实用技术，是药到病除。儒家所倡导的那些价值无益于专制统治。

李斯学习帝王术，只有一个目的，那就是想尽一切办法成为帝王之师，既要帮助帝王统一天下、治理天下，同时也要巩固自己的权力，成为帝王的左膀右臂、股肱之臣。在这方面，苏秦和张仪都是参透了帝王术精义的超一流高手，因此他们入卿拜相。他们都是李斯心目中的超级英雄，男人的一生就应该活得像他们那样精彩不凡。

荀子虽然是儒家的代表人物，可他的理论体系并不仅仅局限于儒家。相较于孔孟，荀子理论的实用性更强。正因为如此，他的弟子韩非、李斯才会在踏上权力之路后转型成为法家人物。李斯从学于儒家宗师荀子，长时间受到儒学的浸染，他对儒家的那一套仁义道德之说很熟悉。实际上儒家思想对他日后政治实践的影响是有限的，因为李斯压根儿就没打算像传统的儒士那样宣扬仁义学说，恪守儒家礼仪，一生安贫乐道。他清醒地认识到在战争频繁、天下统一已趋势而进的背景下，儒家那一套仁政王道的学说是不切实际的，只有尚法务实的王霸之术才能真正为统治者所需要，有着最大的用武之地。

书生学成之日，也就是准备“将身货与帝王家”之时。李斯擦亮眼睛，他要给自己卖一个好价钱，更主要的是找一个可以帮助自己实现人生价值的君王。楚王胸无大志，不值得他为之驻足停留，韩、魏、赵、燕、齐都没有贤明的君王，全是待宰的苦主。他想来想去也只有秦国的政治舞台可以让自己大显身手。

此时他身在楚国，荀况也希望他能留下来帮助楚国复兴。可是李斯认为，楚国虽然强大，但历代君王均无出息，不像有所作为的样子。而其他国家又都太弱，灭亡是早晚的事。只有秦国最为强大，历代君王都野心勃勃。

他向老师荀况辞行的时候，荀况对弟子做出的选择感到失望，说他舍本求末，远仁义而近虎狼。李斯笑着摇头，荀子虽然是自己的老师，但还是不懂他的心。

临行之前，李斯向荀子表明了自己的人生态度，他说："弟子曾经听过这样一句话：机会来临的时候，万万不可懈怠。人生几十年光阴太匆匆，必须好好把握每一个机遇。当下正值七国争雄的时代，游说者主持各国政事。秦王想要吞并天下，这正是布衣封侯、游说者拜相的大好时机。读书人要是不能学以致用、博取荣华富贵，与行尸走肉又有什么区别？所以最耻辱的事情莫过于卑贱，最悲哀的事情莫过于穷困。长期处在卑贱的位置和困苦的境地，愤世嫉俗，淡泊名利，这绝对不是读书人的本心，而是无能的表现。我决意西去秦国，游说秦王。"

李斯在这里表明了自己的人生志向。一是追求高贵的地位、物质享受，不然人活一世与禽兽何异，与一条咸鱼何异？二是要努力实现自己的政治理想，帮助秦国统一天下。在荀子的众多弟子当中，最出名的有两位。一是李斯，另一位则是后来成为集法家之大成的学者韩非。韩非比李斯的年龄稍微大一些，他们同时在荀子门下学习，算是同学。不过两人身份不同，韩非是韩国的王族子弟，因为口吃不善言谈，走了著书立说的路。李斯出身于平民，他将利禄视为人生最大目的。李斯决定入秦以后，荀子为他未来的命运不安，曾经夜不能眠。

作为老师，他当然能够理解李斯的心情，也赏识他的能力。不过，李斯将功利视为人生的第一目标，太过于危险，他认为李斯此去凶多吉少。

李斯自认为已经得到了荀子的真传，急需一方大展身手的舞台。作为荀子的弟子，李斯应该也算是师承孔孟。孔孟当年是为了推行自己的学说而寻求做官的途径，而李斯是为了寻求做官而钻研学问。

做官为大，还是学问为大，决定了他们的人生归宿，人生的价值也就各有高低。李斯在离开师门后就直奔目的地——他认为最有可能统一天下的秦国。当时诸国之中只有秦国既有吞并天下的野心又具备了这样的雄厚实力。他认为，只有秦国能够为他提供建功立业、实现个人富贵的最佳机遇。

李斯的态度是积极的，有才能就应该让别人知道，就应该用才能为自己赢得应有的财富和名位，否则就是一种无能的表现。这是李斯内心的独白。他的人生终极目标就是实现更大的功名利禄，他甚至不为自己留下一块遮羞布。

不管怎么说，李斯并不是一个戴着“仁义”伪善面具的人。只是苦于贫穷，才想到去改变自己的命运。结果却引来司马迁和后人站在他的惨淡结局的角度去审视他当日投身于秦国的行动，得出这一系列行动只是李斯实现政治野心的手段。野心是野心家的通行证，只有理想抱负才是英雄的墓志铭。所以李斯不是英雄，只是一个野心家。

不管司马迁和后人如何评说，不甘于老死上蔡的李斯勇敢地迈出了自己人生中最大胆的一步，与命运做了一次不大不小的抗争。他并不仅仅只是想要做一个权力至上的机会主义者。他潜心学习帝王之术，希望用自己的才华去兑现名利。他带着满满的自信、满满的才华奔着秦国而来，犹如当年的商鞅。

2. 现实的喧嚣与荣光

李斯到了秦国，正赶上秦庄襄王驾崩，十三岁的嬴政即位。每一个君王的死去，对于他的国来说，都要面临一场或大或小的政治危机；对于体制内的每一个人来说，都是一次重生或者败亡的机会。

朝廷权力体系中的各大派系必然会借助这个辞旧主迎新君之机，或明或暗地进行较量角力，以争取在权力蛋糕上占据更大的份额。原本占小块的想要大块，原本占大块的想要更大块。当权力蛋糕的再分配达到纳什均衡，政局才会再度趋于稳定。

初到秦国，李斯要做的第一件事就是寻找自己的贵人和靠山。对于一个新人来说，要想与帝国的高层取得联系，找靠山是一个必然的手段。李斯的首选对象是文信侯吕不韦。此时的嬴政还是一个十几岁的少年，秦国的大权依然掌控在丞相吕不韦的手中。

吕不韦门下食客多达三千人，他命食客将各自所见所闻记录下来，综合在一起成为八览、六论、十二纪，共二十多万言。自己认为其中包括了天地万物、古往今来的事理，号称《吕氏春秋》，并将之刊布于咸阳城的城门之上，上面悬挂着一千金的赏金，遍请诸侯各国的游士宾客，若有人能增删一字，就给予一千金的奖励。

李斯登门拜府，先是做了吕不韦的舍人。舍人是战国时期高官显贵的侍从或亲信，类似宾客，而不是一种官员。李斯是入世求功利的人，学以致用，参政入仕，博取高位富贵才是他的人生终极目标。他所掌握的学问书法、技艺文论，都只不过是达到目的的手段。吕不韦这时候正招纳天下学者编撰《吕氏春秋》，李斯本不在他的视野之内，荀子才是他最想礼聘的人选。无意仕途的荀子推托自己年事已高，不愿意再次入秦，他向吕不韦推荐了自己的弟子李斯。

荀子推荐的人才，吕不韦自然会高看一眼，而李斯也的确没有令他失望。一流的文学家、文字学家和书法家，更重要的是他还兼具政治权谋家和野心家的特点。入吕不韦门下，李斯没费多少力气就让吕不韦认识到自己的才华。吕不韦就将李斯推荐到秦王宫廷做了一名郎官。虽说只是一个不起眼儿的小官，但也算是有了名分。李斯迈出了自己人生的关键一步，也由此成为秦国政治体制内的一员，一切都在向着好的方向去。

孔子曰："富而可求也，虽执鞭之士，吾亦为之。如不可求，从吾所好。"巧合的是，郎官的职责就是执鞭御车。作为儒家弟子的李斯，对于圣人的这句话也应当是认同的。虽然官职不大，但李斯还是见到了少年时期的秦王嬴政。这时候的始皇帝，只是一个孤独而略显忧伤的少年，十三岁没了父亲，母亲又远在雍城，常年见不着面。偌大的咸阳城，他的国，他的都城，他在这里过着举目无亲、迷失无措的生活。他不仅要忍受孤独，更要忍受有关他是吕不韦私生子的谣言带给他的精神上的耻辱。

虽然贵为秦王，可很多时候，他觉得自己更像是一个失去自由的囚徒。真正的内政大权，这时候都掌握在吕不韦的手中。对于李斯来说，当务之急是既要取得吕不韦的信任，又要找机会贴近秦王嬴政；一个能够决定自己的当下，一个能够决定自己的未来。李斯必须用未来的政治远景诱惑嬴政，使他暂时从烦闷不已的现实中解脱出来。

李斯很清楚，等到秦始皇君临天下，自己所要做的，就是要想尽一切办法取得君王的信任，然后用这种信任来影响乃至控制他，让自己的思想主宰君王的思想，皇帝是老虎，自己就要成为那个敢于牵引老虎的人。

李斯希望能够帮助始皇帝下一盘很大的棋，也为自己布一盘更大的局。

李斯明确地告诉秦王，他与众不同，与其他六国的王不一样，与古往今来所有的王都不一样。他是王上之王，万王之王。他建议秦王去实现兼并六国、统一天下的宏伟帝业，并且提出双管齐下的手段，利用金钱和武力从内外两方面对东方六国的上层进行瓦解。

李斯的建议得到了两个人的赏识——嬴政和吕不韦。这时候，秦国大部分臣子都在唯吕不韦马首是瞻，敢在嬴政面前说贴心话的人不多。这时候，嬴政还没有真正掌权。最初改变李斯命运的人，不是嬴政，而是吕不韦。吕不韦任命他为长史。长史负责顾问参谋，是一个有实权的官，算是真正进入秦国政坛。

一介小吏，与布衣无异，如果想要改变命运，只有靠天靠地靠自己。如果李斯没有出现在秦国统一天下的滔滔大势之下，如果他没有遇到赏识自己的吕不韦，那么等待他的很可能是一个怀才不遇的悲情角色。

正当李斯春风得意之时，秦国发生了一件意外之事。有人给秦国的近邻韩国出了一个馊主意，让韩王派水利工程师郑国到秦国去，游说秦国挖掘一条人工河，以此消耗秦国国力。韩王病急乱投医，就采纳了这个办法。

郑国果然游说秦国开挖了一条人工河——郑国渠。眼看大功就要告成，有人却在此时站出来揭发了郑国的间谍身份。秦国的宗室大臣趁机挑拨，说六国在秦国为官的那些人都不值得信任，都是间谍，他们来到秦国就是为了扰乱秦国政权。

秦王下逐客令，让客卿全部离开秦国。李斯好不容易在秦国混成了客卿，正打算继续深入推进自己的政治主张。如果被赶出秦国，他所做的努力都将付诸东流。于是，他冒险给嬴政上了一篇奏疏《谏逐客书》，列举他的先祖秦穆公当年是如何求贤若渴，从各国请来贤臣，成就一番霸业。他说："秦国宫廷里的明珠宝玉、丝绸锦缎、名剑良马、美女音乐，无不来自各国，难道因为不是秦国所产，秦国就不能享用它们吗？"

这封奏疏显示出李斯在政治上的远见卓识和勇气，他明确指出由于猜忌、排斥六国之士而盲目将他们全部驱逐的做法对秦国有百害而无一利。如此做法，只会使秦王统一天下的计划成为一张无法兑现的空头支票，甚至还可能导致秦王身边缺乏能臣贤士的辅佐，使大秦走向衰败之路。

秦王嬴政被李斯的上书所打动，收回逐客令，恢复了李斯的官职。当时秦王的逐客令已经颁布，李斯也在被逐之列，而凭此上书，竟然能使秦王收回成命，由逐客变为留客、用客、重客，这是李斯所学帝王术在现实中的运用。而秦国也正在按照李斯所规划的，一步步走向统一。

李斯的策略其实很简单，一是运用军事手段打击六国，二是运用离间之术制造混乱。由于献策有功，李斯受到秦王褒奖，被任命为客卿。客卿是战国的一种官职，级别为卿。客卿本身没有多少实权，爵位也是中等，但此位弹性很大，可以得到升迁。至此，李斯凭借自己的能力从当舍人开始，在官场之上跳了三级台阶，从舍人开始，后为郎、长史、客卿、廷尉。

经过十余年的兼并战争，秦国完成了统一大业，李斯的富贵大梦和他的政治理想正在一步步得到实现。虽然闭上眼，厕中鼠依然会眨着那双仓皇的眼睛盯着自己，但是他知道，他已经可以和仓中鼠们一起坐下来，谈谈人生和理想了。

在秦国统一前后，李斯的功劳簿上记下的应该是灭六国战争立下的功劳。在始皇三十四年（公元前213年）的廷议上，李斯极力反对以淳于越为首的七十二博士站在儒家“法先王”的立场要求恢复分封制的提议。他在听了那些儒学博士的发言之后，借着《谏秦始皇焚书坑儒》奏文，对儒学博士进行了有力的反驳。

李斯的话说得非常直白，丝毫没有虚饰成分。他认为，朝廷应该封住这些读书人的嘴巴，让他们老老实实读书，本本分分做人，不许他们乱说乱动。只要读书人老实了，那么百姓就不会胡思乱想，只知道埋头干活过日子，不会做出反国家、反社会的极端行为。

李斯并不是一味地主张杀尽天下读书人，他认为要杀的是那些不听话的、敢于“非上”者。他也不是主张秦国不能留存《诗》《书》之类的书籍，他认为这些书只能保存在皇家的官方藏书室里，民间不许流传。他也不是绝对不许读书人碰《诗》《书》之类的典籍，只是要求他们按照官方的统一口径来解读，不得越雷池一步。儒生只要乖乖地听话，按照官方口径解释《诗》《书》之类，在教化百姓服从统治和按照官方正统理论来统一大家的思想方面还是可以大有作为的。

李斯冒死进谏提出了止法家以外的一切私学，致使天下《诗》《书》、百家之书皆焚之，四百六十多名儒士被坑杀。

很多时候，秦始皇觉得李斯是上天赐给自己的良才俊臣，有了他，自己就可以高枕无忧。李斯的话像是说到了自己的心坎上，如果天下没有纷繁复杂的思想言论，只有自己喜欢的那一种观念存在，该是一件多么美妙的事。六国都已经被我大秦征服了，也到了清理这些一天到晚发布歪理邪说的读书人的时候。儒生博士可以留存宫中，但他们的独立思想必须像太监的阳物一样阉割掉，让他们实现从自由文人向工具化文人的转型升级。

皇帝需要的不是儒家的思想家，需要的是儒家给他输送的秘书。

焚书坑儒不是要更换教材，而是要换新的导师。私学中的导师是百家，现在大秦开辟了新的统治体制，不再以思想家或教育家们为师，而是“以吏为师”。

向吏们学习什么呢？学习法律规章。国家导师因此只能有一个，就是李斯。孔子以降的私学（社会力量办学）终于在李斯时代被废止了，而李斯却是私学的受益人。思想多元的教材也被令行禁止，如果私藏就会有杀身之祸，每一个人都要在自己的格子里生活，不仅不得自由思想、自由言论、自由教学，也不得自由迁徙。儒家只是用伦理的纲常形成秩序，使人安身立命，尊卑有序。法家更进一步，要通过土地户籍来限定每一个人，要废弃前人的思想文化，使社会无知无识，使民众成为蒙昧的顺民。

从踏足秦国的那一刻起，儒家思想在李斯的身上就隐而不见，他的所言所行无不透露出法家的重口味。一个成功的仕途经营者，无疑也应该是一位出色的社会学家。李斯身上有着战国末期事功之士的性格特征，他对当下的政治形势有着十分清醒的认识，深知儒家的仁政理想在现实社会里与文人的空想也差不多。

一个人若是逆潮流而动，那么就有可能会处处碰壁，最终一无所获。

李斯做了两年多的舍人，又做了大半年的郎官，一直都没有将自己的老婆、孩子接到咸阳来。李斯是个谨慎之人，他眼看就要实现仓中鼠的人生理想，可他的心态还是厕中鼠，仓皇不安，谨小慎微。他没有贵族的优越感和安全感，他有着严重的投机心理。他没有勇气孤注一掷，他怕有一天输个底儿朝天，终点又回到起点。嬴政好像是看穿了他的这种心理，将其封为长史。李斯这才张罗着把自己的老婆、孩子接到咸阳。他要真正做一个咸阳人，一个有着高官显位的贵族，他要全心为大秦国效命。

从当年决定辞去楚国上蔡郡小吏这个没有前途的末流公务员算起，李斯已经在这条路上苦苦打拼了十一年。他所经历的艰难困顿、心路起伏是外人无法体会到的，人们只看到喧嚣与荣光。李斯不敢有丝毫的懈怠，无论身处何时何地，他相信自己有一天会苦尽甘来。当这一天到来的时候，李斯却没有想象中轻松惬意。能够在最强大的秦国的中央政府里当上官，虽然没能位列三公九卿，也是普通官员一生难以企及的高度。

就在李斯风生水起之际，他的老同学韩非来到了咸阳城。韩非入秦的时间是公元前233年，秦王政十四年，亲政的第六年。

韩非是韩国诸公子之一，比李斯出身高贵，知识结构也比李斯更为扎实。秦王嬴政非常赏识韩非，俨然一个超级粉丝。他在没有见到韩非本人之前，读了韩非的《孤愤》《五蠹》两篇文章，拍案而起，连声感叹："嗟呼，寡人得见此人，与之游，死不恨矣！"如今韩非这尊真神驾临秦国，李斯的危机感陡然而生。

这时的秦国还处于大开发、大建设的振兴时期。郑国渠虽然已经完工，但整个国家的发展还没到尘埃落定的时候。秦王嬴政已经二十七岁，进入一个男人的全面成熟期。他对韩非入秦抱有极大的期望：他期待与韩非共同谋划秦国的强国之路；他期待与韩非共同谋划秦统一中国的施政战略；他期待韩非成为秦国庙堂的栋梁重臣，为即将起步的统一大业同心奋争。也就是说，秦王嬴政的"得见此人，虽死不恨"的感喟，并不仅仅是一种私人感情的无谓而叹，更多是一种基于国家使命的功业期待。

这时候对于秦国来说，最大的问题是，在灭六国的战争中，他们的第一战该向谁开刀？李斯认为"先取韩以恐他国"，第一把火应该烧向韩国。而他的同学韩非则主张先伐赵，缓发韩。韩非在进入秦国后所作所为都是为了能够保全自己的国家——韩国，不惜以大师之身"用间"。

作为韩国的贵族子弟，韩非这么做也合乎情理。他不是当面向秦王进言，而是采用更为郑重也更为擅长的方式，正式上书秦王，驳斥李斯的平韩方略。

依据当时的国际形势，韩非的描述与其他各国的实际状况差异很大。对于韩国的实力，韩非进行了夸大，尤其夸大了韩国的备战状况和政治状况。韩非以论说谋略的方式，指出李斯的《平韩书》是危险的，劝诫秦王要警惕那些出谋策划者，也就是要提防李斯这个危险人物。

对于韩非的上书，秦王嬴政并没有表现出激烈的反应，而是下发给了李斯。韩非如同一枚竹钉，钉在李斯的心里。韩非是他昔日的同学，是他志同道合的好友，但韩非代表的是处于亡国边缘的韩国，是秦国即将吞并的韩国。作为政治家的李斯，既明白韩非用心，也明白秦王意图。李斯的做法是，与韩非一样，也郑重上书秦王，直接驳斥韩非的《存韩书》。

李斯指出韩非的动机，是在恶意迷惑秦国。他着意提醒秦王，必须对韩非的言论予以高度警觉。他提出治罪韩非，所秉持的基本事实是：秦国要统一天下，要搜求人才，所以才争取韩非。但是，“韩非终为韩，不为秦”，这是无法改变的。既然不用韩非，自然也就不能滞留韩非，因为韩非是特使。如果将其放回韩国，那么必将为秦国的统一大业埋下祸患。

李斯提出，“以过法治罪韩非”。秦王批准了。廷尉府将韩非下狱了。韩非的意外出现打乱了李斯的计划，他的出现以及消失加快了李斯计划的实施。李斯要让秦王尽快看到自己的成果，要让对方知道自己才是秦统一大业的最佳策划者。

对于法家而言，世间的道德建立在强权的基础上。他们提倡的法治是达到目的的一种手段，因此一些常人看似无法接受的行为，却被法家视为准则。无论是韩非，还是李斯，他们所关心的是如何造就一个无往而不胜的强大国家，一个用暴力维系的以君主为中心的高效的国家。

韩非的死，李斯到底有没有责任，有多大责任？我们无法确定。可以确定的是，韩非死了，秦国再没有人在治国策略上可以超越李斯。需要说明的是这时候的李斯，才刚刚进入秦国权力高层不过三五年时间，其爵位与具体职司还都不明确，只是参与谋划大计，或执行某些重大事务。如果说将来李斯是秦国政治土壤上的参天大树，那么这时候的李斯还处于成长之中，他在秦国的根基与权力都在扎根阶段，远远没有达到能够秘密胁迫秦国政治要犯自杀的地步。

以秦国执法之严，李斯私自将毒药送给国狱政治要犯韩非的手中，并胁迫其自杀，是非常严重的犯罪行为。这是一项几乎不可能完成的任务；就算能够达成目的，也难以逃脱事后被追究处罚的噩运。

按照秦王嬴政一贯渴求人才、爱护功臣的秉性，不会轻易治罪于一个天下大才。即使要治罪韩非，也要先认定他的行为对秦国构成了严重的危害。先下狱，再后悔，这不符合始皇帝一生的作为。退一步说，如果秦王事后反悔，又发现了韩非的存在对自己有利的一面。此时，若韩非已死，那么追查毒药来源是一个必然环节。一路追究，李斯毒杀韩非的真相将会很快大白于天下。果真如此的话，李斯承担不起，秦王也容忍不下。

李斯凭借自己的政治才能与心机，一步步走向自己的权力巅峰。秦吞并天下以后，李斯成为秦王朝的丞相，实现了他成为官仓鼠的愿望。他与嬴政密切配合三十余年，秦王朝几乎所有的重大政策都有他的参与。不过李斯并没有飘飘然，他很清楚，自己的一切都与始皇帝分不开，他的命运与嬴政是紧紧联系在一起的。

他的儿子李由担任三川郡守回咸阳探亲，李斯在家中设宴，文武百官闻风而来，门前车马数以千计，热闹非凡。面对如此空前盛况，李斯荣耀满足之余，不禁滋生出物盛而衰、何以收场的伤感。李斯对儿子李由说："我的老师荀况曾经对我说过，凡事都不要搞得过了头。我李斯原是上蔡的一介布衣，居住于街巷里的平民，承蒙皇上赏识，将我提拔到这样高的位置。于我而言，荣华富贵已到极致。事物发展到最后，都会循着盛极而衰的规律，我李斯的归宿又会在何方？"

李斯在人生的鼎盛时期，内心却对自己的前途命运产生了惶恐。秦始皇三十五年（前212年），始皇帝游幸咸阳郊外的梁山宫，登高远眺，他望见丞相李斯的车马行列经过，盛大华丽，十分壮观。始皇帝当即就沉下脸来，颇有责怪之意。事后，陪同始皇帝在场的侍卫官员将消息透露给李斯，李斯大为震骇，马上将自己的出行车马做了相应的减损。他希望能够以自我整改和约束来消除始皇帝对自己的不满。孰料始皇帝再度见到李斯的车驾时，很快就察觉出有自我整改的迹象。秦始皇大怒，他马上让人调查，到底是谁泄露了自己的话。在调查无果的情况下，他将当时所有在场的侍卫全部处死。

李斯虽然没有为此付出任何代价，但是对于始皇帝的警告，他还是感受到了寒彻肌骨的凉意。这时候秦始皇坑杀儒生术士四百六十人，引起太子扶苏不满。扶苏上书："诸生皆诵法孔子，今上皆重法绳之，臣恐天下不安。"秦皇大怒，将太子扶苏流放到北部边境当监军。

太子的导师淳于越仗义执言，为太子鸣不平，最终也引来杀身之祸，监刑人正是他的老朋友李斯。至此，法家的权术之学，已经完全击败儒家的仁爱道义。可以毫不夸张地说，李斯以一人之力，完胜儒生百十人团队，宫中再也没有思想异己的力量。

政治斗争永远没有尽头，永远潜伏着阴暗的力量。既然李斯尚权术，就会有人积蓄更大的能量，挖更大的坑，等着他跳进去。极权者依靠的，不是公众，而是身边极少数几个人。

李斯打败了太子导师与太子，毁灭性打击了社会上的思想力量。宫中的博士们也不再敢说真话。而此时，皇帝的小儿子胡亥正在变成别人的一枚棋子。始皇亲自任命的"中办主任"（中车府令）赵高，在暗中等待时机。

3. 偶然事件与必然走向

秦始皇三十七年（前 210 年），五十岁的嬴政开始了他统一天下后的第五次巡游，李斯一路陪同。不知是机缘巧合，还是阴谋暗布，嬴政的小儿子胡亥也跟在身边游玩。尽管谁也没有料到，这次巡游会成为始皇帝的死亡之旅，但是从当时的情况分析，其实秦始皇这次出巡不是一次恰当时机。秦始皇晚年，政治局面并不稳固，需要最高统治者一一化解。同时，由于劳累、纵欲和服用丹药，秦始皇的身体已透支严重，极度虚弱。

不过无人料到的是，历史的车轮会在这条巡游之路上偏离轨道，年少贪玩的胡亥会因为嬴政的突然死亡成为一场权力阴谋的最大受益者，成为秦国这艘巨轮新的掌舵人。

当绵延数里的巡游车队经过山东西部的平原津时，嬴政突然感觉到身体不适，病情也随之加重。作为近臣的李斯虽然预感到了不妙，可他也没有更好的处理办法。他几次想请示嬴政，万一他不行了，由谁做他的皇位接班人，可他始终没有问出口。因为嬴政最忌讳的话题就是“死”，这也是他晚年一心求仙、追求长生的原因之一。

陪在始皇帝身边的近臣除了李斯，还有赵高。赵高的母亲犯罪，受刑后身体残疾，被安置于隐宫劳动。作为王国贵族的后裔，又从小生活在罪人堆里，赵高对秦国的仇恨和对现实的不满是根深蒂固的。为了寻求机会发泄仇恨，他刻苦学习，掌握了秦朝的法律及治狱程序，并成为当时一流的书法家和文字学家，再加上身体强健，骑术车技精湛，为秦始皇所赏识，被任命为中车府令，也就是直接掌管皇帝车马交通事宜的近臣，并同时担任着胡亥的老师。

秦始皇统一后不断巡游，中车府令赵高也由此成为与其接触最密切的人物。巡游路上，他还专门负责保管皇帝的兵符印玺。李斯每天传太医给秦王把脉进药，只是希望嬴政的病体能够再拖一拖，或者神奇康复，最起码能够熬到咸阳再死去。历史往往会因为一个人的一口气，一个人的一句话，发生根本性的逆转。

走到今河北邢台境内的沙丘，嬴政就驾崩了。在他生命终结的最后时刻，嬴政终于发布敕令，把兵符印玺都交给他的长子扶苏，让扶苏赶快到咸阳准备即位。可是命令发布得太晚了，遗诏刚刚密封起来，嬴政就咽下了最后一口气。

这时候，大秦统一天下仅仅十一年，六国遗民不服归属，心怀故国。秦朝推行的严刑峻法、苛捐重税，一次又一次加剧他们内心的仇恨。为防止六国遗民借嬴政之死兴风作浪，李斯做的第一件事就是严密封锁消息，把嬴政已死的消息限制于一个可控的极小范围内。还有很多事情等着他去处理，比如嬴政的遗体如何防腐、如何运回咸阳、如何让别人以为始皇帝还活着，等等。

千钧重担压在李斯一个人身上，他来不及考虑嬴政之死对他来说意味着什么。他隐隐地意识到，他的命运有可能会发生改变，到底往哪个方向改变，他还说不出来。

为了握住好不容易得来的荣华富贵，多年以来，李斯处心积虑，设法把自己的利益与嬴政捆绑在一起。他把他的女儿都嫁给了嬴政的儿子，让自己的儿子都娶了嬴政的女儿。尽管如此，嬴政的大儿子扶苏和小儿子胡亥却不是他的女婿。

造化弄人，李斯最后就是败在嬴政最不起眼的儿子胡亥身上。确切地说，他是败给了胡亥的老师赵高。赵高凭借敏锐的政治嗅觉，察觉到这是一个千载难逢的好机遇，他要紧紧抓住这个机会，一举攻克秦王朝政治舞台的前沿阵地。要站到秦王朝政治舞台的前沿，就必须要好好利用手中的道具——兵符和印玺、胡亥和李斯。

李斯就像一只木偶，命运的线绳原先是提在嬴政的手中，现在又转移到了赵高的手里。李斯与嬴政都是玩政治的，玩政治如同两个拳手在擂台上过招，虽然也使阴招，但是有规则可循。赵高是玩阴谋的，最擅长的是背后捅人刀子，只要致命，没有规则的约束。对于李斯来说，赵高这种人是最危险的，就算是死在他手中，都不知道是怎么死的。

始皇帝的突然去世，给李斯带来相当大的冲击。这时候的他已经七十一岁，有了来日无多的预感。一场政治家与阴谋家的较量也就此拉开序幕，权力的重新洗牌，让每一个人都有对时局和前景的忧虑。赵高主动找到李斯，向他摊牌：皇上驾崩，遗诏让扶苏即位，遗诏和兵符印玺都在公子胡亥那里放着，没有人知道这件事，现在立谁为太子，就是我们两人说了算。

赵高跟李斯同殿为官也不是一年两年，他太了解李斯这个人了：谋事而不能谋己，利益所在，就是他的人生选择所在。权衡利害，赵高将三人共局的得失算计得滴水不漏。始皇帝死后留下的瞬间政治真空，可以由他、胡亥和李斯三人来填补。大秦帝国就像是一辆陷入危险境地的车辆。而他赵高偏偏要在这时候强行驱动。他要将胡亥推上主驾的位置，而自己则是副驾。至于李斯，只是一个搭车人。如果胡亥入继大统，那么李斯以拥立之功继任丞相，而他则是皇帝和丞相、内廷和外廷之间左右政局的人。

赵高说："您听从我的计策，不但能够保全爵位，儿孙还可以继续享受富贵。如果不听我的劝告，执意立扶苏为太子，就等着被罢免的命运吧，你的儿孙也会受牵连。丞相即使不为自己着想，也该为儿孙们想想吧？"

赵高这番话，触及了李斯的灵魂深处，也是他心底最虚弱的部分。李斯忽然意识到，嬴政之死，把他推到了一个人生的十字路口上，他必须要在保全良心还是保全利益间做一个选择。赵高在这里用的全是假设论证，却忽悠得李斯仰天长叹、泪流满面。他还有梦想，有一天他退休了，他希望能领着儿子、孙子，坐着考究的车子，回到他的故乡，迎接他的是鲜花和掌声，孩子的欢呼，姑娘的笑脸。

李斯不甘心轻易退出历史的前台，除了个人荣辱得失，还有更多放不下的东西。一方面，参与政变可以保有自己的功名利禄；另一方面，如果阻挠政变，付出的代价可能是身家性命。李斯不是那种甘愿逃避的人，就像发迹前他不想逃避现实要去挑战卑贱命运一样，他不会去逃避未来的挑战。

在为臣之道和保身固宠之间，在安定国本与攫取利益之间，李斯真的无法给自己一个明快的决断。他已是垂暮之年，他考虑最多的还是他的那些子孙们。想到子孙，他的心软了起来，也随之硬了起来。经过痛苦的内心煎熬和反复权衡之后，李斯决定跟赵高结盟，立胡亥为太子。

在大秦专制主义的文化氛围里，即使像李斯这样受到赏识和器重的大臣，也不可避免地变成了没有思想的奴才，甚至不惜把对国家的忠诚、个人的信仰和为人的气节统统收起。李斯就是这样走向与狼共舞的不归之路。

始皇帝晚年最大的失政之处，就是在继承人的册立上始终处于摇摆不定的状态。扶苏是皇长子，史载扶苏为人刚毅而武勇，既能取信于人，又能激励用人，奋发致力于政事，最为始皇帝所看重，也为朝野上下所服膺。他曾经不满焚书禁令，站出来劝谏始皇帝。结果惹得始皇帝一怒之下，将其发落出京，到上郡蒙恬所部军中出任监军。

焚书一事出于李斯的建议。而扶苏反对焚书，主张接纳以孔子为代表的诸子百家，重视道德仁义。他在政治主张和政策上，与李斯有着根本性的对立。而李斯与蒙恬之间，也曾经有过分歧。蒙恬是进攻匈奴的主帅，是北进政策的推进者。而李斯则反对用兵。

扶苏到上郡监军，与大将蒙恬相处得极为融洽。而蒙恬的弟弟蒙毅又是始皇帝最亲信的侍从大臣。扶苏与蒙恬共事，外有北方军队的支持，内有蒙毅等要臣的支持。如果不出意外，扶苏继承皇位是必然的。

如果将此视为一盘陷入僵局的棋子，李斯就是其中最不稳定的一颗。他游离于扶苏与蒙氏的政治联盟之外，政见上有分歧，人事上不同线。始皇帝在位，他不用忧心自己的地位。而这一切因为始皇帝的暴亡而变得不确定。李斯甚至认为，一旦扶苏继位，第一个受到冲击的就是他。赵高处于内廷深处又岂能不有所体察，他了解眼前的局势，更了解李斯这个人。

公元前 210 年 7 月。代郡。正在守边的公子扶苏突然接到他父亲的诏书，诏书严厉谴责他守边数年，寸功未立，反而常发牢骚，忤逆不孝，立即赐死。同时谴责蒙恬与扶苏同流合污，应该依法严办。扶苏接到诏书没有任何怀疑和犹豫，而蒙恬凭着他对当前政治局势的了解，对皇帝所赐诏书的真伪有相当的怀疑。他劝阻扶苏弄清楚真伪再做决断，扶苏认为："父赐子死，何能复清！"

不久，蒙恬在狱中听到消息，始皇帝驾崩，公子胡亥继承了皇位。蒙恬隐约明白是怎么回事了。可是扶苏自杀，让他失去依托，被置于极为被动的境地。从他祖父起，蒙氏三代尽忠于秦国。为保全祖宗清誉，他选择了自杀。他的弟弟蒙毅也被处死。如果扶苏不自杀，不管是再请复核，还是与蒙恬联手抗命拖延，秦国的命运将完全改观，历史将转向不同方向。

蒙恬死前仰天高呼："我何罪于天，无过而死乎！？"

一代名将就此喝下毒药，含冤自尽。扶苏自杀后，沙丘政变才算圆满落幕。从此，赵高、胡亥携手将大秦帝国一步步引向灭亡之路，一系列的偶然事件最终酿成了历史的必然走向。

二世继位以来，恐怖和迫害像瘟疫一样扩散开来，群臣人人自危，百姓们也惊恐不安。在短短不到一年的时间里，山雨欲来的气氛，已经弥漫整个帝国。秦二世胡亥得李斯、赵高的暗助，大力推行铁血政策。

赵高复仇于秦的变态心理得到了极大的满足，他的"亡秦"程序也按下了快进键。他成功地促使胡亥施行了暴政，同时也就成功地把恐惧、仇恨和叛乱的种子播撒到了帝国的四面八方。身为丞相的李斯，吃了那么多年的政治饭，凭着他敏锐的政治嗅觉，他预感到，秦二世和赵高再这么折腾下去，自己和先皇苦心经营的秦国大厦将会迎来倾覆崩塌的时刻。

陈胜、吴广率领九百名戍卒攻克了大泽乡，一路西进。

两个月后，刘邦在沛县（今江苏沛县）起兵。

项梁、项羽在吴县（今江苏苏州市）起兵。

田儋在齐国故地起兵……

秦王嬴政尸骨未寒，他的庞大帝国就已经走到分崩离析的境地。

赵高一手遮天为所欲为，胡亥日复一日纵情享乐，年过花甲的李斯不禁为大秦的前途而忧心忡忡。这个庞大的帝国是他帮着始皇帝一步步打造起来的，这个前所未有的集权制帝国也是他辅佐始皇帝一点一滴建设起来的。如今他就要眼睁睁地看着一生的心血毁于一旦，怎能不痛心疾首！？可是，如果要挽救帝国，他势必要倾尽全力与权宦赵高展开一场生死博弈，也势必要处处违背二世的旨意下大力气整肃朝纲。这么干值得吗？这个念头只一闪，就被他自己否定了。

付出的代价太大了。要拯救帝国，他就得押上他目前所拥有的一切。李斯不敢冒这个险。

李斯的长子李由担任三川郡守，三川郡的辖区在今河南省的黄河以南地区，是反秦义军进攻的主要地区。李由清剿无力。李斯害怕朝廷处罚李由，他以出卖良心为代价换来的富贵荣华又保不住。李斯明知最大的祸源是秦二世和赵高，却只能保持沉默。他揣摩胡亥的意图，写了一份奏章，论述帝王严刑峻法、耽于享乐的合理性。

事已至此，李斯仍然抱着一种蝼蚁惜命的侥幸心理，上书讨好秦二世，他决心为自己赢得新的机会。他上书的内容竟然是：做皇帝不能为天下服务，而要让天下为你服务。为人服务的人是下贱人，被人服务的人才是尊贵的人。怎样才能让天下人都为你服务呢？你要对所有人严加监视，用酷刑惩罚他们。

他劝说胡亥要自我放纵、享尽人间之乐，这样才能算是贤明的帝王。决不能让仁义的道德、忠烈的感情、大臣的谏说等妨害了自己作威作福、压榨人民。皇帝要限制一切，但不能被任何东西所限制。

秦二世胡亥没有想到，自己及时行乐的主张会得到朝廷内最高理论家的肯定，这让他大为兴奋。从此，他纵情享乐的底气更足了，对官员们的督责也更为严苛，酷吏横行无忌，受刑的人塞满监狱，死人的骸骨堆满了街头，杀人机器得到重用。司马迁说李斯不忠于秦朝，这样的论断是准确的。李斯的才智仅仅是为了保证自己飞得更高，而秦朝的天下不过是他的一方天空，没有这方天空，还会有另一方天空。

秦二世得益于赵高的启蒙和李斯的指导，尝到了专制集权给自己带来的变态的欢乐。李斯也就此完成了魔鬼作坊里的最后一道工序。为了保全自己的身家性命，他采取的不是与魔鬼死磕到底的做法，而是一味地讨好魔鬼，给魔鬼作恶提供更大的勇气、胆量和信心。

帝国处处渗透赵高的权力爪牙。胡亥索性躲进深宫过自己的逍遥日子，除了赵高，其他人想要见一面都很难，包括李斯。如果说，李斯先前的愿望是要保住自己享有的这份尊荣，那么此时的他已经转变了想法，自己为之奋斗半生的权力能够保证自己安全着陆已经是万幸了。

赵高可不愿意看到李斯从胡亥这里得到恩宠，李斯的存在对他来说就是潜在的危险。赵高当权的这段日子以来，李斯明明知道如此疯狂地折腾只会加速帝国的灭亡，可他还是选择了沉默。因为他知道他的不沉默只会加速自身的灭亡。可他也清楚，他的沉默并不能保证自己摆脱命运的绞杀。

对于赵高而言，沙丘之变时李斯是他计划中必须接上的重要一环；时过境迁，李斯则成了他计划中必须拆掉的一环。赵高要做的就是给李斯设下一个套，等着他自己往里钻。

他要摧毁秦二世对李斯刚刚萌芽的好感。赵高与李斯的权力斗争并不是处于一条水平线上。李斯并没有把赵高作为敌手，而赵高已经把李斯当作了死敌。赵高掌握了与秦二世的联络权。李斯想见皇帝一面都不容易，更谈不上在皇帝面前剖白自己、揭发别人了。李斯要保住自己多年经营的果实，而赵高要争、要斗。李斯低估了赵高。赵高的最终目的，至少是要独揽朝廷大权。李斯的存在是他最大的障碍。

等到秦二世寻欢作乐时，赵高便派人招呼丞相李斯入宫奏事。李斯穿戴整齐，乘快车到宫门求见。经过几次折腾，秦二世终于愤怒了。李斯老儿这么做，到底是何居心？是在变着法子让我不开心吗？是在故意刁难于我吗？

那些在权力场上想要固宠的人，无不想方设法打听主子的爱好，揣摩主子的心思，不惜重金打通与主子的联络渠道。但李斯失策了，在与主子的联络中，居然借助自己的敌手。

李斯当初在荀子那里学的是帝王之学，在他跟秦始皇的关系中，他获得了成功，他得到了秦始皇的信任。在二世手下，他的帝王学基本就没有什么用武之地：李斯对秦二世几乎没有影响。秦始皇在沙丘死去的时候，如果他主动想到了赵高劝说他的那些理由，为自身长保富贵打算，最好的办法当然就是联合赵高，矫诏拥立胡亥。拥立胡亥成功之后，应该立即着手剪除赵高的势力，甚至在肉体上消灭赵高。但李斯没有这样做，也没有这样想。

他在被动中接受了赵高的阴谋，整个历史走向不是“李斯联合赵高，发动沙丘之变”，而是“赵高联合李斯，发动沙丘之变”。从此之后，李斯就一直处于被动的位置，没有主动做过一件大事。

就算赵高向他发出了挑战，李斯也并没有将赵高视为自己最强大的对手。他以为，自己不可能倒在赵高的阴损招数下，赵高不过是帝国权力场上的二流角色。李斯竟然天真地认定，让秦二世做裁判，他可以一举击败赵高，并将这个变态小人彻底制服。

李斯在没有掌握任何赵高谋反的证据的情况下，上书给秦二世。大意是：赵高运用田常和子罕二人的叛逆之道，窃取陛下的威信，陛下要是不及早将他解决，我担心有朝一日他会发动宫廷政变。

赵高早已用迷魂汤将秦二世灌醉，而李斯这时候才想到去喊醒烂醉如泥的梦中人，未免太迟了。李斯的上书非但没有唤醒胡亥，却再一次点燃了他内心的怒火。论恩德，秦二世对李斯和赵高都是心怀感激的，毕竟他登上皇帝的宝座，少不了李、赵二位合力托举成全的功劳。但现在李斯与赵高水火不容，两人中必须倒下一个。恩德之外，就要有私人感情的成分。赵高是秦二世的老师，他们朝夕相处，论关系亲疏，李斯简直没法与之相提并论。

李、赵二人对掐，如果非要选择一个人倒下去，那还能是谁呢？秦二世怕李斯对赵高下毒手，便将李斯的话原原本本传达给了赵高。

赵高满腹委屈地说：“如果赵高死，那么丞相就可以学田常弑君篡位了！”

李斯的长篇宏论抵不过赵高的一句轻描淡写的话，虎虎生风的大刀抵不过一支夺命镖。李斯就这样被秦二世交到了赵高的手里。赵高是刑法专家，罗织罪名是他的专业。李斯的悲惨遭遇，是他自己种下了孽因，最终自食恶果。改变历史的枢纽原本掌控在他的手中，他的存在，原本可以使数以百万计的人不至于死于非命，而他自己也完全有机会拥有一个更好的结局。

但他将历史赋予的机会拱手让给了赵高。

赵高亲自出马把李斯和他的宗族、宾客全部逮捕下狱。李斯苦心经营了整整一生的功名富贵一夕之间化作了泡影。如同他在自己极尽恩宠时所说：“物极则衰，吾未知所税驾也！”

李斯或许早就有预感，当年那句无端的感叹最后竟一语成谶。他没想到自己位极人臣后会走得如此艰难，一路战战兢兢，最后还是难逃悲惨的结局。与李斯同时被捕的还有大臣冯去疾和冯劫，他们悲愤地说：“身为将相，决不受这样的奇耻大辱！”两位同僚相继自杀。李斯还在坚强地活着，他自负有雄辩之才，有功于秦始皇父子，确实没有谋反的证据。

他怀着侥幸的心理给秦二世上书，借以表白自己的心迹，希望秦二世明白自己的心迹后能够一夜之间幡然醒悟。赵高亲自审讯李斯；在各种酷刑的考验之下，李斯实在扛不住了，只好自诬，承认自己参与谋反。

李斯为自己开列了“七宗罪”，事实上是为自己摆功摆了七条。李斯的这封信写得令人感动，甚至连秦二世都动摇了，却无法让赵高有一丝感动。

奏疏大意如下：“微臣担任丞相，治民有三十余年了。秦国的土地原先很狭隘，先帝时秦国的领土不过方圆千里，拥有数十万士兵。微臣竭尽所能，谨慎地执行法令，暗地里派遣谋臣，让他们带着黄金美玉去游说诸侯。暗地里厉兵秣马，修明政教，任用勇士，尊重功臣，所以能胁持韩国削弱魏国，攻破燕国和赵国，荡平齐国和楚国，终于兼并天下，俘虏六国的君王，立秦王为天子。这是我的第一宗罪行。领土并非不够广大，又在北方驱逐胡、貉，在南方平定百越，以显示秦国的强大。这是我的第二宗罪行。尊重大臣，使他们的爵位非同寻常，强化他们对国家和君主的感情。这是我的第三宗罪行。立社稷，修宗庙，借此显示君主的贤德。这是我的第四宗罪行。统一度量衡，将法律公布于天下，树立秦朝的声名。这是我的第五宗罪行。修驿道，建行宫，借此表现君主的得意。这是我的第六宗罪行。减轻刑罚，降低赋税，借此为君主博得民心，使君主受万民拥戴，至死不忘。这是我的第七宗罪行。”

赵高将判决递了上去，胡亥高兴地说："多亏了赵君啊，不然我被丞相卖了都不知道。"

大臣谋反非同小可，不仅要将李斯腰斩于市，还要诛灭三族（父母、兄弟、妻儿）。腰斩是一种暴虐的死刑，死囚被拦腰斩断。行刑当天，李斯走出监狱大门，与儿子一同被绑赴刑场。大秦帝都咸阳万人空巷，去刑场伸长脖子看戏，有拍手称快的，也有同情落泪的。

按说人之将死，其言也善，李斯望着满脸猪肝色的儿子，叹息的却是："我想与你再牵着黄狗一同出上蔡（李斯的老家）东门去追逐狡兔，过自由自在的生活，还怎么可能呢？"

身败名裂、家破人亡的李斯，到头来憧憬的只是一种常人的幸福。

这种幸福多普通啊，普通得近乎琐碎。任何一个小老百姓，只要他愿意，他随时可以放下手中的农活，带上儿子，牵黄犬，出东门，逐狡兔。然而，此刻的李斯不能。

二十多年前，他在刚刚爬上权力浪尖时，就应该预料到自己迟早会有这样一天。在权力斗争的漩涡中心，他能苦撑三十多年，已经是一个奇迹，尤其是他侍候的又是两位顶尖级的暴君。李斯是在刑场上才悔悟到这一点，可见权力不仅是烈性的春药，也是烈性的迷药，最聪明的人一旦鬼上身，也是至死才悔，即算悔青了肠子，又有何益？

公元前 207 年，秦二世三年八月。咸阳令阎乐率兵一千多人突然出现在望夷宫，杀掉侍卫长后长驱直入。胡亥知大势已去，缓缓步入内室。这时候只有一个宦者跟在他身边。

阎乐走近胡亥，说："足下骄横放纵，诛戮无道，天下人全都背叛足下，足下打算怎么办？"

胡亥说："我情愿做一个郡王。"

阎乐说："不行。"

胡亥说："我情愿做万户侯。"

阎乐说："不行。"

胡亥说："那我情愿和妻儿一起做平民百姓。"

阎乐最后看了他一眼，说："臣奉丞相之命，替天下人诛杀足下。足下虽多言，臣不敢报。"说完把手一挥，士兵们一拥而上。

绝望的胡亥被迫自杀。胡亥临死前的愿望呈阶梯式递减，当它们一一被否决后，最后的一丝渴望不免还是和李斯一样——做一个老百姓。他们这算是彻悟吗？恐怕不能算。如果上天再给他一次机会，他的欲望还是会重新往上走，呈阶梯式递增。

投机者的身份

——游侠乎？流氓乎？

战国时代的游侠风气从上层社会一直渗透到民间，其中既包含不法亡命之徒，也不乏儒生士子。游侠们在各国间奔走往来，纷纷寄托于贵族豪门。一时之间，养士成为上层社会竞相标榜的一种时髦风气。那些自认为有实力、有抱负的国君、权臣，无不以尽可能多地收养门客为荣。富贵多士，贫贱寡友，现实里的一切不过是人世间的冷暖常情。当主家，说明你有买方市场的投入本钱；当门客，说明你有卖方市场的存在价值。无论是以何种身份投身其间，都是一件荣耀之事。

天上从来就不会掉馅儿饼，门客也不会白吃白喝。既然选择养了你，那么你就要拿出可以等价交换的东西。除了谋取天下的才学，还有可能是你的性命。士为知己者死，大多数的无产者赤条条来去，自然愿意奉上自己的“命”。而具有侠义精神的权贵者愿意用等量的价值换“命”。我买了你的命、他的命，我就有可能会有三条命。这是一种买卖关系，也不仅仅是买卖关系。门主和宾客、宾客和游侠，一物的两面，维系这种关系的是男人之间的然诺交情，豪侠间的人际交往。

1. 游侠是生活的一种选择

公元前219年春夏之交，楚地沛县发生了一件不大不小的事，沛县令的好朋友单父（今山东单县）人吕公，躲避仇人搬到了沛县居住。在刚刚到沛县的时候，很多人便听说了吕公和县令的关系，于是人们便来上门拜访。

拜访之人都要送礼，钱少了还上不了座，只能坐于堂下。这么看来，吕公还是有一点儿声望的。这一天，有一个无赖般的人带着他的几个朋友也赶去凑热闹。当时主持接待的是沛县的主吏掾萧何。由于拜访的人太多了，善于搞管理调度的他采用差异化的管理模式，宣布了一条规定："凡是贺礼钱不到一千钱的人，一律到堂下就座。"

刘邦身无分文，却对负责传信的人说："泗水亭长刘季贺钱一万！"

身为外乡人的吕老爷一眼就相中了刘邦，硬是将自己的大女儿许配给了这个看上去有些吊儿郎当的男人。后来有人问起吕公，为何要将自己的女儿嫁给那个一无是处的刘邦。吕公给出的理由是："我这个女婿高鼻龙颜，面相极好，将来必成大器。"

亭—乡—县—郡—皇帝，在喝醉的时候，刘邦会掰着手指头算一算，他与那个叫嬴政的男人也只不过就差了四级。他们都是五十年代生人，刘邦生于公元前256年，嬴政生于公元前259年。不同的是对方生在秦国王公之家，而他生在平民之家。人还是要有梦想的，万一实现了呢？

有人说刘邦的"亭长"也就相当于今天的村长，一听就是外行话。亭本来是一个军事组织，设置在交通线上，要接待往来的使者，转发政府的邮件，大概三公里设一个亭，是准军事机构，刀剑配备齐全，而且有驿马。

亭所在地区，称为亭部，亭还有维持当地治安、追捕盗贼的责任。也就是说，它是交通站兼警察署。所以刘邦相当于兼任了泗水的邮政交通站站长和派出所所长。亭是由县政府办公室直接统辖，而他的顶头上司正是萧何。

游侠时代的刘邦结下的都是来自草根阶层的哥们儿。而他当了亭长所交往的人就变成了沛县的大小官吏们，特别是那些下级官员，后来陪他打下大汉江山的就是这拨人。刘邦在泗水亭亭长任上已经超过十个年头，十年无所升迁，不求上进。若不是两年前去咸阳服徭役，机缘巧合地远观始皇帝仪仗，脱口而出那句："嗟夫，大丈夫当如此也！"甚至难免让人怀疑，他那炽热的"游侠梦"早已落满尘埃，一去不返。

也许，那份"游侠梦"确实曾经在漫长的泗水亭亭长生涯里无可救药地黯淡过——毕竟，那是十余年漫长的枯燥时光；毕竟，他已经从血气方刚的青年逐渐步入不尴不尬的中年时光。要求一个踏上奔五之路的中年人继续去完成他青少年时代未完成的"游侠梦"，显然是不现实的。然而两年前的咸阳之行，对刘邦尘封已久的"游侠梦"产生了强烈的刺激。

他领到了一份差事，押送囚徒去骊山给始皇帝修陵墓。咸阳真是一个好地方，酒比沛县的香，女人比沛县的美。普通老百姓是没有多少想法的，他们只需要一个安身立命的地方，不患贫而患不安。刘邦出生在地道的平民家庭，若是生于阶层固化的时代，农民的儿子也只能一辈子当农民。但刘邦生在一个风云激荡的大时代，一切皆有可能。

在那样一个自由奋进的时代里，社会允许一个平民做他的白日梦，然后醒了去实现它。刘邦真想见见那个叫嬴政的人，听人说，始皇帝天生一副暴君的"异相"——"蜂准、长目、鸷膺、豺声"。蜜蜂形的鼻子，比较饱满，长长的眼睛，胸部突出，豺狼般的声音。站在这样一个奇丑无比的男人面前，就算有一万个不服气又能怎样。他不过一介平民，而人家是天下之主。

刘邦押着这些囚犯从沛县出发，走到西边的丰邑县时，囚犯已经逃得差不多了。即便到了咸阳，估计也没几个人可用。而他很可能会被治罪杀头，而且说不定半道上就会被这帮囚犯给杀了。四十七岁这年，刘邦"夜解从所送徒”，抛弃了秦帝国体制内的小官吏身份，一头扎进芒砀山中。在大时代风浪里起伏的人往往会兼具两重命运，每一重都可能是你最终的宿命。一是大命运，大命运是历史环境决定了你可能的范围，比如在秦帝国时代，刘邦混到顶就是个亭长，就是说在这个形势下人就是历史的工具。二是小命运，在历史环境提供的其中一种可能性当中，个人会一步步达到时代给你的最高点。刚好是后战国时代给这个原本叫刘季的小人物提供了这种可能性，他通过种种关系、种种能力、种种偶然命运的汇合，最终走上了人生的顶点。

秦王政十五年（公元前 232 年），距离丰邑一百五十多公里外的楚国下相（今江苏省宿迁市）有一名天生异相的男婴降临世间，此儿生来重瞳子，据说舜帝也是如此。这个眼睛里有两个瞳孔的婴儿不是别人，正是项羽。只是这一年的刘邦已经二十四岁，已在这纷乱的世道里行走了七八年。

项羽出生的公元前 232 年虽然也属于战国时期，但局面已经更加恶化，他的母国已经陷入风雨飘摇之境。项羽八岁那年，他爷爷项燕干了件青史留名的事情——大败秦将李信指挥的二十万秦军。

本以为凭一己之力可以将楚国这艘将沉之船拖上岸，怎奈时势不由人。第二年，秦国名将王翦带来了六十万秦军。项燕兵败逃亡，楚王负刍被俘，楚国灭亡。失利后的项燕不甘亡国，秘密组织爱国民众发动复国起义并一度占据楚都寿春（今安徽寿县），但于次年失败，自杀。

从项羽懂事起，他的母国就已经不存在了，战国时代纵横睥睨的游侠游士的江湖浪漫传说并未进入他的脑海，他有的应该是国亡家破的刻骨仇恨。之后十来年的生活他跟随叔叔项梁流亡，备尝艰辛。青年项羽一直是在项梁的庇护下生活，很多时候削弱了他与人交往的能力。在项羽的认知世界里，国仇家恨是第一位的。这种复仇心理像是一块巨石，沉沉地压在年轻项羽的心头。“我们为什么活得这么艰难？都是秦国人带给我们的！”

跟着叔叔亡命天涯，复仇的种子一天天长成了参天大树，遮蔽了年轻人心上的光明，甚至于让他的性格变得偏执和扭曲。而中年大叔刘邦虽然在社会摸爬滚打也不容易，但他总能游刃有余地处理好社会与人。

如果有人问，刘邦早年的人生理想是什么？他会告诉你两个答案，一是做信陵君那样的任侠之士，二是做秦始皇那样的人中之龙。

而这两种答案对于此时的刘邦来说，都是不太现实的。如果回到二十年前，回到刘邦的青春岁月，那时始皇帝还没有平灭六国，刘邦还是楚国的子民。对于一个少年人来说，呼朋唤友、酒肉穿肠才是最令人向往的生活方式。

刘邦早年间的任侠之路并非盲目地浪荡，他是去追逐自己的人生偶像的。他追的不是别人，而是战国时代非常有名的任侠之士——信陵君。置身于那样一个自由奋进的大时代，哪个热血男儿没有一个英雄的梦想？浩瀚银河，璀璨星空，最令刘邦心驰神往的莫过于魏国的信陵君。与那些传说中遥不可及的英雄不同，信陵君不但活在现实里，而且就生活在刘邦的家乡往西一百七十公里外的大梁（今河南开封）城内。

信陵君名唤魏无忌，是魏安釐王的异母弟。他与孟尝君田文、平原君赵胜、春申君黄歇并称战国四公子，领一时风骚。

刘邦出生前一年（秦昭王五十年），秦军挟长平之战的余威包围了赵国都城邯郸。信陵君“窃符救赵”，将魏军主力骗到手，和赵国、楚国、韩国通力合作，一举击退秦军。十年之后，秦庄襄王三年（公元前247年），秦军大举进攻魏国，魏王紧急时刻又重新召回当时流亡赵国的信陵君。信陵君凭借自己的人望，争取到各国的支持，统率赵、魏、韩、楚、燕五国联军破秦军于河外，追击秦军至函谷关，使得秦军闭关不出。个人虽然无法改写历史的汹汹大势，却能够破一时之局。信陵君几乎凭一己之力迟滞了秦国统一的步伐。

这样一位集谦、仁、信、义、智于一身的人物，自然会成为时人追捧的偶像。

在战国秦汉之时，国民有重义轻生的风气，这让政府很是头疼。刘邦十四岁那年，他还没来得及踏上社会的时候，去追寻他那位心目中的偶像的时候，一个令他震惊的消息传来，信陵君去世了。三年后，他终于走出家乡，去追逐那年少轻狂的梦想。

战国时代的游侠风气是一种新的价值观念，一种较为时髦的生活方式。史书记载刘邦："喜施，意豁如也。常有大度，不事家人生产作业。"这便是"任侠"风气的具体表现。也有人将刘邦身上的这种"任侠"之风视为流氓之态、无赖之风。

那张贴在刘邦身上的"流氓"标签一直未曾撕掉，非但没有撕掉，反而越粘越紧。究其缘由，他的"流氓"身份也算拜司马迁所赐。《史记》中记载，刘邦在当了皇帝之后，向父亲刘太公敬酒时，说："以前大人总认为我无赖，不搞生产，比不上二哥的能力。现在你看我和二哥的产业谁更大？"连父亲都说他当年是个"无赖"，可见刘邦是个多么令人讨厌的家伙。

有人不以为然，认为古人对"流氓""无赖"的理解与今人大有不同。《中文大辞典》解释："（流氓）今谓扰乱社会秩序安宁、专事不良行为者，亦曰流氓，与无赖同。"在这里，"流氓"和"无赖"这两个词有着明确的道德指责。一提起"流氓"，我们的眼前马上会浮现出一个地痞流氓的形象。

《说文》解释："氓，民也。""氓"与"民"是互通的，以"氓""民"互文或换用的用法多如牛毛。有学者对"流氓"一词做过如下界定："流氓是脱离了古代社会最基本的生产资料——田地，因此没有正当的业务可恃且又愚昧无知的社会底层成员；而作为流氓之'流'的字义中，又可包含或引申出向坏的方向嬗变以及放纵成弊等内容。"就是说，开始只是没有土地，后来品行变坏了，意思已慢慢发生改变。

《孟子》曾总结过战国时期的农民生活，"今也制民之产，仰不足以事父母，俯不足以畜妻子；乐岁终身苦，凶年不免于死亡"。凶年的时候逃荒，成了中国历史上一种常规的求生手段了。流民由社会的最底层组成，是绝对穷困者。

刘邦算不上绝对的贫困者，也不是流民，不但不是流民，还混上个泗水亭长，娶了当地富户吕太公的女儿。在他的那个小圈子里，刘邦算是家庭、事业双丰收。正所谓“有恒产者有恒心”，这时候的刘邦并不是一个混迹于生活低层的无产者。

刘太公说自己的三儿子“无赖”，说他不能像哥哥那样，做一个安分守己的农人，说他既没有赖以为生的本事，也没有一颗安守本分的心。在我们这样一个农耕文明的国度里，像刘太公这样的父亲对儿子并没有更高的要求。

在古代帝王中，真正流民出身的只有朱元璋。朱元璋来到这个世界，迎接他的是一场接一场的灾难，无寸地可守，无片瓦可居。父母双亡，兄弟离散，几乎所有的血缘关系链都被艰难的世道无情地割断。官府衙门不会管他的死活，地方甲长也当他早已不存在，甚至连一座破寺庙也不肯收容于他。

游侠信奉的人生准则是四个字——轻生重义。士为知己者死，为了“义”字，连自己的性命也可以不要。在战国时，各国为了延揽人才，纷纷给予他们最好的款待。孟尝君有个跛脚的门客被一个美人笑了一下，就索要美人的脑袋。孟尝君开始不以为然，结果不仅这个门客走了，别的门客也走了一半。孟尝君意识到问题了，把美人的头砍下来，门客们又开始回来了。

游侠不是一般的赤贫阶层。同样是投身江湖，游侠与游民享受的却是截然不同的待遇。张良游侠，人家是六国的旧贵族出身；郭解游侠，虽然资产未达汉武帝的迁徙令的要求，但光是送行者为他出的钱就达到一千多万；楼护游侠，官至九卿，封侯。而细数有汉一代，不就有许多公卿号称“任侠”吗？班固在《两都赋》里说：乡间的豪俊和游侠中的佼佼者，名节上追慕平原君、孟尝君，名声上仅次于春申君、信陵君，他们互相联合交往，驰骋遨游于其间。

刘邦怀揣着梦想和激情，投身于那个风起云涌的大时代，成为千千万万行走于江湖的浪荡“游侠”之一。当时围绕在他身边的是一群和他有着同样追求的少年，大抵有卢绾、周绁、奚涓、纪信这些人，他们拜了当时沛县“豪桀（黑社会大佬）”之一的王陵做大哥，正式开启他们的“江湖之旅”。

日本学者守屋美都雄曾在《关于汉高祖集团的性质》一文中详细考察了刘邦集团的客、中涓、舍人、卒等组成群体，并得出结论：他们在秦末乱世选择与刘邦结合，是基于一种互相平等的信赖感。换而言之，这种平等的信任感的来源，正是刘邦的“任侠仗气”。

当信陵君那样“食客三千”的贵族是刘邦游侠时代的人生理想，而到了秦帝国时代，他的仰慕对象换作天命最高的帝王——秦始皇。刘邦去咸阳服徭役，碰上秦始皇巡游的宏大场面。当皇帝的仪仗轰隆隆像巨雷滚过，他叹了一口气“嗟乎，大丈夫当如是也”——做人就要做这样的人。

同样，项羽也曾经围观过秦始皇巡游会稽、渡浙江的场面。那一刻，他转身对叔父项梁说：“彼可取而代也！”项羽说这句话的时候，也只有二十岁。待到他起兵反秦时，也不过二十四岁。二十四岁，正是项羽和刘邦的年龄差。也就是说，项羽正值青春盛年，而刘邦正在昏然老去。如此大的年龄差距，让他们有着不同的世界观和价值观。

刘邦说，男人啊！就应该活成皇帝的样子。

项羽说，秦王啊！老子日后可取而代之。

一个老屌丝说自己很希望能够活得像皇帝一样——话里话外透着痴人说梦的无奈。而年轻的项羽揣着复国的野心，同样是不切实际的话从项羽嘴里说出却透着一种狠劲儿，像是他一生际遇的某种暗示。

游侠本身虽然算不上一个严密的组织，但也有上下等级关系。居于上层的是大哥，下面则是小弟；大哥照顾小弟，小弟要服从大哥。游侠里最高级的称为“国侠”，像孟尝君、信陵君、平原君，春申君，这些都是战国时代的贵族，富可敌国，门客数千人。次一级的有“县侠”，身居县城，算是地方上有头有脸的人，手下的游侠能有百十来人，像外黄的张耳、沛县的王陵。

游侠里比“县侠”再次一级的有“乡侠”，可以聚集乡里少年。刘邦大概就是这一级别。至于刘邦的小弟，就是卢绾这一类闾里间的人物，他们是最低端的“里侠”。

如果稍加留意，并不难发现，以游侠之风在秦末动乱中取得成功的，并非只有刘邦一人。王陵，算得上是刘邦游侠之路上的“带头大哥”，同样也以游侠之身聚众数千人，成为一股不容忽视的反秦力量。其他如英布、彭越等人，同样均以游侠起家，为众豪杰所推举；刘邦曾经的门主张耳，则更不必说了，乃是反秦运动中极著名的游侠领袖。可以说，当秦末乱世来临，因为秦帝国的严密法家网络而隐匿民间的战国游侠之风，趁势再度复活，并最终左右了历史的进程。

要知道，刘邦的家在丰邑，即今天的江苏丰县；张耳在外黄，即今天的河南民权。这个距离，可以说明两个问题：第一，张耳的影响力已经相当大了，辐射很广；第二，刘邦做游侠的决心很大，足以支撑他长途跋涉。

当然，年轻的刘邦在此时的游侠队伍中并无突出之处，不管是在经济上、武力上、社会地位上。公元前223年，秦国军队吞并了刘邦的家乡淮北一带。不久，刘邦和他的父兄也成了魏国的遗民。

随着六国的消亡，游侠们生存的土壤也开始土崩瓦解。秦国将原属魏国之丰县与原属楚国之沛县合并，组建了新的沛县。秦灭六国，按照自己的办法来统治，设郡县，编户籍，每个人登记姓名、财产、住所、爵位、家庭成员等，比我们现在见到的任何户籍记录都详细，而且每年要查一遍，本人必须到场。户籍登记以后，征兵、征税都是按这个，外出要有通行证，邻里互相监督，私自离开户籍是重罪。《史记·秦始皇本纪》载秦献公十年，秦代“为户籍相伍”，每五家编成一个“伍”，十家又组成一个“什”。户籍制度还与连坐制度并行，让你的一举一动彻底暴露在众人面前。

那些扛着“义”字大旗的游侠再也不能像战国时代那样，往来于不同的诸侯国当中，尽管大多数时候，他们兜售的只是“利益”二字。齐国的孟尝君门下有食客三千，可是他失势后纷纷离去，复位后又都重新回来，毫无惭色。孟尝君很是气愤。门客却大言不惭道：“富贵多士，贫贱寡友，事之固然也。”

天下熙熙，皆为利来；天下攘攘，皆为利往。他们失去了自己的家国，失去了自己的王，也就失去了这样一方按照自身的意愿生存和活动的天地。大一统的秦国剥夺了他们以义谋利的自由民身份，天下的主子只有一个。想要自由，门都没有。秦朝编织了一张严密的户籍网络，将每一座城镇、每一个村庄、每一个家庭、每一个人，都毫无遗漏地编入国家行政网络之中。

在始皇帝看来，游侠的存在有可能会威胁到帝国的安全。战国七雄，唯有秦国没有游侠。如此一来，刘邦只能乖乖地缩回到自己的一亩三分地上。虽然还有游侠的梦想，但现实正在将他一步步拉回到正常人的生活轨道上来，娶妻生子，还当上了一个底层小官吏。

2. 风险收益是第一要素

茨威格在《异端的权利》里说：“无论谁，如能给予人们一种新的协调和纯洁的幻想，就立即能够激发人类最神圣的情感：自我牺牲和宗教狂热。成百万人像是中了邪一样准备投降，他们允许被蹂躏，甚至甘受强暴。”

生活在这片古老的土地上，人们并不奢望能得到更多的公平和仁爱。只要能有一条活路走，哪怕伴随着的是不公和屈辱，他们也是可以接受的。当有一天，人们连跪着活下去的幻想都破碎了的时候，他们宁肯冒着杀头的危险也要振臂一呼。天下大势，也就迎来了一个汹汹翻转的时机。平头百姓陈胜、吴广斩木为兵、揭竿为旗，让一个热气腾腾刚上路的帝国机器差点儿就熄火。

从秦王政二十三年（公元前224年）到秦始皇三十七年（公元前210年），刘邦在泗水亭亭长的位置上一待就是十四年，昏昏然不知老之将至。这世界那么大，他已经失去看的兴致，每日与同事们开开玩笑（“廷中吏无所不狎侮”），到沛县最繁华处喝喝花酒（“好酒及色”）。每次离开酒肆，他都会在大太阳下打着饱嗝儿，伸两个懒腰。他曾经以为，那个叫刘邦的男人这辈子也就这样了，说平淡也平淡，说充实也充实。

他不会知道，那个叫嬴政的男人，其实和他一样是个有趣的人。有趣的人有一个共同特点，那就是不太安分。

秦始皇二十七年（公元前228年），嬴政下令“作信宫”“作甘泉前殿”“治驰道”。“治驰道”就是修筑高速公路，连接咸阳到全国各地。有学者保守推算，秦直道大略长度为1500百里，平均宽度为50米，夯土土方量大约为1800万立方米，如果堆筑成高1米、宽半米的土墙，几乎可以绕地球赤道一圈。

秦始皇二十八年（公元前229年），嬴政“封泰山”“禅梁父”；

公元前230年（秦始皇二十九年），嬴政“东游”；

秦始皇三十二年（公元前233年），嬴政北巡“之碣石”，“使将军蒙恬发兵三十万北击胡，略取河南地”；

秦始皇三十五年（公元前236年），嬴政动用七十万人修筑阿房宫，阿房宫不过是上林苑的一个前殿，同时还要修筑始皇陵。

嬴政的大工程不断上马，随之而来的是不间断地征发徭役。刚参加完骊山徭役的刘邦回家还没来得及喘口气，又要押解新的一批徭役民众前往骊山。统一了天下的秦王嬴政视天下为自己的猎物。他的老师韩非子告诉他，人是一种本性卑劣的动物，他们渴望的只有利益而惧怕的只有暴力。他要通过严刑峻法把所有的猎物都变成劳工，变成为他驾车的牲畜。

工程连年不断，繁重的徭役将人民牢牢地束缚在帝国机器的生产线上，一刻不得闲，让他们弯下的腰再也没有直起来。老百姓主要的生计就是种田，“徭役”是统治者强加给劳动人民的无偿义务，徭役一多，就顾不上种田，老百姓就是不累死也会饿死。无奈之下，他们只有用脚投票来决定自己的出路，横竖都是一个死，索性就一头扎进茫茫夜幕，跑出一条活路。

作为一个智力还算正常的人都会算出这样一笔账，“不逃”是非死不可，“逃”有可能不死，两者之间的风险收益比有着很大的反差。逃生的念头驱赶着那些被强征服徭役的民众，他们有机会就逃，没有机会创造机会也要逃。这可苦了刘邦，照此下去，还没到咸阳，这帮民工早就跑得七零八落了，交不了差事按照大秦律法是要判刑的。他还没活够，虽然活得不够痛快。有妻有子有房的低层小吏生活，对于一个中年男人来说，也算是一种圆满。如果打破这种圆满，他能承受得起那未知的烈火与狂飙吗？刚刚上路才两天，队伍才到丰邑西的泽中亭，刘邦突然想通了，他趁着夜色解开捆绑那些人的绳索，告诉他们：“你们自由了，我也要逃亡了。”

秦二世元年（前 209 年）九月，虽是秋阳烈烈，但帝国的天空却弥漫着杀伐肆虐之气。陈胜自蕲州起兵以后，传檄四方，东南各郡县纷纷响应，戕杀守令，义旗高举。沛县与蕲县的距离很近，蕲县百姓杀官吏的事件很快传入沛县。既然沛县无主，众人推举刘邦就任沛县县令。就官职而言，萧何、曹参都是沛县文吏，而刘邦只是一个小小的泗水亭长。或许是文人过于爱惜自己的羽毛，看重个人的得失，怕举事不成遭受灭族之祸，都不愿当那个出头鸟。于是，他们共同推举刘邦来扛起这个责任。

刘邦就这样拉起一支队伍，收编沛县子弟兵，大概有两三千人的规模。因为刘邦以赤帝子自居，部队采用赤色（红色）的旗号。对于刘邦而言，收揽人心是他所擅长的。从此以后，他多了一个响当当的称谓：沛公。名为沛公，而刘邦的目的决非仅仅占据一个沛县，他要在混乱的局面中扩大生存空间。

秦二世二年（公元前 208 年）正月，刘邦遇上张良。当时的张良正准备率众前往投靠在留县的楚王景驹，途中与刘邦不期而遇，两人一见倾心。

张良是韩国人，他的祖父担任过韩昭侯、宣惠王、襄哀王的丞相，父亲担任过韩厘王、悼惠王的丞相。这就是大家所津津乐道的张良家“五世相韩”（担任过五代韩王的相国），张良对韩国有着深深的母国之情。

到了韩国灭亡的时候，张良家还能保有三百多仆役，但富裕的生活没有消磨张良的意志，他对灭亡韩国的秦国始终怀抱着深深的仇恨。张良非碌碌之辈，早年散尽家资，收买一个大力士做刺客，在阳武博浪沙（今河南原阳东南）狙击秦始皇。他偷偷铸造了一个大铁锤，铁锤重达一百二十斤，交与大力士，埋伏在秦始皇必然经过的驰道旁。哪知，精心的准备都因最后的一击而失败。铁锤只击中了副车，没有伤到秦始皇的一根毫毛。

为此，秦始皇愤然“大索天下”。张良在穷途末路中，在下邳巧遇黄石公。“偶然”给他的命运带来转机，学问大进，为日后辅佐帝王获取了资本。张良多次与刘邦大讲《太公兵法》，深受刘邦赏识。沛公乃授张良为大将。

张良也十分佩服刘邦。因为张良的兵法，别人不晓，故也无他人赏识，唯有刘邦能心领神会，并能虚心采用其策。张良不禁喟然兴叹：“沛公似是天授英王，天成其聪颖！”

在相当程度上，一个人的成败要取决于机遇，或者说“命运”。正由于这种特殊的机遇，使得张良在命运的转角处遇到了刘邦，而不是项羽，或者是徒有虚名的其他人物。从此君臣相得，如鱼得水。一个豁达大度，从谏如流；另一个则聪明天纵，屡献良谋。

而此时，天下大势已呈烈火烹油之势。同样是在这一年，陈胜自立为楚王，下面的将领武臣自立为赵王。其后，刘邦也正式扯起一面反旗，被立为沛公。刘邦在造反的各方势力中是毫不起眼儿的一个角色。项梁及其侄子项羽无疑是最有实力的，他们是楚将后代，本身就是专业型领袖。他们的起点要高于那些平民造反者，刚开始时就拥有一支数千人的军队，沿路又吸收了不少旁支，力量不断加强，也打了不少胜仗。

秦灭六国，楚国最是无辜。自从怀王受骗进入秦国没有回来，楚国人至今念念不忘此事。楚国南公曾有预言：哪怕楚国只剩三户人家，也定会灭亡秦国。陈胜起兵反秦，不立楚王之后而自立为王，号召力有限，政权不能持久。项梁接受了范增的建议，急令搜寻楚王的后裔。楚怀王的孙子熊心，在民间为人牧羊，被项梁找到。

秦二世二年（公元前208年）六月，项梁在薛县与各路楚军将领共同拥立熊心为楚王。为了顺从楚国人怨恨秦国无信、怀念无辜而死的楚怀王之民望，仍然号称楚怀王，以盱台（今江苏盱眙北）为首都，正式重建楚国政权。在楚怀王的名义下，项梁叔侄二人将楚国地区的反秦武装力量统一起来，继承楚国的法统，正式复国重建了楚国政权。

项梁死后，项羽打败秦军，招降了秦军的总将领，以一个成功的战术家的身份，得到了大家的承认。与那些贵族和军阀比起来，底层小吏要想赢得更多人的拥戴，走向成功之路，需要克服的障碍更多；要想通过个人路径赢得众人的死忠，更是难上加难。而刘邦抓住了时机。

秦人应该庆幸，是刘邦而不是项羽先入了关。楚怀王坚持不让项羽先入关，让咸阳人暂时逃过一劫，也多活了一些时日。刘邦入咸阳接受秦王子婴的投降，大家都说应该杀掉。刘邦说："怀王派我来，就是因为我比较宽容，我不能让他失望。而且人家已经投降了，杀之不祥。"有人将刘邦进咸阳与一千八百年后李自成进北京放在一起作比较，都是草根阶层，就连进入都城皇宫后所表露出的对富丽堂皇、脂黛歌舞的惊羡和留恋的目光都是相似的。

刘邦只是在皇帝的御座上摆了个随心所欲的姿势，时间短得让他来不及回味，然后抛下几瞥留恋不舍的眼光，手一挥又撤军灞上。不要财宝，不要美女，不要地盘，他让萧何把秦丞相府的图籍文书全部收起来。图籍文书是各种户籍资料、法律文告、财政报表、税收账簿、地图和内府书籍，而这些都是秦帝国赖以施政和维持统治的图籍。

这时候的刘邦，已经在为自己将来当皇帝做准备了。为了安抚百姓，他给秦暴政下的咸阳人"约法三章"，连百姓劳军他都好言拒绝，怕麻烦老百姓。

史书记载："高祖不修文学，而性明达，好谋，能听，自监门、戍卒，见之如旧。"刘邦是一个极富亲和力的家伙，就连看门的和当兵的都能与其一见如故。

范增就曾对项羽说：沛公这个人，向来贪财好色，这次入关，“珍物无所取，妇女无所幸，此其志不小”。又说刘邦有天子气，让项羽赶紧杀了他，以绝后患。范增看人看得很准。刘邦为了长远目标，及时地摒弃了身上的土气和痞气，也抛掉了不切实际的游侠梦。

刘邦撤了，项羽进来了。五步一楼，十步一阁；廊腰缦回，檐牙高啄。阿房宫壮美得让每个见过它的人内心发颤，也勾起了那些乱世英雄对于权力的渴望。项羽显然对先期抵达的刘邦是否进过阿房宫、见识过它耀眼的繁华耿耿于怀。在《王的盛宴》那部电影中，项羽有一句台词：“烧了它，大家都不用惦记了。”

望着咸阳城上空腾起的熊熊火焰，项羽的内心有着难以抑制的兴奋与冲动。秦国，那个灭了自己母国的强秦，像一个巨人在自己面前轰然倒下。他的泪水滑过像铁一样坚硬的面庞，他想起了祖父项燕，那个为楚国流尽最后一滴血的英雄。他明显无心恋战、无心驻扎，他不过是揣着一颗复仇之心上路的强盗，抢完之后杀人放火，毁尸灭迹。“秦民失望”，最失望莫过于那些秦人，本以为刘邦是真正的流氓，项羽是来自楚国的贵族。可血与火的现实却告诉他们，贵族干了流氓的勾当，流氓摆出了贵族的姿态。

韩生劝项羽，可以在此安定下来，称霸天下于关中。项羽一想，秦国皇帝的宫室都被自己一把火烧了，还是别在这里待了；既然自己现在已经拥有了富贵，有翻天覆地的本事，那么自己就应该回老家楚地去显摆显摆。站在咸阳城头，迎着浩荡的北风，项羽不禁仰天长叹：“富贵不归故乡，如衣锦夜行。”

更何况，在项羽的理想体系中，他并无意于大一统，而是建立不少于十八个的小国，它们是一个联合体，他是其中的楚国的王，是这个联合体的盟主。这分明是开历史的倒车，逆潮流而动。正所谓“天予弗取，反受其咎”。

本来与项羽实力悬殊的刘邦，经过咸阳事件后，从道义上、从影响力上，隐然已可以和项羽分庭抗礼了。此时的咸阳，既是庆功盛宴之后的别离场，更是权力角逐的名利场。随同项羽入关的各国诸侯、将领，人人垂涎于秦王宫室的美人珍宝，个个期望得到帝国领土的王侯之封，功高者明目张胆地伸手去抢，功少者也是暗地里去夺。项羽成了人人都去琢磨的大股东，各种套路和花招都指向了他。

3. 时与运是大势所趋

刘邦是一个大器晚成的人，他的“晚”不是“晚”在一处两处，而是全方位的“晚”。出仕的时候已经三十四岁，结婚的时候三十七岁，生儿子的时候四十岁，起兵的时候居然有四十七岁，做皇帝的时候五十岁。于是，有人据此推断，刘邦是一个天生晚熟的人，性格中的基本因子到成年以后才渐渐显山露水。

汉元年一月，项羽进入咸阳之后，一心想要回到他的江东故土。他可不愿以关中为根据地图谋天下。特别需要一提的是鸿门宴，项羽因为刘邦完全接受了自己提出的苛刻条件，所以没有接受范增杀刘邦的建议，而是接受了项伯的建议，放过了刘邦。范增是老谋深算的战略家，鸿门宴上，他未能说动项羽杀掉刘邦，使他无奈地发出一声“竖子不足为谋”。

一场鸿门宴，一把咸阳火，让项羽失去了除掉刘邦的最佳时机，也让他失掉了秦人的信任。秦灭六国，秦人与六国人结怨甚深。如今破国失王，最怕诸侯国军入关以后挟仇报复，他们先是得到刘邦的抚慰宽待，人人喜乐，于是主动赶着牛羊、担着酒食前往灞上慰问刘邦的军队。刘邦推辞不受说：“仓库粮食多，军队不缺粮，不希望父老乡亲破费。”刘邦的暖人之举、暖心之言是收揽天下人心的一剂良药，秦国人自然会倒向于他。

项羽分封诸侯王，诸侯王各就其国，刘邦也从咸阳去了汉中。

汉元年（公元前 206 年），项羽自立为西楚霸王。实力相去甚远的刘邦因为功劳大，终于被立为汉王。项羽是代表六国势力恢复了诸侯王国的时代，他分割燕、赵、韩、魏之故地，固然有矛盾，但还不会影响大局。但是把秦国关中地区一分为三，便是一个极不安定的因素。

说到时与运，不过是一个大势的趋向。与刘邦同时期被封王的大有人在，所以王的含金量并不高。项羽分封的王有魏王魏豹、齐王田都、雍王章邯、燕王臧荼、塞王司马欣、代王赵歇、九江王英布、临江王共敖、辽东王韩广、胶东王田市、常山王张耳等。

项羽分封诸侯王，土地、权力再分配以后，实际上又恢复到战国时列强角逐的局面。英雄莫问出处，虽然大部分的王都有着贵族血统和背景，但是像刘邦这样出自底层的王也不是没有。陈胜是服役屯军的屯长；武臣是陈胜的部将；韩广就是赵国上谷小吏；司马欣是栎阳狱掾；瑕丘申阳是张耳的嬖臣；九江王英布受黥刑，加入群盗；张耳虽曾为魏国公子无忌座上常客，实际上却是典型的游侠。

刘邦进入汉中犹如一头野兽被困入牢笼。汉中北有秦岭，南有大巴山，为一狭小的山间盆地，只有几条漫长而险峻的山道通向巴蜀和关中。在范增的精心部署下，以章邯为首的三秦军的主力对刘邦形成围堵之势，让他插翅也难飞出巴蜀之地。

而韩信的到来，让身陷困境的刘邦看到了光明。韩信本是项羽军中的郎中，相当于侍从武官。鸿门宴时的韩信，身为执戟郎中。杀机四伏的鸿门宴上，项羽没有听从范增的建议，放过了刘邦，从而暴露出不能掌握天下霸权的无能。以项伯为首的诸项用事，目光短浅且搅乱了内部的统一。而范增深谋远虑，却时时处处受到项伯的掣肘。

鸿门宴上，项羽没有杀刘邦，放刘邦一条生路，既有项羽性格中优柔寡断的因素，也是因为项羽并没有绝对取胜的把握。刘邦又先让出了关中，双方就成了互相妥协的态势。

鸿门宴后，韩信怀着失望的情绪离开了项羽，投奔刘邦。脱楚归汉的韩信有着更为高远的志向，他认定刘邦有帝王之才，而他就是那个开疆拓土的大将。先是得到夏侯婴的推荐，出任治粟都尉，紧接着又得到萧何的赏识。萧何也认定韩信是天下无双的国士，是可以帮助汉军摆脱困境的不二人选。虽然有两人的强力推荐，但韩信并没有得到自己想要的高位。失望之余，他再一次选择离开。

萧何追回韩信，并说服刘邦接受了他的建议。他说，若是长久地做汉中王，不必起用韩信。但是，如果想要争夺天下，非韩信莫属。萧何说得如此恳切，又怎能不让困守汉中的刘邦怦然心动。

没有比较，就没有伤害。在极度暴虐的项羽面前，刘邦实在是小巫见大巫。秦汉时期的大屠杀很多仅仅是情绪的宣泄、武力的炫耀，与完成军事战略并没有绝对的关联。

实际上，在后来的历史发展当中，每逢战乱，屠城、杀降就像是一道无法解开的魔咒。每一次屠城，其实都差不多。只要启动战争模式，沾了血之后，杀一个和杀一百个，在那些战争狂人的眼里是没有区别的。

章邯的归降既是项羽胜利的见证，也是导致他最后走向败亡的一个转折点。归降的二十余万秦军到底该如何处理，遣散不易，又无法消化。如果项羽携带如此之多的敌军向秦之腹地进军，犹如怀揣一颗定时炸弹，随时随地会被炸得粉身碎骨。如何处置二十万降卒，肯定非项羽能力所及。

尸横遍野，河水断流，熊熊燃烧的烈火让天地为之变色，撕裂苍穹的哭喊和尖叫……如果换作他人是否就能避免这恐怖的一幕，历史没有假设。命运已事先将项羽放在一个无所适从的地步，而他最终选择了杀降一途。除了秦降卒蓄谋反叛外，项羽失去耐心也是重要原因。

项羽毕竟还是年轻，他是天生无敌的将军和勇猛的战士，也是一位极易受感情左右的人。新安坑杀秦军降卒，是因为他无法控制内心深处对秦国的仇恨，进而铸成失去秦国人心的大错。而鸿门宴上放刘邦一条生路，除了项伯的作用，又何尝不是因为听从了自己内心情感的召唤，同是楚军将士、曾经同生共死的战友之情左右了他的心胸，使他不能根据政治利益的需要决定行动。

战场真是一个可怕的地方，无论是冷兵器，还是热兵器，所有的武器在人性的残忍与疯狂面前都显得黯然失色。以前的贵族既有轻生死、重道义的优点，也有不把人命当命的坏毛病。可笑的是，当项羽得意忘形之后，连钱货女人都贪图，连最后的贵族气也丢掉了。如果说入关前，项羽是命运的宠儿；那么入关后，命运之神慢慢疏离了他。一个人的命运走向固然取决于各种因素，但是对于项羽而言，屠城与杀降极有可能是压垮骆驼的最后一根稻草。

性格的弱点驱使着项羽滑向失败的深渊。而刘邦却在一步步经营、一步步谋划中走向最终的胜利。在他入关之前，众多城邑望风而降，得到了善待，也成了他不断吸纳人才、打胜仗的基础。

刘邦、项羽的军队构成虽然大多是平民子弟，可成分还是有所不同。项羽是楚国贵族出身，世代名将，他的帐下应该有不少职业军人。而刘邦起于沛县乡野，最初跟着他起事的三千人里，大多出身于底层社会，有游侠、有群盗、有普通农民、有底层小吏。

张良出身韩国贵族，多年出任韩王韩成的申徒，而韩信则是由没落诸侯贵族转化而来的游侠。所以说，刘邦手下的人员构成更为复杂，形形色色。

他们与刘邦之间的关系并不是传统意义上的“君臣关系”，而更像是游侠间的重然诺、轻生死。刘邦与他们平起平坐，大块吃肉大碗喝酒，与起事前的行事作风并无二致，这正是刘邦个人魅力所在。

张良作为诸侯信使出使刘邦的时候，正好赶上刘邦一败再败，形势岌岌可危。旁人劝张良速速离去，以免受池鱼之殃，结果却被张良以“汉王与我任侠相交，此时亡去不义”而拒绝。当楚汉之争进入关键时刻，旁人劝韩信起兵自立以形成三足鼎立之势。手握重兵的韩信断然拒绝，他给出的理由是“汉王待我极厚”，不忍背义。

刘邦是一个情商很高的人，他虽然不是什么善男信女，但识得大局。这时候的他已经不再将信陵君视为自己人生的第一偶像，他养的士已经足够多，他需要获取更大的回报。他要控制自己的欲望，要宽厚待人。他不再是那个吊儿郎当的小农，也不再是感情用事的游侠。他是汉王刘邦。

而此时他最大的政治对手项羽斩杀了楚怀王所信任的大将宋义，并自封为西楚霸王，并将魏国和楚国的九个郡划归自己所有，并决定定都彭城。汉元年十月，项羽密令九江王英布将所谓的“义帝”楚怀王杀害。

项羽弑君的消息传至栎阳，让陷入困境的刘邦见到了黎明前的那一缕曙光。年纪大一些的刘邦，在人情世故的处分上，自然要比血气方刚的项羽，显得更有谋略。此时的项羽已经抛弃了自己王者之尊的合法性，同时也把底牌露出来了，令天下的将帅士子心寒。这是一个千载难逢的机会，力图冲出汉中的刘邦很快定下了自己的突围策略——攻楚。他要抓住这个时机，为义帝发丧，号令天下群雄共同讨伐项羽。

与此同时，项羽也确定了先齐后汉、北攻西守的战略。楚汉之间的正面交锋，由此拉开序幕。从此以后，中国历史进入楚汉两雄主主导下的列国纷争时代，起伏兴灭的诸侯各国，忽而依附于楚，忽而依附于汉，谁也无可避免地卷入到东西两大阵营争夺天下霸权的战乱中，犹如战国末年合纵连横的再现。

项羽成了合纵的霸王，刘邦成了连横的盟主。形势的发展出乎所有人的预料，刘邦用了不到两个月的时间，连续冲破楚军的两道防线，迅速攻占关中。而项羽则陷入与齐国田氏兄弟的战争泥沼，一时难以抽身。刘邦联合代王陈馀、赵王赵歇、齐王田荣和游击将军彭越，六十万大军直逼楚都——彭城。

4. 其实没有真正的赢家

刘邦统领六十万联军伐楚，一举攻入彭城，同时项羽也正统领他的楚军主力在千里之外的城阳郡一带与齐国田横作战，艰难如深陷泥潭，一时之间难以奏效。当项羽得到彭城陷落的消息，当即部署部下继续攻击田横，而他自己则带着三万精兵回击刘邦。

在刘邦看来，这是一场毫无悬念的对决；他深知项羽的天才武勇，可三万对六十万，他还是胜算在握。就在刘邦饮酒高会之际，突然传出项羽军切断联军退路和粮道的消息。天下武功，唯快不破，仿佛两大高手对决，刘邦还没摆出起势，项羽的刀就已经抵到他的咽喉处。

刘邦多亏跑得快，才算保住自己的性命。刘邦一家，上至其父刘太公，下至其兄、妻子吕雉都做了楚军的俘虏，长期被扣留在军中做人质。项羽甚至将刘太公押解到城外，摆下一张屠宰用的厚木肉案，告知刘邦说："如果不马上投降，我将就地煮杀太公！"

城墙上的刘邦并非无动于衷，他又怎能不知项羽的铁血手段，可他更了解对方的性情。追求天下的人顾不得亲情，自己投降无异于自寻死路。与其这样，还不如赌上一把。于是，他高声应道："我与你项羽一道受命于怀王，结拜为兄弟，我的父亲就是你的父亲，你要煮了自己的父亲，不要忘了分我一碗。"

项羽大怒，准备煮杀刘太公。又是项伯站出来打圆场，他劝项羽，一个连自己老子都不认的主儿，还有什么事做不出来。即使杀了太公也无济于事，只会徒增祸患。刘邦虽然在彭城之战惨败，但他夺得了关中及关东部分极为重要的战略要地，人力、物力和领土都成倍地扩张，处于进可攻、退可守的有利地位，完全摆脱了鸿门宴前后有可能被项羽消灭的危险境地。彭城之战后，项羽失去了主宰天下的绝对霸权，不得不容忍齐赵地区和南楚地区的诸侯各国自主独立。

有时想想项羽和刘邦的成功，孰善孰恶，真是一言难尽。刘邦为什么能胜？每逢关键时刻，他性格当中的"仁厚、大度"，还有从谏如流时神一样的反应速度，都及时地救了他。刘邦对自己也有着清醒的认识，他如此评价自己："夫运筹帷幄之中，决胜于千里之我，吾不如子房；镇国家，抚百姓，给馈饷，吾不如萧何；连百万之军，战必胜，攻必取，吾不如韩信。此三者，皆人杰也，吾能用之，此吾所以取天下也。"

老子没其他本事，只是会做人、用人而已。刘邦自认为是一个"善将将"

的人，算是对自己有着清醒的认识。在他早年的社交网络中，大致可以梳理出三条不同的脉络。

一是以下对上的攀附性关系，比如他与张耳的交往。张耳比刘邦年长，是名满天下的国侠、魏国的外黄县令、黑白两道通吃的名流。刘邦只是浪荡丰邑故里的乡侠，他在张耳面前只是一个归心低首的小弟，粉丝对偶像的仰慕和敬畏，互相之间是从和主。秦末乱起，张耳先是投身陈胜的义军，后又出任赵王武臣和赵王的丞相；巨鹿之战后，统领赵军主力随同项羽征战入关，兵败后投靠了刘邦。刘邦大为欢喜，甚至以王者之礼相待。

二是以上对下的主从关系，比如刘邦入仕前与卢绾，入仕后与夏侯婴、任敖间的交往。刘邦是这个所谓的“丰沛集团”的核心人物，一帮意气相投的小弟兄团结在他的周围，相互之间是主和从。

三是平等相待的君子之交。比如刘邦与萧何之间的交往，双方始终保持一定的距离，相互欣赏、相互戒备，也相互协作。他们彼此欣赏对方所有而自己没有的长处，他们彼此对对方的毛病看得清楚，也不以为然，他们之间都感觉得到互补的需要。刘邦早年的这种人际交往关系，影响了他一生，因而也影响到汉帝国建立以后的君臣关系。

汉五年（公元前 202 年）十二月，在不利中撤退到垓下的项羽，得到汉与各路诸侯联军逼近垓下的消息，不仅没有感受到山雨欲来之势，反而点燃了他内心的激情。项羽一生高傲自负，从来不知道危险和害怕为何物，他等待这一天已经很久了。

此时的楚国已是江河日下，此时的项羽已成困兽犹斗。六十万对十万，兵力悬殊。在韩信的统一部署下，六十万联军摆成三重纵深的六军阵。刘邦眺望着阳光下的旷野，凝视着飘扬的战旗。他知道，这一战或许是他和项羽之间的最后较量，成王败寇，一锤定音。巨大的军事优势能否转化为胜利的成果，他心里也没有底，毕竟彭城之战的失利阴影太过深重。不同的是彭城之战是他和项羽的正面交锋，而垓下之战的指挥权交到了韩信的手里。

深陷包围的楚军，在韩信三军的分割包围之下，战斗力大为削减，几乎全军覆灭。史书上一句话，十万楚军将士，战死者八万。这是项羽一生中唯一的败仗，从未失手过的战神却落得困守孤城，败得那么彻底，只落得美人托身无所，英雄奔走无路。

楚汉战争以霸王别姬、十面埋伏的戏剧桥段落下帷幕。伟大的历史学家和文学家，用他们神奇的想象力，为我们呈现了英雄之死的最后一幕。

公元前202年，项羽自刎乌江，年仅三十一岁，而这一年刘邦五十四岁。

刘邦的帝国就这样建立起来，封王拜相的戏码自然是少不了的。比阿房宫更华丽的宫殿建起来了，比秦国制度更显得人性化的规矩也立了起来。而创造了这一切的刘邦，真的迈入了老年行列。

时间从来都是残忍的，也是绝对公平的。马放南山，刀剑入库，看似平静的表象背后总是潜藏着巨大的危机。时日无多的刘邦陷入焦躁难安的情绪之中。异姓王不可信，他们早晚会造反。从秦始皇开始，几乎每一代皇帝都在思考同一个问题：怎么样才能保证皇位永远不让他人染指？这个问题是秦朝之后一千三百年间中国政治的全部焦虑所在。每一个皇帝都为此夜不安枕。

有人说，开国君王都生得一副小肚鸡肠，没有容人之量，更没有活人之量。从刘邦那双黯淡无光的眼神看去，这天下并不安生，处处是危机。燕王臧荼反，楚王韩信反，韩王信反，赵王相贯高反，代相国陈豨反，梁王彭越反，淮南王英布反，燕王卢绾反……本以为天下人心已经站在自己一边，可人心多变如水。何谓人心，体现在臣，就是臣子的心思；体现在军，就是军心；体现在民，就是民心，民心是最大的人心。那些不甘心屈居一隅的异姓王，搅得刘邦那颗本就衰老的心脏不得安宁，年迈的他还要骑上战马奔赴沙场，还要防着后方的大臣会不会趁机叛乱。十年前他所能想象的帝王生活绝不是眼前的苟且与不安，他真的有些累了。

古希腊哲学家赫拉克利特说过：“善和恶是同一的，正如上坡路和下坡路是同一条路。”刘邦是游侠出身；而游侠往来于天地，法度并不能约束他们。当初他追随张耳的时候，也许羡慕的就是这一点。而现在的他有了自己的国，在自己的国里，他无法接受别人活得像曾经的自己，他需要别人遵守自己定下的法度，更需要绝对的服从和一颗不变的忠心。是的，他必须背叛从前的自己。屁股决定脑袋，开国皇帝无一不是如此，平民时支持造反有理，称帝后四处剿灭造反；在野时造谶起家，登基后严禁造谶。

如果我们对人性更多一些了解，也许我们就能理解为什么以宽厚著称的刘邦，在当上皇帝以后会着手诛杀功臣。事实上，哪怕从利益权衡上来说，那些异姓王们又有几个是真心想造反的呢？多数都是箭在弦上，不得不发。

如果可以选择，做了皇帝的刘邦宁愿将自己老迈而疲惫的身躯扔在那张销魂的龙榻之上，也不愿选择跨马出征。他闭上眼睛，那些诸侯王就会出现在他的梦境里，像一头头面目狰狞的野兽。他们手里有兵权，有号召力，随时会将自己辛辛苦苦打下的江山掀个底儿朝天。

有人说韩信要造反，刘邦虽然不相信，但也心生疑虑。韩信一心想澄清自己的忠诚，还特意取了钟离昧的人头去取悦刘邦；结果陈平劝刘邦假装游云梦泽，擒住韩信，把他从楚王降为淮阴侯。把韩信降为淮阴侯后，刘邦开始正式分封功臣。分封的结果让功臣集团并不满意。因为他们想要的，刘邦没有给他们。毕竟是一家之天下，他分封自己儿子刘肥为齐王，占据整个齐国故地（73 个县）；分封自己堂兄刘贾为荆王，弟弟刘交为楚王，占据了韩信从前的 89 个县；分封自己哥哥刘喜当代王，占据云中、雁门、代郡 53 个县。

如果用鹿比喻天下，刘邦的亲戚、朋友已把这块鹿最肥、最大的部分都瓜分完了。留给那些功臣集团的，就只剩下一些头蹄下水了；而刘邦最亲信的兄弟，也把其中比较好的东西挑走了。

在这种背景下，留给功臣的东西，就更让人难以接受。至少与他们内心普遍的期望，相去甚远。将领们常常扎堆在一起，好像在密谋着什么。刘邦问张良怎么回事。张良给出了一个惊人的答案：他们是在密谋造反！

刘邦大为震惊，好好的，他们为什么要密谋造反呢？

张良告诉他："大家一起打下江山，最后你称帝了，你的亲戚朋友都称王了，功臣们呢？你从前承诺的东西，好像也都没有兑现。"

如果刘邦真正履行承诺对他们进行封赏，功臣们想得到善终，估计就有些难了。如此一来，皇族势力就会衰弱，功臣的势力就会增强。在这种背景下，功臣们就难免卷入挑战皇权的游戏中。一旦卷入这种游戏之中，不论最后的胜利者是谁，大多数功臣恐怕都会难以善终的。

有人告韩信已有反意，吕后假装召见，萧何又来信劝说，韩信这才勉强前往，结果被杀死在未央宫的钟室里。刘邦回来后听到吕后报韩信的死讯，他的第一反应是"且喜且怜之"。虽然下手的是吕后，但刘邦仍然掩饰不住内心的欢悦。

韩信难道真的有心造反？这倒未必。正如蒯通对刘邦所说的："昔日楚汉之命皆悬于彼，彼却毫无反心；今天下已集，且无权无兵，彼竟心生反意，而结陈豨，欲谋不轨，韩信真乃一愚人哉！"真想当皇帝的话，早在韩信当齐王时就可以想灭谁就灭谁，何必等到今日？韩信的恃才傲物讨人厌，又有政治幼稚病，最终造成了这种身死族灭的局面。

接下来的就是梁王彭越。其实也是些鸡毛蒜皮似的小事：代相国陈豨反，刘邦想征彭越的兵；彭越自己不想去，就让手下派兵去应付。刘邦被气坏了。彭越打算亲自去向刘邦谢罪。有人劝彭越不要去，危险，还是反了吧。彭越不肯。这时，却有个犯了罪的太仆上告说彭越谋反。刘邦派人抓了彭越，查不到证据，又赦免了他，发配到蜀地。很巧，在发配的路上彭越碰到了吕后，他哭着说自己没有罪，也不想谋反，想回到昌邑。吕后好好地安慰了他，带着他一起到洛阳。一回来，她就劝刘邦："彭越，壮士也，今徙之蜀，此自遗患，不如遂诛之。"

吕后命人告彭越谋反，夷灭了彭越宗族，并把彭越剁成了肉酱。

灭楚的三大功臣里只剩下英布了。他收到了赏给众位诸侯的彭越肉酱时，当真吓得不轻。他悄悄令人聚兵，候在旁郡以备急，其实暂时还没打算有进一步的举动。他后来得罪中大夫贲赫，为贲赫所密告，遂反。刘邦亲自来讨伐时，问英布为何反，英布称："欲为帝耳。"如果把这理解为英布真有那么想当皇帝，那就想多了。那不过是临阵时激怒对手的一种方法。

刘邦老了，置身于空荡荡的长乐宫里，他越发觉得孤独。这个时候，想必他也会有"我待你不薄，你为何要反我"之类强烈的情绪涌现。谁都见过猎人率领一群猎狗打猎，猎狗肯定很辛苦，也很危险。但是，谁见过猎人会和猎狗平分猎物？

当了皇帝的刘邦有时也挺无奈的，制度始创，他的帝王权威仍然受到限制，宫廷、军功集团、诸侯王三方权力互相制衡，地方诸侯王固然可以令他寝食不安，朝廷中的军功集团也可以与他柔性对抗。英布谋反时，刘邦正生着重病，不想见人。樊哙带着大臣闯进来了，结果病中的刘邦还得出征杀敌。他知道吕后阴狠冷酷，想改立太子，可一群臣子以家国大义来劝刘邦不能废储。他甚至预知最爱的儿子如意将会被吕后弄死，他派出周昌辅佐，尽了力也没能挽救。

当一个人认为自己有裁决他人命运的绝对权力，而别人又有对他服从的绝对义务的时候，他已经成功地蜕变成一个极权君主。刘邦之死，亦意味深长。他在攻打英布时，为流矢所中，回来后病得很重。吕后找了一个良医，医生看完病说，"这病可以治好。"刘邦骂道："吾以布衣提三尺剑取天下，此非天命乎？命乃在天，虽扁鹊何益！"意思就是说，我的命是老天的安排，是死是活是老天的事，轮不到你医生来管。刘邦没有让医生看病，赏了他黄金五十斤，让他走了。

刘邦确信自己代表了天。他也确信他的人民相信他代表了天。他死的时候，或许还有一些遗憾，但他对自己政权合法性是不再有焦虑的，他相信自己开创的这个新帝国可以继续下去。这个世界已经安排好了，刘邦很是放心，所以他对死亡没有畏惧。从这个意义上说，刘邦完成了嬴政想做而没有做到的事，踏过他的尸骸，继续前进，仿佛要走永恒那么长。

篡国者的狂想

——是乌托邦，还是理想国?

自从“独尊儒术”之后，随着知识分子迅速儒化，用儒家理想彻底改造世界的思潮开始甚嚣尘上。在这种思潮的冲击下，就不可避免地使王莽及其许多同时代的人成为狂热的理想主义者。他们把孔孟无限美化了的“五帝”“三王”时代当成为确有其事并可实现的黄金时代。而每况愈下的西汉帝国，就更刺激了这些儒家知识分子用儒家理想批判现实、改造现实的强烈愿望，以及对内圣外王的呼唤、对黄金时代的向往。

在这种历史大背景下，王莽这个人物被时代的潮流推上了风口浪尖，按照儒家编好的脚本，在西汉末期的政治舞台上淋漓尽致地表演了一番；在人们的喝彩声中，不仅承担起“补天”的重任，而且还信心十足地带领着西汉帝国的臣民们奔向那个海市蜃楼般的“黄金时代”。总之，西汉帝国的臣民是自愿把自己的命运托付给这个王莽的，因此也就必须承担王莽所造成的一切后果。

1. 位卑心高的苦斗者

汉元帝初元四年（公元前 45 年），王莽生于显赫的贵戚之家。西汉帝国末期，外戚王氏家族成为中央权力的最核心层。在以后的生活中，王莽凭借着家族的威势，扶摇直上，崛起于政坛，成为当时社会的最高主宰。王莽之所以获得奇迹般的人生际遇，与天意和天赋无关，与王氏家族中的一个女性成员有关，她就是王莽的姑姑王政君。

汉宣帝五凤四年（公元前54年），年满十八岁的王政君被选进宫。两年后，王政君生下嫡皇孙（后来的汉成帝），母凭子贵。

也就在王氏家族权势如日中天之际，这个家族中，却有一支被冷落和遗忘了的人家——王莽的家庭。王莽的父亲王曼与王政君非一母所生，在王政君尚未得势的时候，人就死了。没人注意到这对孤儿寡母。更何况，此时的王莽还是个未成年的孩子，跻身于政坛还不到时候。由此，这个家庭没能赶上王氏家族权力奔驰的头班列车。

这个社会就是如此，当你被命运的快车超越的时候，你只有自认倒霉，你只能眼睁睁地看着与你条件相同，甚至不如你的人过着和你天壤相悬的好日子而无可奈何。因为那些在车上快乐的人们在享受人上人的滋味时，是绝不会突然想起他们还有一个血缘至亲还在车下眼巴巴地盼望着他们能援之以手。

王莽母子过着十分清寒的生活。对于一个尚未涉世的少年来说，苦难的磨炼要比富贵的浸泡来得更有价值。因为苦难从来就是强者的学校，它不仅能够磨炼一个人的意志，更能使一个人在苦难中开阔视野，放眼社会，参透生活的真谛，懂得怎样用自己的能力去改变自己的生活地位。

在专制主义横行的社会里，不平等就是合理，君君、臣臣、父父、子子，对此，千百年来几乎没有人怀疑。但这个天国般的世界对于王莽来说是那么近，近到他就置身其中。他的姑姑是当朝太后，他的伯父、叔父封侯的封侯，拜将的拜将，就连与自己同辈的那一大群叔伯兄弟，有一个算一个，也都在名利场中捞取一个实权在握的肥缺。

自从汉武帝“罢黜百家，独尊儒术”之后，西汉帝国在意识形态领域发生了翻天覆地的变化。由孔子所创建的儒家学派的思想，从诸子百家中的一家之言，一跃成为西汉帝国的国家意识形态的主流。到了此时，知识界和政界已经是儒家知识分子一统天下的局面，“官学”“私学”林立，“尊孔读经”蔚然成风。官僚队伍之中几乎全是儒家知识分子，在儒风蔚然的时代氛围驱使下，就连皇帝本人和皇亲国戚也都装模作样地捧读经书。

王莽学得很是投入，也很是认真，时时以儒家知识分子自居。通过对儒家经典的学习和钻研，不仅确定了他的行为规范，更重要的是也确立了他的人生价值，即由孔子所确定的一个儒家知识分子积极入世的人生追求。没有这种思想作为支撑，王莽身上那种强烈的政治参与意识和变革现实的精神就会成为无源之水。

王莽对儒家经典产生了浓厚的兴趣，但他的学习方法却与一般儒生不同。

当时经学内部派别林立，同一本经书，不同的派别有着不同的解释。王莽则不同，他学无常师，不死守一经。久处“孤贫”生活状态中的王莽越是学得满腹经纶，越是感到现实世界的不公平。王氏家族中与他同辈的那些不学无术的兄弟们，竟不费吹灰之力就能够爬到最高权力圈中去作威作福，而他却被无情地抛在一个阴暗的角落里发霉。

王莽恨王氏家族中所有的人，恨那些对他不理不睬的人。他始终无法忘怀那些有恩于他的人。这种人生际遇把他那颗年轻的心过早地锤炼成一块冷冰冰的硬结，使他丧失了诱发感情沸腾的动力，他完全成了一个依靠理性行动的人。

他无法理解本家兄弟们在权力世界里如此疯狂到底是为什么？难道只是为了去巧取豪夺、为非作歹，为自己赢得一片骂声与诅咒？如果将权力给了他王莽，一切就会不一样。尽管年轻的王莽为自己的际遇而愤愤不平，但清贫生活的磨炼和儒家的修身功夫使这个年轻人慢慢脱离贵戚子弟的低级趣味。

汉成帝阳朔三年（公元前 22 年），王莽的伯父大将军王凤病倒。王莽以子侄的身份守候于病榻旁，寸步不离。每次医生给病人送来的药，他都要先亲口尝一尝。数月衣不解带、寝不安席，这让王凤极为感动。

临终之前，王凤特别嘱托皇太后王政君和汉成帝，让他们将王莽作为重点培养对象。王凤死后，二十四岁的王莽就这样被招进宫门，做了一个“黄门郎”。黄门郎即黄门侍郎，是宫禁之内的一个办事员，不属于外朝的政府官员。职位虽然不高，却是君王身边的近臣。当时充任黄门郎的人选，不是皇亲国戚，就是将相子弟。

王莽在黄门郎的位置上没待多久，就被提拔为射声校尉（京师屯兵八校尉之一）。这是个有职有权的高级武员，其人选都是皇室认为最可靠的人物。谋到此职，王莽在仕途上又前进了一大步。

当王莽沿着权力的阶梯不断向上攀登的时候，宫廷斗争的序幕正逐渐向他开启。他是王氏家族圈子里的人，对于这个帝国权力世界已经发生和正在发生的丑行时有所闻，他无法回避，只有正面相对。

大将军王凤临终之时，向汉成帝推荐了御使大夫王音。王凤的决定导致王氏家族内部出现分裂，王音以一个远房兄弟的身份从御使大夫摇身一变成为大司马、车骑将军、领尚书事、安阳侯，并且“食邑与五侯等”；而王凤的亲兄弟“五侯”却坐上权力的冷板凳。

王谭兄弟因王音的蹿升而大为恼怒，双方结下仇怨。王谭因为被哥哥王凤一脚踢开，落得两手空空，从此郁郁寡欢，不久就病死了。王谭死后不久，汉成帝重新起用他的另一个舅舅成都侯王商。这一政治寒暑表的骤变，引起王音集团的恐慌。王商与王音这两个同族兄弟，为了各自的利益，握手言和。

在这次权力站队游戏中，王莽经受住来自王氏家族的考验。成都侯王商上书汉成帝，愿意拿出自己封邑中的一部分土地犒赏王莽，并且一再敦促汉成帝要重用王莽。能够得到居于高位的王氏家族成员的大力推荐，使王莽在王氏家族中的地位骤然提升。官场上的势利之徒们对王氏家族中冉冉升起的这颗政治新星刮目相看，急欲向政治高峰攀升的王莽就这样拿到了打开帝国权力之门的那把钥匙。

王莽能够在名利场中很快打开局面，买通陈汤是关键的一步棋。陈汤是一个传奇人物，他“出百死，入绝域，遂蹈康居，屠五重城，搴歙侯之旗，斩郅支之首”，成为立功绝域的大冒险家、大英雄。此人是大将军王凤的心腹，王凤死后，他又一头扎进当朝执政王音怀里，从此得罪了成都侯王商。王莽与陈汤的交往固然要冒不小的风险，可陈汤这个人有一个特点，给他好处，他就给你办事。

陈汤在接到王莽给他的好处后，立刻上书皇帝，为王莽鸣不平，其中说道：“（王莽）父早死，独不封，母明君供养皇太后，尤劳苦，宜封。”各方势力齐声呼应，王莽随之声名鹊起，引起皇帝的极大关注。

永始元年（公元前 16 年），由于王莽社会声望日隆，汉成帝终于下诏，封王莽为新都侯，是年王莽三十岁。长期过着寄人篱下生活的王莽，他的内心深处却有一种病态的敏感。这种病态的敏感乃是人的自尊和自卑的奇妙的混合物。这种奇妙的混合物往往是一个位卑心高的苦斗者对付眼前那个异常冷酷的世界的精神武器。

王莽借助各方舆论被捧了起来，但是他并没有昏了头。他在皇帝的身边宿卫，表现得异常驯顺谨慎。爵位越高，他越要收敛自己的言行，把持自己的节操。而且他出手大方，仗义疏财，经常用自己的车马衣物救济手下的宾客，搞得自己一无所有。除此之外，他继续广泛结交社会名流、王公大臣，与他们打成一片，这使那些权横势要更加劲儿地吹捧他，“游者为之谈说，虚誉隆恰，倾其诸父矣”。

从我们今天看，王莽在台面上的表演并不高明，可是如果将其放到西汉帝国末期那个时代背景中考察，效果大不相同。仅就世风而言，自汉武帝“独尊儒术”之后，儒风大炽，儒家提倡的道德信条成了规范人们社会行为的唯一准绳。在儒家思想一统天下的文化氛围中，社会要求包括上至天子，下至庶民在内的所有人都必须成为纯粹的道德人。这么一来，道德必然要蜕变为刑罚手段，成为禁锢人们的精神枷锁。

在现实生活中，统治阶级本是道德建设的倡导者和推行者，但就是他们这些高高在上、穿着华丽的外衣、傲视下方的大雅君子们最不讲道德。他们迫使芸芸众生自缚于道德规范时，他们自己却反其道而行之。除了道德，他们几乎无所不用其极，他们荒淫无耻、阴险毒辣、伪言伪行、矫情自饰。人们在失望之余，也就不会再把所谓的道德当作一回事了。

至于王莽，面对这种危机的冲击，也做出了他的思考与选择。他既没有挺身而出，痛陈时弊；也没有与烂社会里的蛆虫们沆瀣一气、同流合污，而是采取了一种独特的方式对日见颓废的世风做出自己的反应，那就是以一个贵戚子弟的身份，洁身自好，身体力行地去实现儒家的信条，以此拯人心、正风俗，从而赢得社会的赞誉。连王莽自己也没有想到，他的矫俗之举竟然产生如此强烈的轰动效应，各方赞誉和喝彩如潮涌而至。

2. 血缘是最有力的语言

永始元年（公元前 16 年）五月，王莽被封为新都侯。事过一个月，汉成帝立赵飞燕为皇后，大赦天下。在拥立赵飞燕为后这件事上，皇太后王政君是极力反对的，如此卑微下贱的女人怎有资格成为大汉王朝的皇后。

赵飞燕之所以如愿登上皇后宝座，全靠淳于长的斡旋和努力。淳于长是皇太后王政君姐姐王君侠的儿子，即她的外甥。此人与王莽是亲表兄弟。不过，彼此的血缘亲情并没有让他们走得更近。大将军王凤临终前，他们在病榻前展开了一场激烈的明争暗斗，结果直接影响到他们日后的命运。王莽几个月衣不解带、寝不安席，死死地守在王凤的病榻前。淳于长也不甘示弱，“晨夜扶丞左右，甚有甥舅之恩”。两人不分上下，都取得了大将军的好感。

王凤死后，汉成帝论功行赏，淳于长原已是黄门郎，就提拔他去做侍中；不久，又爬到九卿之一的卫尉（近卫军司令）的高位。而王莽这时候只得到一个黄门郎的卑微闲职。

在一个视权力为私有物的社会中，谁攫取了权力，谁就可以去攫取财富及其他的一切；谁的权力越大，谁就越能最大限度地满足一切丑恶的情欲。但权力是个魔鬼。从你手中握有权力的那一刹那起，这个魔鬼也就控制了你，使你的欲望像肥皂泡似的不断膨胀，把你扭曲成一个政治怪物，然后再将你无情地毁灭。

淳于长的胆子越来越大，觉得在底下胡作非为还不过瘾，又一直闹到宫里。这时许皇后的姐姐许孊死了丈夫，寡居在家。淳于长先是与她私通，后来又娶她做了小老婆。许皇后凭着这层关系，拿出巨款去贿赂淳于长，托他疏通汉成帝，只要能够让她走出冷宫，哪怕让她当个婕妤也行。

他前后接受许皇后金钱、车马、皇家御用衣物价值达千余万之巨。许皇后虽然已被淳于长敲诈罄尽，可他仍不放过她。每当许孊到长定宫看望许皇后时，他都让许孊捎去一封信，在信中用最无耻下流的语言戏辱许皇后一番。对于淳于长的恶言恶行，王莽了如指掌。他希望这位表兄弟能够再疯狂一些。贵戚及其子弟们闹得越凶，他的社会声望就越高；贵戚及其子弟们越腐化堕落，他就越受人们的称颂和拥戴。

永始四年（公元前 13 年），帝国的天空出现日食。借此，反外戚的呼声达到了高潮。在社会舆论的压力之下，王商以有病为由，退居幕后，用障眼法来缓和一下尖锐的社会矛盾。

第二年春天（元延元年）正月，再次发生日食。朝廷只好又恢复了王商大将军、卫将军的职务。在他复职一年后，病死。他的弟弟曲阳侯王根接班。王根只干了三年多，心劳力猝，再三上表告病求退。这时，王氏家族都把目光集中到淳于长身上。王氏家族成员执政以来，搞得天怒人怨，丧失了舆论的信任和支持。他们考虑再三，不如让一个名义上不是王氏家族，但仍然代表王氏家族利益的人到前台执政。淳于长符合这个条件，他不姓王，却是皇太后的骨肉至亲。

王莽得到这一消息后，有如五雷击顶。以皇太后为首的王氏家族不是很器重他吗？社会舆论不是也向他致以崇高的敬意吗？为什么偏偏就在他十分自信地伸手去摘这顶本该属于他的权力桂冠时，命运的女神却突然背叛了他？

经过片刻的思索，已近不惑的王莽很快就找到了答案。在失序乱法的权力圣殿中，或许无耻才是最有用的武器，至于知识和德行则被人们看作沽名钓誉的工具而已。不久，大司马骠骑将军曲阳侯王根病倒了。王莽像当年对待王凤那样，尽心尽力地在病床前服侍王根，毫无怨言。

病中的王根问王莽，淳于长怎么没来？王莽装出很愤懑的神态说："淳于长看到将军久病不起，别提多高兴了。他现在已经以执政自居，面对满朝官员，开始布置工作了。"

王莽最清楚一个高高在上的人害怕什么：他们最怕的是从权力顶端跌下来时那种难以名状的失落感和恐惧感。王莽又将淳于长如何敲诈许皇后等事，一五一十地和盘端给王根。王根恨得牙痒痒，让王莽将这些事情告知皇太后。

王莽立刻以大司马骠骑将军曲阳侯王根意见传达者的身份，将淳于长的胡作非为告诉了皇太后。皇太后又让他将这些事情禀告皇帝。到了汉成帝面前，王莽简单传达了皇太后和大司马王根的决定，然后就离开了。因为他非常清楚，汉成帝对皇太后和大司马王根的最高指示只能执行，没有第二种选择。而王莽所要做的就是静待佳音。

绥和元年（公元前 8 年），淳于长的职务被一撸到底，只保留一个定陵侯的爵位，令他离开京师，回到封地定陵（今河南省舞阳县北）。红极一时的淳于长就这样被王莽扳倒了。

淳于长不甘心就此沉沦下去，他找到红阳侯王立。此人当年因贪赃枉法而丢了当上大司马辅政的机会。淳于长希望他能在皇帝面前替自己做做工作，让他重返京师。王立接了淳于长的巨额贿赂，便开始活动。结果事情暴露，淳于长陷入牢狱。在大刑伺候下，淳于长招认了他曾经戏侮许皇后的罪行。汉成帝给他定了个大逆不道的罪名，在狱中将其活活弄死，将其妻子儿女流放到遥远的南方合浦郡（今广东省湛江市一带）。淳于长的母亲、皇太后的姐姐王君侠也被遣送回故乡居住。汉成帝恨犹未消，把毒药赐给许皇后，逼其自杀。

这起轰动朝野的大案，使很多元老重臣卷入其中，在权力的大清洗中倒了下去。汉成帝下诏褒扬王莽“首发大奸，称其忠直”。王根也认为自己找到了真正的接班人，极力推荐王莽接替自己的职务。社会的舆论也认为王莽是这场政治斗争的胜利者，他们需要一个道德完人，需要一个政治强人。在这场血腥的权力争夺赛中，人们觉得王莽是唯一把手干干净净地保持到最后的选手。

绥和元年（公元前 8 年），三十八岁的王莽登上了西汉帝国的权力高峰，圆了他的“大司马”梦想，成为帝国的实际掌权者。从他人的角度看，在这个沉沦混乱的社会中，人们惊喜地发现还有王莽这样一个道德完人。而从王莽的个人角度看，他身体力行地践行着儒家“穷则独善其身”的道德原则，他正走在通往最有权力的圣人之路上。

绥和二年（公元前 7 年）春天，帝国的上空出现了“荧惑守心”的异常天象。不祥之兆让举国上下一片惊慌，人心动荡。作为天子的汉成帝，更是惊恐万状。

汉成帝后宫粉黛成千上万，却没一个人能给他生个儿子。汉成帝眼见自己是不会有继承人了，就打算让他同父异母的弟弟定陶恭王刘康继承帝位，结果大将军王凤从中作梗，没能如愿以偿。最后定陶恭王刘康的儿子刘欣被立为太子。刘欣立为太子仅一年，汉成帝就龙驭上宾了。

刘欣登上君王宝座，是为汉哀帝。汉哀帝在藩之时，就目睹了“孝成禄去王室，权柄外移”的局面，所以对王氏家族恨之入骨。很多人认为王莽是一个伪君子，想通过“道德完人”的表演，来捞取属于自己的政治资本。

可是在当时，人们并不这么认为。当他们发现王莽这个人几十年如一日，身体力行地实践着儒家的信条，也是心悦诚服。人们把他看成道德的完人、腐败社会中的希望。这就像是在惊涛骇浪中航行的一条破船上，当船上的人们突然于绝望中看到了陆地的影子，在一阵狂喜之后，就不假思索地向那里奔去。

汉哀帝即位的第二个月（五月），立傅太后的叔伯弟弟傅晏的女儿为皇后。紧接着，他下诏尊傅太后为恭皇太后，尊其母为恭皇后，待遇如王政君、赵飞燕。追尊傅太后之父为崇祖侯，丁后之父为褒德侯，封舅父丁明为阳安侯，舅子丁满为平周侯，皇后之父傅晏为孔乡侯。同时下令封皇太后赵飞燕之弟赵钦为新城侯。

一群新贵登场，帝国的权力系统又一次展开它的轮盘赌。

就在此时，太皇太后王政君突然下诏，命令王莽搬出宫内，回大司马府居住，美其名曰“避帝外家”。王莽也立刻上表响应，申请辞职。情况如此紧急，王氏家族的权力受到了前所未有的挑战。作为王氏家族擎天柱的王莽确实该摸摸汉哀帝的底了。

汉哀帝没有想到，自己屁股下的龙椅还没有捂热，王莽就从斜刺里杀出将了他一军。他知道，现在绝不是与王氏家族摊牌的时候。他强压下火气，派人拿着圣旨去请王莽上朝。

王莽继续以抱病为由，以观动静。王莽的这步棋让汉哀帝有些坐不住。自己刚刚即位，就和王莽闹翻，后果会怎样？王氏家族自不必说，满朝文武几乎都是王氏家族的人，再说王莽这个人毕竟与众不同，可以说誉满朝野，所以还是退后一步为好。

汉哀帝马上派一些元老重臣到宫中面请王政君出马挽留王莽。王政君这才装模作样地把王莽从家里召回宫中，姑侄俩联手打造的权力双簧戏以胜利收场。经过这场较量，王莽踏实多了。

天有不测风云，王莽与汉哀帝刚刚弥合的裂痕不到两个月就破裂了。有一次，汉哀帝在未央宫设宴，要求在太皇太后王政君的旁边为傅太后设个特席。王莽以大司马的身份检查工作，得知姑姑王政君的旁边有个特席是为傅太后设的，就怒气冲冲地指着办事的宦官骂道："定陶太后算什么东西，她不过是个藩王的小老婆！有什么资格和至高无上的太皇太后并肩坐在一起？马上给我撤去！"布置的宦官只好在别处为傅太后另设一座。

王莽很清楚，这不是争王政君和傅太后的一个位置的小问题，而是争王氏家族与傅氏家族位置的大问题。皇帝发了雷霆之怒；王莽再次上表辞职，申请回家养病。这一年七月，汉哀帝下诏批准了王莽的请求，赏给王莽黄金五百斤、高级马车一套，把他打发回家。

消息传开，舆论哗然，人们无不站在王莽这边，为其喊冤叫屈。朝中的公卿大夫纷纷为王莽说情，希望皇帝能够挽留王莽。汉哀帝不为所动，但为了缓和矛盾，同时也表示出自己的宽宏大量，他再次下诏：将宫中的中黄门（宦官）赏给王莽，并规定了十日一赐餐的赏格。与此同时，汉哀帝又下诏分别增封曲阳侯王根、安阳侯王舜、新都侯王莽、丞相孔光、大司空何武"邑户"不等。把因淳于长案流放在外的红阳侯王立也召还京师。

事隔一个多月，有人在皇帝面前奏了一本，将矛头直接指向了王氏家族。

汉哀帝宣布，遣送王根回其封地，将王况削职为民。王根及王况之父王商所荐举为官者一律罢官。至此，王氏家族的势力一落千丈，纵然有个王政君在宫中高高在上，也因其独木难支而无济于事。

当时官僚集团的各派势力都为这难逢的大好时机猛然活跃起来。他们奔走相告，弹冠相庆。本已复杂的局势更加复杂化了，举国上下盼望已久的新局面被统治集团各派的新一轮火并化为泡影。

就在此时，太皇太后王政君给王氏家族下令：凡王氏家族的田产，坟茔地除外，全部分给贫民。这一消息震动朝野，尤其是广大民众更是不敢相信自己的耳朵，他们只见到皇亲国戚、达官贵人们疯狂地从他们手中把他们仅有的一点点存身地掠夺去，逼得他们家破人亡、鬻儿卖女，把他们推到死亡线的边缘，却从来没见过这些人上人慷慨解囊，把自己的土地拿出来分给贫民。

表面看去，王氏家族是倒了，但在朝中的势力还是不容小视，那些大小官员无不与王氏家族有着盘根错节的关系，特别是那些元老重臣对汉成帝和王氏家族的感情更深。自从王氏家族失势之后，他们越来越看到这样一个事实：新皇帝始终在不遗余力地把眼前的局面从汉成帝和王氏家族的影响和控制中摆脱出来，以便按照自己的意志确立起新的权力体系。

他们对汉成帝和王氏家族感情那么深，不是因为汉成帝是个多么伟大的君王，也不是因为王氏家族是个多么可敬的家族，而是汉成帝和王氏家族给了他们比别人更多的好处。现在新皇帝给他们的好处不仅大不如以前，而且还有被新贵们取而代之的可能，这怎能不叫他们惶惶然。一场没有王氏家族参与，却与王氏家族命运攸关的激烈角逐徐徐拉开了序幕。

斗争的焦点还是傅太后的地位问题。一年前，傅太后和丁后虽然被封为恭皇太后和恭皇后，但他们非常不满意，事情就出在这个“恭”字上，它标志她们仍然是出自藩王定陶恭王一系，不是正宗。这年九月，汉哀帝下诏宣布：定陶恭皇之号不应再称“定陶”；现在尊恭皇太后为帝太太后，尊恭皇后为帝太后；为恭皇立寝庙于京师。这么一来，宫中就出现了四个太后，他们是王政君、赵飞燕以及傅太后、丁后。

王氏家族在朝的势力基本被剪除，现在剩下了最后一个打击目标。人们不约而同地将目光投向在京城府第赋闲的王莽。没多久，依附傅太后的御史大夫朱博上奏弹劾王莽：王莽身为儒者，却不知尊尊之义，贬抑尊号，有亏孝道，当处极刑。幸蒙赦令，不应再有爵位，请免其为庶民。

汉哀帝紧接着也下了一道圣旨，保其爵位，赶出京师。按照皇帝的圣旨，王莽携妻带子离开了生活四十年的长安城，被迫奔向他的封地南阳。

此时的汉哀帝完全失去了方向，他的报复性揽权，并没有把权力揽到自己怀里。祖母傅太后和母亲丁后两家的亲戚一股脑儿涌进朝廷，当仁不让地占据了各路要津。傅、丁两家的暴发，必然引起一些势利之徒的注意。因为他们看得异常清楚，无论哪伙儿外戚，要想在政坛上站住脚，都得想方设法扩大自己的势力，而要想扩大势力，就得找他们这些政治冒险家；反过来说，他们这些势利之徒没有得力人物的援引，也不可能冲破森严的官僚等级之网，迅速地钻营上去。权力的秘密就在于此。

这个时候，人们又想起王氏外戚的好处，王家虽然骄奢，但毕竟大都是有能力的人；在他们的控制下，朝廷的运转基本正常。而傅、丁两家由于意外的机缘成了皇亲，一上任就迫不及待地贪污受贿、卖官鬻爵，大开贪贿之门。一时间，整个朝廷鸡飞狗跳、乌烟瘴气，长安城的奢侈之风再一次兴起。

经过这番折腾，汉哀帝那股雄心勃勃的锐气很快消失得无影无踪。他时常把这种情绪发泄到朝中的官僚们身上。汉哀帝觉得他们谁都不可信，他的做法是从中央到地方频繁换人。西汉帝国的官僚体系出现了从来未有的大震荡，一时之间搞得人心惶惶，自顾不暇。

正当朝中笼罩在一片恐怖气氛中时，王莽却在远离京师的南阳郡新野县都乡（今河南省新野县南）过着他的流放生活。这里没有京师那高耸入云的宫殿群，没有熙熙攘攘的闹市，没有白日里车尘马足激起的喧嚣，没有夜间万家灯火编制成的流光溢彩，当然这里更没有朝中权力之争所造成的逼人的政治气氛。对以政治为生命的王莽来说，这无疑是严重的挫折。但是，王莽有着钢铁般的性格，挫折于上升期的他，就像给好钢淬一次火，只会让他更加坚韧。

在血亲社会，血缘是最有力的语言。新帝登基，王氏的血统立刻贬值。王莽和王政君都是明智之人，他们顺从地接受了命运的安排，离开政治中心，过起了隐居生活。他们有足够的耐心，就看上天是否能再次给他们机会了。

然而，王莽并没有真的闲下来。二十年的政治生涯已经使他由一个单纯的儒生变成了政治动物。多年周旋在政治旋涡之中，王莽已深谙政治的玄机。他的理想主义丝毫没有动摇，但是他实现理想的方式悄悄发生了变化。刚入仕途，他只知一味刚强，做事恪守原则。而现在，他在刚强中已经揉入了一丝阴柔，做事更讲究方式和方法。

他一如既往地维护着自己的道德形象。他知道，这是他政治生命的基础。人们对道德楷模的要求是苛刻的，他们在把慷慨的赞美送给你的同时，也要求你在道德枷锁下不能有一丝松懈。因此，他必须倾尽全力，战战兢兢，把自己打扮得毫无瑕疵。为了这一点，他不得不矫饰自己。道德于他，此时已由单纯的目的变成了手段。

在闲居的日子里，王莽做了这几件事情，一是倾心结交官员特别是知识分子，建立自己的人际资源网；二是密切关注朝廷政局变化，同时又绝口不谈政治，不惹是非；三是继续进行自己的形象建设，丰厚自己的人格资源。

王莽不动声色地观察着长安城内的一幕幕光怪陆离的闹剧，平平静静地读书养望。这时王莽家中也发生了一件令人不快的事情，他的二儿子王获杀死一个家中的奴仆。这在当时本算不上什么大不了的事情，奴仆不过是主人随意处置的一份财产而已，杀死或卖掉他，只要主人愿意就行。

王莽本可以置若罔闻，但是他一反常态，把事情看得十分严重。他认为奴隶也是和他一样的人，所以痛斥他的儿子，不仅如此，他竟强迫他的儿子自杀偿命。在儒家看来，每个人的生命都是平等的，奴隶制本来就是不合理的，奴隶也有自己的生命尊严，也有自己的基本权利。

为了一个奴仆而要自己亲儿子的命，可想而知这件事在当时会引起怎样巨大的社会轰动。王莽杀死了自己的儿子，至少表明了他想用亲子之血去捍卫那业已动摇了的儒家最高原则——“仁者爱人”，至少想提醒当权者缓和缓和一触即发的社会大危机，至少想要做个末世的补天人，因此他儿子的尸体就成了他立志补天的第一块材料！

王莽的意志最终不可违背。经过几天的争执，王获终于自杀。王莽以他的行为博得了社会各阶层的普遍同情和景仰。在这个裙带成风，权贵们只知亲友利益的黑暗时代，王莽的行为像一盏明灯，给人们的心灵带来了希望。

3. 当道德成为一种手段

元寿二年（公元前1年），帝国的天空再次出现日食。正当朝廷内外因“日食事件”闹得惶惶不可终日的时候，专横跋扈的傅太后突然死了，这给本已严重失衡的政局又平添了一个复杂的因素。一个月后，年仅二十五岁的汉哀帝也突然撒手西去。

在汉哀帝胡作非为的时候，王政君默默地独居深宫，不动声色。在哀帝去世的当天，这个隐忍而刚强的女人驾临未央宫，收取了皇帝的玺绶，接着召见大司马、皇帝的情人董贤，问他打算怎么处理皇帝的丧事。乳臭未干的董贤在王政君面前居然吓得连句完整话都说不出来。王政君马上掂出了这个人的轻重，命使者火速召王莽进宫。

阔别长安三年的王莽又重新返回帝国的权力中心，成了大司马。他首先做的是罢免董贤。此人早已成为哀帝的替罪羊，成为人人痛恨的目标。董贤畏罪自杀后，没收其财产达四十三亿钱之多。

紧接着，王莽毫不犹豫地把屠刀指向宫内。王氏家族最仇恨的赵飞燕成为第一个目标。王氏家族认为，如果没有这个赵飞燕从中穿针引线，汉哀帝是不会当上皇帝的。汉哀帝不当皇帝，王氏家族就不会遭此劫难。赵飞燕，这位出身寒微的绝代佳人就这样被打入冷宫，最终三尺白绫结束一生。

九岁的中山孝王之子刘衎即位，是为汉平帝。此人与无子的哀帝血缘最近，立他为帝顺理成章。王莽自然不会放过傅、丁两家。汉哀帝的皇后、傅太后的侄女与赵飞燕同日自杀。傅、丁两家作官者全部被罢官，被赶出京师。

宫中的宿敌被王莽清除得一干二净，他任命自己那些名声良好的朋友亲信占据要津。帝国的最高权力又重新回到了王氏家族的手中。

有人说王莽处心积虑地篡位，而实际上，他更像是被民众一步步推到皇帝宝座上去的。汉朝时的上天和民心看来是心有灵犀、高度默契。王莽执政前的百十年，灾异屡见，什么山崩泉涌、地震石陨、日食月食、星辰逆行，老天爷忙得不可开交。可是，王莽当权后，这类灾异渐渐消失了。相反，“祥瑞”却在全国各处频频出现。

“祥瑞”这个东西，是上天心情愉快的表示。如果天下大治，人心舒畅，上天就会降下稀奇好玩的东西，以资精神鼓励。元始元年（公元 1 年）正月，一个自称是越裳氏的化外蛮夷，从遥远的西南方不远千里来到京师长安，向新皇帝献上“白雉一、黑雉二”，以示对西汉帝国的宾服。消息传开，朝野一片欢腾，熟读经书的大小儒家知识分子们尤其兴奋。于是有人上书：“大司马王莽有安宗庙之功。按汉家惯例，应像前朝名臣萧何、霍光那样，益封三万户，畴其爵邑。”此议一出，群臣纷纷响应。

王莽装成一副诚惶诚恐的样子，表示愿意接受“安汉公”的称号，其他的封赏一概拒不接受，并且信誓旦旦地说：“等到天下百姓家给人足之后，愿意接受更重的封赏。”

王莽这个高姿态和以天下为己任的豪言壮语，叫满朝文武激动不已，大家又蜂拥到王政君的面前为王莽争权益。王莽的法宝有两个：一是绝对的权力；二是儒家的理想。

《汉书·王莽传》说此事是王莽暗示地方官搞的阴谋，越裳氏献贡物乃是由王莽导演的这场政治闹剧的序幕和引子。王莽的政策、方针完全遵循了儒家理论，他不搞裙带关系，不封王氏子孙，而是尊崇皇族。他依周礼的精神，封宣帝子孙三十六人为列侯，平反了一批冤假错案，解放了一批皇族后裔。此举一下子赢得了皇族的拥护。

他号召官员们节俭度日，与百姓共患难。在他的带领下，共有二百三十名贵族捐献田地，分给贫民。他按照周礼的记载，在全国建立仓储制度，储备谷物，做赈灾之用。他按照上古传说，改革官制，设置“四辅”，加封周公孔子等圣贤的子孙；同时，大兴教育，扩大太学招生量，太学生数量很快翻了几番，突破一万人。他还在各地广建学校，征召“异能之士”，拓展了普通知识分子入仕的渠道。

和此前的一派乱象相比，大汉朝在王莽的治理下，真的是拨乱反正，蒸蒸日上。由于王莽不遗余力地大抓意识形态建设，纪纲恢复，社会正统价值观念得以弘扬。从王公贵族到知识分子再到普通百姓，都觉得“道德楷模”王莽是他们最好的利益代言人。西汉帝国此时就像一条帮破底漏的大船，在惊涛骇浪中做着垂死的挣扎，王莽将用什么样的魔力把这条大破船安全地驶出茫茫的苦海？

人们对刘姓子孙已经失去了信心，汉平帝长大了，也不会好到哪儿去。由于董仲舒的天人感应论深入人心，汉朝老百姓人人都知道“皇天无亲，唯德是辅”，王莽符合皇帝的条件。让王莽做皇帝，天下人的利益就有了永远的依靠，就可以避免平帝亲政后受二茬苦、遭两遍罪。

千万人的想法汇合在一起，形成了一股无形然而能量巨大的洪流，并且像滚雪球那样越来越大，终于，把全国人都挟裹进去，形成了崩天裂地的巨大势能。在王莽的眼中，绝对权力是创造奇迹的魔棒。历史上的名君不就是手中有了这根魔棒才创造了自己的辉煌吗？同样，历史上那些昏君不就是因乱用了这根魔棒而倒拨了历史进程的时针吗？

元始三年（公元3年），汉平帝十二岁，按照周礼，到了结婚的年龄。王莽发布诏书，在天下博采名门之后，选拔皇后。为了避嫌，他特意提出自己的女儿不参与竞争。

消息传出，社会上反应强烈。大家都觉得这样对王莽太不公平，每天都有上千人上书朝廷，和朝廷论理。这其中大部分是普通老百姓和学生。上书的人挤得政府门前水泄不通，几乎形成骚乱。王莽还特意派遣长史到各处去做工作，劝阻人们。上书的人更多了，一天数千起，人们纷纷呼吁：“愿得公女为天下母。”形势迫人，王政君只好收回成命，把王莽的女儿列为候选对象。结果不言而喻，王莽之女获得最广泛的支持，顺利地成为大汉皇后。

第二年，汉成帝成婚，有大臣提议应该加封王莽为宰衡，位在所有公爵之上。几天之内，就有八千多百姓和官吏上书朝廷，支持这一建议。宰衡一职，是把上古伊尹和周公两大名臣的封号合起来起的新名，古所未有。王莽求见王政君，痛哭流涕地拒绝这一封号，并且以称病辞职为要挟。但是朝廷坚决不许。最后王莽只好接受了这一封号，同时从封赏中拿出千万，交给伺候王政君起居的官员，表示其孝敬之心。

王莽深知，要圆他的“周公梦”，当务之急就是：修补好已被成、哀这两个皇帝弄成千疮百孔的这张官僚之网，然后牢牢地将其攥在自己的手里。他必须完成集权，必须由自己掌握人事权。

没有英雄的国家固然不幸，然而需要英雄的国家更不幸。中国人始终需要英雄，已经习惯了把自己的命运交给所谓的英雄。元始五年，王莽当政五年之后，朝臣又总结王莽的政绩，说他的德行“为天下纪”，他的功业“为万世基”。提议加封“九锡”。

“九锡”是九种极尊贵的物品，加“九锡”，意味着取得了接近皇帝的地位。《周礼》记载：“以九仪之命正邦国之位，一命受职，再命受服，三命受位，四命受器，五命赐则，六命赐官，七命赐国，八命作牧，九命作伯。”这套繁文缛礼究竟是干什么用的呢？原来这套东西是周代天子对等级不同、功劳不等的贵族进行封赏时所遵循的一套规则。

消息传出，不长的时间内，朝廷竟然收到四十八万七千五百七十二人的上书，支持给王莽加“九锡”。数字之所以如此精确，是因为《汉书》作者班固核对了当时的政府档案。在高层官员中，支持给王莽加“九锡”的王公列侯及卿大夫达九百零二人，几乎占了全部。几乎所有的手都想把王莽推向“至尊”的宝座。

元始五年五月，汉王朝在未央宫举行盛大仪式，为王莽加封“九锡”。

就在王莽加“九锡”之后七个月，长安附近有人在挖井时挖到了一块上圆下方的白色石头，上面赫然刻道：告安汉公莽为皇帝。

这出历史大戏马上就要接近高潮。所有的人都屏息静气，整个剧场暂时出现了可怕的寂静。刚刚上台的时候，王莽绝没有想到做皇帝。他确实想效法周公，做一个完美的道德标准。周公之伟大，正在于他可做天子而没有做。

孔老夫子在壮志难伸、穷愁潦倒的晚年曾仰天太息说："甚也吾衰矣，久矣吾不复梦见周公！"老先生生逢乱世，五霸争雄，社稷丘墟，生灵涂炭。他一生都在翘首期盼着能有一位周公那样拨乱反正的救世主出现。然而孔老夫子到死也没有盼到这一天的到来，所以悲痛欲绝。

王莽觉得诸如周公、孔子这些儒家的先哲早就在他们的主张、学说中给自己定好了位。周公的制礼作乐为王莽勾画出美好而又清晰的蓝图，关键在于如何将其转化为现实。孔夫子说："一日克己复礼，天下归仁焉！"可见这是多么容易的事情。如此容易的事情孔夫子自己何以空怀其志？那是因为他手无寸权。王莽觉得自己像周公一样，大权在握，君临天下，实现"一日克己复礼，天下归仁焉"的理想指日可待。

在汉语世界里，克己，就意味着伟大。然而，当民意大潮渐渐涌起的时候，王莽的心理发生了微妙的变化。民心就是天心，难道上天真的要自己做皇帝吗？这个时候，王莽才发现自己内心对皇位的渴望，是那样的强烈。王莽毕竟是凡人，一波又一波汹涌的民意渐渐把他拍晕了，特别是在加"九锡"之时那四十八万件上书。读着一封封称颂自己的奏折，听着那一句句悦耳动听的词句，王莽也觉得自己是一个伟大、正确的人，有着经天纬地之才。

在王莽看来，如果说"集权"是一种必要的政治手段，那么，"克己复礼"的精神文明建设就不仅仅是一种手段，而且更是一种最高层次的终极价值追求，是人们的共同理想。这个理想不是他一时心血来潮，突然搞出来的一朵政治小花絮，而是由周、孔一脉单传下来的伟大道统。

如果天下真的需要自己挺身拯救这些可爱的人民，自己为什么不能献身呢？

其实，在执政不久，王莽就敏锐地嗅到了百官颂词中的特殊味道。在一次次推戴中，他心领神会，通过自己的行为恰到好处地参与了导演。他越谦虚，百姓就越急迫；他越无私，百姓就越狂热。他在这汹涌的大潮中，半真半假、半推半就地向前走着，终于，“告安汉公莽为皇帝”的符命出现了。

最关键的时刻到了。直到这个时候，王政君才恍然大悟，这些人原来是想颠覆大汉江山。老太太勃然大怒，说：“这太荒唐了，完全是戏耍天下臣民（此诬罔天下，不可施行）。”

王莽却认为这一符命是真的。符命这种东西，并非不能伪造，但他不愿往那方面想。他不能即皇帝位。因为在坚硬真实的伦理道德面前，缥缈的天意毕竟有些虚弱。退一步讲，即使天意昭昭，他也不能立刻接受。因为按礼的精神，这种事必须极力推辞。

大臣们却迫不及待，他们再三譬喻，做通了太后的工作。王政君发过火之后，明白大势已去，明智地选择了沉默。然后，大臣们又来做王莽的工作。王莽的工作就不那么好做，不论人们如何劝解，他就是不肯迈过这最后一道坎。当然，王莽也决不否认符命的真实。经过反复争取，达成妥协：王莽不做皇帝，但又不能违背上天旨意，因此，摄行皇帝之事，称“摄皇帝”，将来皇子长大，仍要还政。

上天好像不满意王莽的谦虚，催促他即位的“符命”一道又一道。齐郡亭长辛当梦见天公派人告诉他“摄皇帝当为真”，并且说，为了表示神异，亭中当有新井。辛当早上起来跑到亭上一看，亭中果然出现了一口很深的新井。

全国各地都送来带有天命信息的奇石。王莽去未央宫前观看这些奇石时，突然天风大作，尘土弥漫，风过之后，奇石前出现了铜符帛图，上面写道：“天告帝符，献者封侯。承天命，用神令。”

面对上天的催促，王莽说：“臣莽敢不承用？”王莽还是不即位，只是让大臣们上书时不称“摄皇帝”，而直称“皇帝”。但摄政的性质不变。

王莽就这样，走一步，停一停，逐步消解掉可能出现的不满因素，让天下慢慢适应改朝换代的现实。应该说，他做得相当高明。王莽在向权力冲刺之后，紧接着开始了向理想的进军。他宣布：从今以后，在西汉帝国必须达到“市无二价、官无狱讼、邑无盗贼、野无饥民、道不拾遗、男女异路”这种“太平至世”的标准，这个指标实在高得吓人，就是在今天恐怕也没有哪个国家达到了这个高标准。可王莽不管那一套，他认为世界上只要有了周公、孔子的思想光辉，只要有了他王莽这个活“圣人”，什么人间奇迹都会创造出来。秦皇汉武所以没成气候，那是因为他们的路线错了，现在条件已经完全具备了，西汉帝国完全可以跑步进入“黄金时代”。

也就在这一年的十二月，十四岁的汉平帝终于在渴望自由中结束了他短暂的一生。王莽最关心的不是死去的小皇帝，而是新皇帝的人选。他最后在汉宣帝的玄孙中选中了一个两岁的婴儿子婴，说这个婴儿吉人天相，理应为帝位继承人。

汉平帝的死对王莽是十分不利的，这无疑将引起非议，授人以柄。王莽当了假皇帝（代理皇帝）之后就自由多了，反正头顶上除了天就是他自己，他的意志可以不加任何掩饰地公之于众了。有了这些保障，王莽开始酝酿向一个更宏伟的计划进军。他所做的第一件事是改元，以示现在他是西汉帝国的真正主宰。于是从汉平帝死后的第二年起，称居摄元年（公元6年）。

4. 大同世界到底同不同

公元4年8月，王莽提议修起明堂、辟雍、灵台。

据说明堂是古帝王宣明政教的地方，辟雍是古帝王为天下学子在京师所设立的最高学府，灵台是天子遥望云气、上通于天的地方。总之，它们都是古圣王（周文王、周公）“制礼作乐”时的精粹，是一个黄金时代来临的标志，也是后代儒家知识分子心向往之的圣殿。

王莽的提议出笼的第二天，这项知识分子心目中的“伟大工程”开始破土动工。如果能够再现当时沸腾的景象，也许我们要为这项“伟大”的工程激动。因为这与其说是一项规模宏大的土建工程，不如说是一次盛大的知识分子的节日。参加这次大会战的竟有十余万人。特别值得注意的是，在那人头攒动的劳动大军中，居然处处可以看到那些平时“五谷不分，四体不勤”的太学生。理想激发出来的狂热使他们站到了卑贱的庶民之中，挥汗如雨地劳作着，为了建成他们心中的圣殿，必须有“朝闻道，夕死可也”的精神。

但事情到此远没有结束，王莽还要给人们本已狂热的情绪再次加温。

就在此时，王莽宣布为了彻底改善知识分子的生活状况，决定“为学者筑舍万区”，其中包括为相当于今天高级知识分子的“博士”修建高级公寓。此外，还在长安城专门为知识分子修建一处绿荫覆盖、环境优美的聚会广场。

他要像周公“一饭三吐脯，一沐三握发”那样礼贤下士。一是明令把在秦始皇焚书烧掉的《乐经》复原，使《五经》重新成为孔子时的《六经》。二是明令扩大朝廷博士的名额，每经五人。三是明令征召天下所有具备以下条件者：精通一门儒家经典，并教授学生十一人以上者；能够通晓天文、图谶、钟律、月令、兵法、文字等学问者，由中央政府派遣公车，载赴长安。

从这年的八月一直到年底，西汉帝国简直是好戏连台，高潮迭起，主角只有一个人——王莽。

公元 8 年 12 月 21 日黄昏，一个学生模样的人来到刘邦庙门前，求见守庙官员，说有要事相告。这个学生神神秘秘地从怀里掏出两个铜盒，交到守庙官手里，说昨天晚上他做了一个奇怪的梦，醒来后就看见身边有了这两个盒子。守庙官打开一看，一个盒子里装着一幅图，写着“天帝行玺金匮图”，另一个装着一封信——“赤帝行玺传予黄帝金策书”。原来是上天和刘邦的神灵写给王莽的信，说他是真命天子，要他明年元旦即位，改朝换代，新朝的名字，就叫作“新”。

刘邦还特意在信上写了十一个人的名字，说这些人是新朝的辅佐大臣，要王莽重用他们。“符命”被火速送入宫中。

王莽被这个突如其来的事打乱了阵脚。他没有理由置这道“符命”于不理。因为这道符命以不容分说的口气，规定了他即位的时间，甚至规定了新王朝的称号。这就迫使他必须在最短时间内做出决定，或是宣布此符命为假造，逮捕献符人；或是接受符命，打乱自己的计划，提前即位。

王莽彻夜不眠，在房间里一趟趟来回走着，不时拿起这道符命，端详一下。已经过了子夜时分，他下令，立刻召亲信大臣入宫。大臣们看过符命，立刻向他叩首祝贺，一致认为应该顺天应命，立刻即位。他们等这一天已经等得太久了。

巍峨的未央宫装饰一新，在朝阳下金碧辉煌，殿前广场上旗帜在微风中猎猎飞扬，夹陛而立的一列列武士手持长枪，挺胸收腹，默默对视；数千名文武官员穿着最盛大的礼服，排列整齐，神情庄严，垂手肃立。悦耳的鼓乐响彻云霄。

长安城一派喜气洋洋，百姓自发地穿上新衣，燃起烟花爆竹，大事庆祝。他们感到特别的高兴。因为王莽的登基，每个人都有一份功劳。历史上空前绝后的“民选皇帝”就这样诞生了。这么多年含辛茹苦、殚精竭虑、拼命奋斗，牺牲了自己的儿子，牺牲了自己的健康，牺牲了做人的快乐，王莽就是为了这一天，能够践履至尊，手握权柄，来改变万恶的现状，来实现复古这一辉煌的梦想，实现把周礼变成现实这一人间奇迹。

王莽没有必要去考虑古代经典的正确性。这就像日月之明，是不需要证明的先天真理。因此，他从没有怀疑过自己彻底按古代经典去用人行政的正确性。

皇帝和“摄皇帝”是完全不同的两种滋味。现在，他分明感觉到自己已经站在了天地之间，身上充满了神性，肩上沉甸甸地承担了上天亲手压上的担子。这担子，点燃了他体内的巨大能量。俯视天下，他心中涌起一股慈爱。他要对得起这些赤子一般可爱的子民。

始建国元年（公元 9 年），刚刚坐上龙椅的王莽，急不可耐地拉开了他那酝酿已久的“托古改制”运动的序幕，按照远古“黄金时代”的模式改造现实社会。这个原来的工作狂现在变成了工作机器，每天工作量达二十个小时，经常连续几天不休息。激情就像熊熊燃烧的大火，吞没了王莽。他召来博学的大臣儒生，日夜探讨上古的制度。他们像一群考据学家，在语焉不详的经书中艰苦地跋涉。

一份来自儒生的“土地国有化”方案，深为王莽激赏，并且立刻成为他的“托古改制”运动的首选题目。古时代，之所以人人富足，是因为土地均等。王莽要恢复的是上古的井田制，均分天下土地。先在国有土地上（在汉代国家控制着一部分土地），按“井田制”的办法，将国有土地按口授予无地农民；农民对土地只有使用权，没有占有权。目的是既解决了农民无地可耕的状况，又解决了土地的兼并问题。

“解放奴婢”是王莽“托古改制”运动的另一项重要课题。他从道德的角度谴责奴隶制度，痛斥这种把人“与牛马同栏”的奴隶制度是“逆天心、悖人伦”的野蛮残忍的行径。一声令下，三百六十万奴隶获得解放。

他下令建立国家银行，贫苦百姓可以申请国家贷款，年息为十分之一。这样就杜绝了高利贷对百姓的盘剥。王莽推行固定物价政策，市场上的货物由政府规定价格，以维护市场秩序。

他下令从皇帝到百官，都实行浮动工资制。如果天下丰收，皇帝就享用全额生活费；如果出现天灾，或者治理不当，就按比例扣减生活费。百官的工资也根据百姓的生活水平浮动。百姓丰衣足食，工资就高；百姓饿肚子，官员也要跟着挨饿。

他按照“周礼”的规定，设了三公九卿、二十七大夫、八十一元士。按照禹贡的规定，把天下分为九州，恢复上古地名。按照古书的记载，把太守改名叫大尹，都尉改名叫太尉，县令改名叫县宰，御史改名叫执法，长安改名叫常安，未央宫改名叫寿成室。

他在长安城中心建了一个王路门，在门下坐了四个人，叫谏大夫，面向四个方向，听取四方百姓对政府的意见。这是按照周礼而设。蛮夷之国，名字也必须低贱，这样才符合上古礼制。

……

当时的儒家知识分子们除少数例外，大都以极大的热情投入到王莽所领导的“托古改制”运动中来。一些儒林名流纷纷献计献策，为“托古改制”推波助澜。至于四方名不见经传的众多儒生更是为此而欢呼雀跃、摇旗呐喊。这时的朝廷呈现出前所未有的热气腾腾的一番景象。

王莽是在非常执着而认真地去落实他那些大而无当的计划的。但可想而知，他碰到的阻力会是何等之大，指望大土地所有者在他的一纸诏书下达之后，就会乖乖地把多余的土地通通交出来，那无疑是做梦。在一个人口近6000万，而人均耕地面积仅有0.1顷的国度中，要实现《周礼》中“一夫百亩”的土地占有量，简直是痴人说梦。

人们无法与王莽的思想高度比肩，他们期望王莽做皇帝，原是为了自己的私利，没想到王莽却要让大家向自己看齐，消灭私心，一心为公。王莽那仁爱、威严的形象立刻变得可怖起来。

王莽虽然是大家推举的，推举上去后就成了大家的皇帝，性命掌握在他手里。王莽可能缺乏其他品质，可是从不缺乏决心。他认准了的事，任何力量都无法阻止。他挥起了鞭子，谁不执行，就把谁抓起来，不管他是皇亲国戚还是名公巨卿。

犯罪的人越来越多。“吏民抵罪者浸重。”罪不致死者被罚为官奴，不长时间内，二十多万人从上层社会沦为官府奴隶。在全国各条道路上，都络绎不绝地走着一队队的罪犯。监狱几乎满员。其情形，竟和秦朝末年有些相似了。可是剩下的人，还是拒绝交出土地。奴隶买卖还是屡禁不绝。这就是理想主义者的天真之处。王莽永远不会懂得，仅仅依靠“本本主义”，仅仅依靠权力，是根本无法跨入他想象中的天堂的。再说，经书上的“黄金时代”是个从来不曾存在的乌托邦。

他像西方中世纪那个骑着瘦马，拿着生了锈的长矛、盾牌，向风车挑战的堂吉诃德，他自己始终觉得自己壮勇无比，其实不过是在上演一出滑稽戏。他把帝国变成一个巨大的实验场，来实验他的种种天才构想。

天下人的忍耐是有限度的。如果是汉朝皇帝在台上胡作非为，他们还可以原谅，毕竟汉朝的天下是人家刘邦提着脑袋打下来的。而王莽凭什么这么胡闹，他忘了他是大伙推选上去的吗？

各地豪强大户纷纷举起了造反的旗子。

天凤元年，山东吕母起义，很快发展成数万人。

天凤五年，山东人樊崇发动了赤眉军起义。

王莽并不在意。他顺利即位，充分说明了上天对他的信任。上天既然选择了他，他又这样兢兢业业，克己复礼，上天没有理由对他不满。不过，各地的起义军毕竟干扰了他的思路，让他不得不分散精力来应付一下。

面对严重的局面，王莽实在是有些黔驴技穷了。过去的自信、激情、远见不知怎么全都无影无踪了。人如果陷入这种难堪的境地，唯一的办法就是乞灵于骗术，沉迷于天象巫术。

各处反暴政的烈火越烧越旺，东方的赤眉、南方的绿林、北方的铜马，像伸向关中地区的一把把利钳，逼向王莽的咽喉。到公元 23 年，经过几年的东征西讨，王莽的领土日渐萎缩，全国五分之四的土地都已落入叛军手中。这个时候，王莽才真正着急起来，他吃不下饭，睡不着觉，整天看着各地报上来的军报发愁。

灰蒙蒙的天空看上去那样宁静高远，不动声色。一丝丝微风不断从祭坛上掠过。王莽派出的军队越来越多地倒戈，到后来干脆一出京城，就举起了白旗。

被天意弄得摸不着头脑的王莽终于开始向现实妥协，而这一切已经来得太晚了。十月二日，起义军攻陷长安。十月三日早晨，长安城内到处燃起大火，烈焰冲天，长烟遍地。王莽的卫队在宫门前毫无希望地做着最后的搏斗。

皇宫内突然起火了，后宫许多宫殿燃起了熊熊大火，火势蔓延到王莽女儿所居的承明宫。可怜的女人望着眼前的火海，喊道：“我有什么脸面去见汉家！”说罢，纵身跳入火海之中。

王莽身着殷红色的朝服，手持所谓的虞帝匕首，佩带着玺韨，让天文郎在此前占卜时日，旋转起那个行不离身的铜北斗，随即按斗柄指示的方向坐下，学着当年孔子的语气，口中念念有词：“天生德于予，汉兵能奈我何！”

喊声刚落，未央宫门轰然崩塌，烟尘四起，起义军一拥而入。王莽的头颅被悬挂在城楼上，几个时辰之后，就被人们取了下来。人们把这个头颅当成了球，每个人都争着上前踢上一脚，不久就踢得稀烂。他们告诉自己的孩子，这个人是有史以来最坏的人，就是他，试图剥夺他们的土地，并把他们关进监狱。

他们还告诉孩子，最大的罪恶是篡逆，而这个人就是最丑恶的篡逆者。他们搜肠刮肚，寻找出最恶毒的词语来咒骂这个人。似乎只有这样，他们才能让自己忘记，当初正是他们自己把这个人送上了皇位。只有这样，他们才能从篡逆的罪恶感中解脱出来。

歷史的面孔

第二辑

残局

激进者的玩法

——是诗人，还是热血沸腾的疯子？

在我们这个讲究“中庸”的国度里，“激进主义”并不是什么稀罕玩意儿，随时会光临，也无时无刻不在暗流涌动。对于历史，中国人习惯于用假设来推理真相，“如果……就……”的思维逻辑就像是一团火焰吞噬一切与理性有关的政治情感。文采出众的杨广捧着他那平平仄仄的诗行，与荒唐的政治和权力相逢于6世纪。就像是一对热恋中的青年男女，以为只要有激情燃烧的情感就可以缔造出一个属于他们的新世界，只要在政治操作中倾力灌注就可以梦想成真、抵达彼岸。激情有余，狂热过头，一直是拖累中国政治无法摆脱中古式“伦理政治”的罪魁元凶。

中国并不缺乏会写诗的皇帝，可杨广与其他几位诗人皇帝的不同之处就在于，他的诗不光写在纸上，更写在一个国家的政治蓝图上。读他的诗，其间并不缺乏“理性”的光泽。在他的政治思维中，“激进主义”的狂想应该成为整个中原大地的主旋律。中国人生来具有一种命运感，他们凡事习惯于听从权威的召唤。皇帝是天命所归的天然权威者，他的指挥棒决定着天下人的幸与不幸。

1. 个人品牌塑造的背后

自西周起，中国政治权力的递延游戏就一直遵循着“立嫡以长”的原则。隋王朝也不例外。按照“嫡长制”的原则，将来继任皇位的应该是杨广的长兄，隋文帝杨坚的大儿子杨勇。

“嫡长制”虽然能够消弭皇族间的竞争，保证皇族内部权力延续的有序，但是这项制度的合理性是经不起任何实践的检验。一个人的政治才能与他出生顺位没有任何必然的联系。正因为如此，这项制度给了那些幼童、白痴、昏庸之徒占据中国历史头条的机会，也将帝国拖入昏昏然不知亡国将至的境地。

相信在一千四百年前，杨广和他的其他皇兄王弟们也都是这么想的。杨氏家族的男人们身上流淌有鲜卑族血液，生来就带着虎狼的彪悍。如果杨坚不是一个帝王，那么杨广和他四个兄弟就有可能成为当世的人才俊杰，是在权力世界里抱团取暖的一个整体。可是这一切都随着杨坚称帝、五兄弟同日封王而失去可能。

皇位，让兄弟五人本应有的亲情关系发生了质变。南北朝是中国历史上最富阴谋和血腥色彩的历史时期之一。那些名门大族子弟含着金钥匙来到这个世界，他们在享有富贵荣华的同时，也要为自己的生存做着别样的打算。触手可及的皇位，一直是皇族兄弟拼争杀戮、你死我活的争夺目标。生于帝王之家，既是一种幸运，也是一种不幸。

权力的竞争本就是一件让人疯狂的事，更何况是天下至高的皇权。置身这场权力游戏，如同置身于狼群。皇权的魔棒让每个人的内心都伸出欲望的獠牙，不是你去撕碎别人，就是被别人生生地撕碎。在这场追逐皇权的竞争游戏中，最后的胜出之人不仅需要虎狼的凶残与强壮，更需要狐狸的狡猾与敏锐，后者往往比前者更为重要。

在杨氏五兄弟中，杨广的综合素质显然要高出他的兄弟们一大截。他的身上没有豪门子弟的骄纵狂傲、放荡无形，好像生来就和他的那几个兄弟不同。年幼时就表现出异于常人的自控力，举止端凝，“深沉严重”。

隋文帝曾经密令术士为他五个儿子相面。术士看过后诡秘地说：“晋王眉上双骨隆起，贵不可言。”帝后对次子杨广始终高看一眼，厚爱三分，除了他自小美姿仪，长得漂亮外，更多的还在于杨广善于表现，建立了高出兄弟之上的功业。

杨坚不爱铺张，提倡节俭。杨广便穿着打补丁的衣服，节俭有度。母亲独孤皇后是一个喜欢吃醋的女人，她最无法容忍的是自己身边的男人好色，哪怕这个男人是皇帝也不行，所以杨坚的个人生活一直缺少鲜活的颜色。这时候的杨广与自己的正妃萧氏举案齐眉、恩爱有加。而对于那些大臣，杨广更是倾心相交，以诚相待。在刻意营造之下，他的名声要远远好于其他的那些皇兄王弟。

《隋书》记载杨广当藩王的时候，“矫情饰行，以钓虚名，阴有夺宗之计”，直至糊弄得上下对他都是满心的欢喜。“大臣用事者，倾心与交”，“婢仆往来者，无不称其仁孝”。在诸位皇子中，他一直表现得儒雅谦逊，独著声绩，几乎没有被人抓住明显的错处，方方面面都可以说是无可挑剔。其实他在生活上的奢华绝不比诸兄弟逊色，他的内心也骄狂不安，但外人很难探知这一切。有一次，隋文帝来到晋王府，看到府中摆放的乐器，大多弦断无法弹奏，又布满了尘埃，像是很长时间没人用过。杨坚据此认为，杨广身上没有皇族子弟的享乐主义倾向。其实这不过是杨广精心安排，用以获取父皇欢心的讨巧手段。

政治上的礼贤下士多少都有作秀的成分在里面；襁褓里的君王如何“仁、义、礼、智、信”，总归不能剔除表演的性质。与他的“秀”相比，他的兄弟则呈现出另一种面貌：长兄杨勇是一个缺乏心机、行事放纵的太子，三弟杨俊性格软弱、奢侈无度，四弟杨秀则性情暴烈，甚至“生剖死囚，取胆为乐”。

开皇九年（589 年），在隋帝国最重要的战争——为统一南方而进行的平陈战争中，年仅二十岁的杨广被任命为五十万大军的最高统帅，引起举国瞩目。

这场战争可以说是杨广正式登上帝国政治舞台的亮相之作。他深知这是树立自己形象的绝佳机会。如果说在此之前，杨广为自己量身打造的形象已经让他在体制内获得良好的口碑，那么平陈之战又让他再度获得全国性的赞誉。其实在这场战争中，杨广虽然是最高统帅，但大的战略部署完全取决于隋文帝杨坚，杨广只是执行父皇的部署。在君主专制时代，权大无边的皇帝对历史进程的影响力是任何人都无法匹敌的。

平陈之战虽然是一场重要战争，但是战争的进程并没有给领军者提供多少展示军事才华的空间和机会。杨广尚未率主力渡江，一仗未打，陈军主力就被“先期决战”的隋军击溃，建康当天就落入隋军手中。

虽然杨广第一次亮相就获得了“南平吴越”的美名，但并没有让他获得空前的满足感。隋灭陈统一南北是中国历史上具有深远意义的大事件，它的意义甚至超越了隋代周的单纯改朝换代。杨广的名字与这具有划时代意义的大事件永远联系在一起。

晋王杨广在平陈之后，出镇并州，肩负起监视和抵御北边突厥的重任。开皇十年（590 年）二月，杨广亲赴晋阳巡视，在晋阳停留了长达两个月的时间，可见杨坚对北部边防的重视及对杨广的器重。杨广个人品牌塑造的背后，隐藏着谁都能够读懂的信息：虽然嫡长制像一座山横亘在面前，但熟读君王史的杨广知道，在大哥杨勇还没有成为皇帝之前，一切皆有可能。在没有让贤选举的封建君主时代，阴谋与政变是有能力者获得权力的唯一路径。

相比而言，他的哥哥杨勇更像是这个时代的宠儿。他以嫡长子平流直取，成为大隋皇位的继承人。从理论上说，能够取代哥哥成为太子对杨广来说，几乎是不可能完成的任务。自古以来，中国政治文化崇尚稳定，反对“不守名分”，历代皆恪守嫡长制这一“万世上法”。他们宁可守着嫡长制，生生将帝国带入危险的境地，也不希望有人站出来打破游戏规则。隋文帝对此有着切身的体会，自己就是篡权当上皇帝，他不希望自己的子嗣在自家的皇权体系里再上演此类摄魂夺魄的戏码。

如果太子没有重大过错，是无论如何没有可能被罢黜的。从杨勇的品行和作为来看，他不会是一个好皇帝，他缺乏一个当政者应该具备的自制力和责任感。

杨广是一个不屈从于命运与制度安排的人，他一直觉得自己能够成就更大的事业，当皇帝这样的“小概率事件”有可能会发生在自己身上。之所以会如此自信，是因为从小到大，幸运之神从来没有远离过自己。不到最后一刻，他从不放弃自己的坚持。天赋的聪明让他很清楚怎样做才能获取自己想要的结果。在很多时候，他并没有表现出自己张扬的一面。在机会没有出现之前，等待是为了更迅猛的一击。

他对超越长兄杨勇有着强烈的自信，他的这种自信来源于自己的毅力、耐心和判断力。

作为具有鲜卑血统的杨氏家族的长子，杨勇继承了胡人的天性。这个比杨广大两岁的王子“性宽厚”，才智尚可，品质也不恶，却不具有足够的政治敏感和政治才华。他“率意任情，无矫饰之行”。父皇崇尚节俭，他偏要表现得大手大脚，不惜代价四处淘弄国内最好的猎鹰、宝石和马鞍。明知母亲独孤氏痛恨男人宠爱姬妾，他却要明目张胆地广纳美姬。他不喜欢父母为他包办的正妻，甚至私下抱怨：“阿娘不给我一好妇，真可恨！”自己偷跑出去和尚未选入东宫的工匠之女云氏野合生子；父亲敏感多疑，他却公然和社会上的豪侠流氓来往，甚至允许他们身上佩带刀剑出入宫廷。

一人之下，万人之上，如果没有像杨广那样，刻意掩饰自己的言行，做一个让皇帝满意、让朝臣满意的太子，是很难的。他们的眼睛像探照灯似的，时时刻刻照射在太子的身上，微小的错误都会被放大若干倍。杨勇所表现出的人性劣根，是大多数皇族子弟在失去监控状态下都会犯的错误。可是作为太子，他的这种肆意而为，会给自己带来很多不必要的麻烦。在古代权力结构中，太子的位置非常尴尬，看似一步之遥，搞不好就会落得一个凄凉的下场。在通向权力巅峰的路上，每一步都至关重要。看似无心的一句话、无意的一个举动，都会陷自己于万劫不复。

杨广太了解哥哥，或许正是缘于这份了解，他才会隐隐觉得杨勇很难让自己的太子生涯完美收场。既然杨勇这个太子难以实现皇位的平稳过渡，那么自己就有机会。在太子接近接班年龄后，如果皇帝的身体还是龙筋虎骨，那么皇帝与太子的关系就会变得非常微妙。太子当得太投入，往往会瓜分皇权；太子当得不投入，同样会让君臣不满，这也是太子难以完美收场的根本原因所在。

杨广更了解自己的父皇隋文帝杨坚。这是一个铁腕人物，身上具有明君圣主的所有品质。作为隋王朝的缔造者，他的皇位是在一系列的政治阴谋中得来的。像所有开国者一样，杨坚也希望自己的王朝可以传至久远、千秋万世。正因为如此，他才会无比珍惜自己所建立的王朝，才会对损害皇位传承的一切可能存在的风险实施规避。他所表现出的疑忌苛察，视身边所有人为自己假想敌，包括对太子和诸位皇子的防范，都是一个帝王的本能反应，。

不要说杨勇是一个心性放荡、不顾私德的太子。就算他是一个循规蹈矩之子，也很难保证自己能够笑到最后。随着当太子的日子越来越久，杨勇的政治敏锐性越来越低。这年冬至发生的一件事彻底改变了杨坚对杨勇的看法。按照朝例，这一天朝臣们要给皇帝行礼。或许是官员们考虑到与日渐年长的皇太子搞好关系的必要，文武百官在见过皇帝后，出了皇宫大门就直奔太子东宫而去。

杨勇并没有意识到问题的严重性，他认为，百官来贺，自己这个太子很有面子。由于场面浩大，隋文帝在皇宫都听见了从东宫方向传来的朝乐之声，他不由大惊。太监回报：太子见百官毕集，就令左右盛张乐舞，接受朝贺。

杨坚早就对太子杨勇的庸劣忍无可忍，认为“此儿不堪承嗣久矣”。杨坚开始着手调查杨勇的劣迹。独孤皇后也派人暗中伺察，搜罗杨勇的罪过。

一边是肆意妄为，恩宠渐衰；另一边却是矫饰伪装，渐得恩宠。杨广侦知杨勇失宠于父母，暗自窃喜。杨坚有意要取消他的皇位继承人资格，公开召集身边的重臣，与他们探讨更换太子的可能性。虽然这一想法被大臣们劝阻，但隋文帝的内心已经被帝国高层悉知。

人言可畏，各种流言将太子杨勇团团包围；父母对他冷淡，朝臣对他疏远。杨广知道在这种形势下自己应该怎么做，一是继续用出色的表现来反衬太子的不堪；二是看准时机，对杨勇这块摇摇欲坠的石头轻轻加上一把力。而杨广在这两方面做得都很成功。

2. 亲情变质，还是权力突围

统一江南之后，杨广从开皇十年（590 年）出任扬州总管，镇守江都，到开皇十九年（599 年）由江都离任入朝，坐镇江都整整十年时间。杨广初到江南只有二十二岁。与其他关陇贵胄不同，杨广从小就“好学、善属文”，热爱诗歌文学，写诗作文模仿由南朝入北的庾信及其文体。王妃萧氏是昭明太子萧统的玄孙女，具有极高的江南文化素养，这使杨广对江南文化极为推崇。

这一期间，杨广以极大的热情投入到工作中，整整十年间没有好好休息过。他的统治手腕也非常高明。他摒弃了歧视南人的高压政策，从尊重南方文化、尊重和延揽南方精英人物入手，稳定江南人心。在他治理的十年时间里，占帝国半壁江山的南方经济迅速复苏，社会安定，百姓安居，一次叛乱也没有发生。南方士人这样称赞他：“允文允武，多才多艺。戎衣而笼关塞，朝服而扫江湖。继稷下之绝轨，弘泗上之沦风。”

青年杨广的不懈努力和成功，使他不仅有统兵北御突厥、南灭陈朝的武功声誉，又取得安定江南的文治政绩，终于在朝臣中“声名籍甚，冠于诸王”，为他日后夺嫡打下基础。

作为晋王的杨广在个人生活也十分检饬，他的节俭在诸王之间是出名的。人们来到晋王府，见不到古物珍玩，见不到鲜姬美妾，上上下下衣服都很朴素。因为无暇留心丝竹，王府里的乐器上都蒙了一层厚厚的灰尘。史书所载“皇上及皇后每次派遣太监宫女们到杨广府中办事，无论地位高低，杨广必与萧妃在门口迎接，为设美馔，申以厚礼；所以这些婢仆无不称其仁孝”。

杨广矫情饰貌，并不是简单的曲意阿世，讨好父母，而是怀抱不可告人的野心。他不像其他兄弟一样，率情任意，恣行所欲，也不像其他兄弟那样不顾后果，一味胡来。他并不是天生胆小，而是另有所谋。爱好艺术，却不做长夜弦舞，反而要故意做出不好声伎的样子，这种刻意的压抑对于一个青年皇子来说是多么痛苦的事。

十三岁出藩并州，手握重兵，北御突厥；二十岁出任平陈统帅，又坐镇江都十年，安辑江南，大捞政治资本。夺宗当皇帝才是他克己忍耐去追求的最终目标。

虽然远在江南，杨广却借着次数不多的进京机会，用自己超强的人际网络和雄厚的经济基础在朝臣中构筑了一张牢固且秘密的人际关系网。通过这个无处不在的网络，他在南方受到的称颂声传到杨坚耳朵里时被放大了数倍。在帝国的政治高层，越来越多的人开始认为，像杨广这样条件出色的皇子为历代所少见。如果将来由杨广来接杨坚的班，那么隋杨王朝将会迎来一个更加光辉灿烂的明天。

就在杨广在南方不断为自己博取美誉的同时，太子杨勇却自乱阵脚，做着与太子身份不符的事。他与父皇杨坚的父子关系越来越紧张，甚至陷入难以纾解的僵局。隋文帝虽然是一个励精图治的帝王，但是人到晚年猜忌之心越发严重，变得喜怒无常，随意使用严刑峻法，杀戮过重。在这种情况下，那些公卿大臣为求自保，也只能装聋作哑任由事态发展，“其草创元勋及有功诸将，诛夷罪退，罕有存者”。

开皇十一年（591 年）正月，杨勇的妻子元氏突然死亡。心性多疑的杨坚怀疑是杨勇以毒药害的。元氏是独孤皇后在北周时亲自为杨勇选定的结发妻子，加上独孤氏向来反感男子纳妾，对杨勇冷淡正妻元氏、亲近昭训（妾的称号）云氏，早就看不过眼。元氏的突然死亡，使独孤皇后对杨勇十分反感，经常在杨坚面前诉说。

来自杨广的挑战以及父皇母后的猜忌，让太子杨勇危机四伏。那些东宫大臣不断在他面前警示局面的危急。方寸大乱的杨勇只能被动地做出应对。缺少政治经验的他找不到更好的法子。他认为，自己的前途命运掌握在一个人的手里，那个人就是父皇杨坚。只要杨坚不废自己，眼前的困境就算不了什么。

于是，杨勇就在父亲身边安插了一些密探，以便随时能够掌握父皇的行踪。或许是派去的密探手段拙劣，很快就暴露了身份。这是一起严重的政治事件。太子居然监控皇帝，下一步是不是要上演弑君篡位的桥段？隋文帝杨坚大为震怒，他说：“朕在仁寿宫居住，与东宫相隔甚远，然而我身边发生纤芥小事，东宫必知，疾于驿马，我怪之甚久，今天才知道是怎么回事！”

隐性的父子矛盾就这样演化为公开的敌我矛盾，为了防止太子趁自己不备搞突袭，杨坚就连睡觉的地方也是不固定的。他经常从后殿移到前殿，在自己的皇宫四周增加了数倍警卫。对于父子之间的纠缠斗法，朝臣们都看在眼里。他们知道，杨勇被废是早晚的事。皇帝与太子之间的矛盾，让杨广找到了权力突围的路径。他指使亲信宇文述买通朝廷重臣杨素的弟弟杨约，通过杨约说通杨素，让杨素向独孤皇后进言，使她下决心劝杨坚废杨勇。

为了赢得独孤皇后的支持，杨广借着进京面圣的机会，与母亲独孤氏进行了一次密谈。在这次密谈中，杨广装出一副楚楚可怜的样子。他说：“父皇和母后赶快救救孩儿，太子不知何故，经常无端地寻我的错处，压制于我，他甚至扬言要除掉我这个弟弟。就在不久前，有一个刺客潜入晋王府，在刺杀我的时候被抓住。很多人说他是太子派来刺杀我的。”

独孤皇后当晚就将杨广的话告诉了杨坚，杨坚对杨广所言并无怀疑。杨勇监视他这个皇帝在先，如今又做出刺杀其他皇子的事也是极有可能的。在这种情况下，杨坚不得不对自己的皇位继承权做出调整。如果再继续发展下去，大隋的皇权交替将会有致命的危险。

独孤皇后还指出一点，杨勇与云氏野合所生的孩子有可能不是杨家的骨血。如果杨勇继位，杨家的基业将来就有可能会落到外人手中。

隋文帝杨坚对独孤皇后向来言听计从。在杨坚一生波诡云谲的政治岁月中，爱妻独孤伽罗始终是他最亲密的爱人、知己、智囊和精神支柱。其他人的话可以不听，但是独孤皇后的话在杨坚心中却有千斤的分量。

开皇二十年（600 年）十月九日，皇太子杨勇终于被废，连同他的子女一并贬为庶人，成了平民百姓。同时杨广被立为新太子。对于杨勇来说，这无异于将他从高山之巅推入万丈深渊。隋文帝给这个儿子下的最后的结论是：“尔之罪恶，人神所弃，欲求不废，其可得邪！”

杨勇在大隋王朝的太子之位上已经苦苦撑了二十多年，一朝被废，隋文帝杨坚的内心也是颇不平静。在杨坚看来，多数的朝臣会支持他废太子的决定，这样一个日子对大隋王朝来说并不是灾难性的，而是一个扭转命运走向的重要时刻。皇太子杨勇的被废，除了自己不成器、不争气，让自己在父皇、母后以及部分朝臣面前失分，其实主谋者还是杨广，其他人都只是自觉不自觉地充当了他夺嫡阴谋的工具。

成为太子的这一刻，杨广有些恍惚，像是在一场美妙的奇幻梦境中。一切像是梦，一切又不是梦。他觉得成事在人，更在天。正因为有了上天的护佑，才让他得以实现梦境中的一切。

虽然他的内心早就沸腾不已，但还是故作平静地看着眼前的一切。他知道一切才刚刚开始，一步之遥是最美妙的距离，也是最危险的距离。在隋文帝杨坚和独孤皇后以及满朝文武大臣的眼里，新太子杨广与前太子杨勇形成了鲜明的对比，一个骄狂任性，一个收敛谦逊。

杨广在入住东宫之前，就已经开始用一个太子的标准要求自己。在隋文帝杨坚的废太子诏中所列废太子杨勇的理由有两条：一是杨勇的生活奢侈腐化；二是他昵近小人，委任奸佞。隋文帝在将杨勇的太子位废掉的同时，又将东宫的很多辅臣赐死。

在杨广看来，太子是国之储君，未来的帝王。但千万不要以为做了太子就一定能当皇帝，在一定意义上讲，储君还不是“君”。在新老交替过程中，太子比其他皇子更引人注目，也更容易招惹是非。老皇帝久经风雨，眼光毒，疑心重，顾忌多，尤其对未来之君，要求更严，标准更高，一旦受到不良干扰，出现信任危机，你这个“储君”也就算做到头了。因此，做太子往往要承受更大的外部压力和内心煎熬。

在册立太子大典上，杨广请求免穿与皇帝礼服相近的太子礼服，并且请求以后东宫的官员对太子不自称臣。他的这一请求，自然会赢得隋文帝杨坚的欢心。杨坚觉得自己这一次没有看走眼。

成为太子之后，杨广与先前做皇子的时候并没有太大变化。主要变化就两点：一是官邸移至东宫；二是将更多的时间用在读书、写诗和礼佛上。需要太子独立完成的政治事务，他也会听从父皇的安排，从不自作主张。这时候的他比在江南总管的任上还要清闲许多，躲进东宫，关起门潜心研究诗歌和佛学，甚至编撰了二十卷《法华玄宗》。

虽然说晚年的隋文帝杨坚沉迷于享乐，猜忌心日益严重，用一些极端血腥手段对付权臣，甚至要将四子蜀王杨秀诛杀，后将其幽禁。尽管如此，杨坚并没有将怀疑的目光投向杨广。而杨广也一直安静地做着他的太子，等待时间来成就一切。大隋仁寿四年（604 年）六月，也就是杨广做太子的第三个年头，隋文帝杨坚一病不起。

这一年对杨广来讲也是最为煎熬的一年，更是他人生的关键时刻。宫廷内的权力争夺暗流迭起，太子之位并不稳定。正史、野史都在极尽夸张地描述杨广在文帝病重期间奸淫后母的可耻行径，把一个女子宣华夫人陈氏当成了历史的主角。弑父淫母，成为杨广最大的罪恶。一个矫情饰行二十年，独与萧妃居处，表现出极强自制力的人，何以一时糊涂，在自己当上皇太子四年之后，大胆妄为偷吃父皇身边草，置自己于危险境地，将二十年夺嫡成果毁于一旦。那些离奇的情节，只是为了满足一些人对野史逸闻的猎奇欲望。

隋文帝去世前后的那段时间，整个王朝陷入一种难以名状的怪异气氛。好像所有的人在紧张地等待着鞋子落地的声响，有兴奋、有期待、有不安。按照人们的经验，杨广符合他们对明君圣主的要求。这个三十六岁的成熟男人，有着誉满天下的才学和品行，他将会带领隋王朝走向何处？没人知道，他心中藏着怎样一幅锦绣画卷。

就连那些严苛的历史学家在对隋文帝盖棺定论时，也会有以下几个关键词出现：四海一统、勤政节俭、国力昌盛、政绩斐然。隋文帝杨坚给杨广留下了一个富足的家天下。到隋文帝末年，国家富到什么程度呢？“计天下储积，得供五六十年。”如果说，创家业的杨坚一天到晚想的是创造更多的财富，那么守家业的杨广想的就是如何将这些钱花出去。

也正因为如此，杨坚在中国历史上留下了极高的政治声望。对于继任者来说，前任做得越完美，他的发挥空间就越小。所以新皇在继位之后，考虑的第一问题就是，先皇治国的缺陷在哪里？他要更弦易辙。先皇越仁德，他就越刚霸；先皇越严酷，他就越宽仁。比如说，隋文帝时期，老百姓的赋税很高，到了难以承受的地步，即使发生饥荒也舍不得开仓赈粮。杨广继位后，就免了天下百姓一年的赋税。他在位十四年，多次宽免赋税，一再降低纳税标准。

杨广即位不久就做出两项决定：自己平陈时带回的俘虏陈叔宝去世，虽然对方只是一介俘虏，然而毕竟做过皇帝，按理应由现任皇帝确定一个谥号，以定一生功过。杨广翻遍《逸周书·谥法解》，反复斟酌，挑出了一个字：炀。《谥法》云：“好内远礼曰炀，去礼远众曰炀，逆天虐民曰炀。”

这是所有谥法中最坏的一个字。

杨广认为，只有这个字，才能充分表达他对前手下败将的轻蔑和鄙薄，也才能提醒自己不要像这个败家子一样荒嬉无能、腐败亡国。他做梦也不会想到，这个字最后也被用在自己头上——隋炀帝。

另一个细节是，在挑选新年号时，作为新皇的杨广圈定了古往今来年号中最大气磅礴的两个字：大业。

3. 癫狂者的命运死穴

马基雅维利在《君王论》中写道：征服的欲望是人与生俱来的一种本能，所以只要能够成功，总能得到人们的称颂而非指责。但若力不能及而又执意而行，很可能会铸成大错而受到谴责。

在杨广登基之初，大隋王朝各项经济指标和人口数量的增长都呈递增之势。如果按照这个势头发展下去，帝国的命运走向将会呈现出另外一种局面。但是历史从来都是板上钉钉的事，没有任何的假设可言。

杨广的性格里有着古今文人的通病，那就是对自己的能力自视甚高。自己既然能够成为天下人的领袖，才能自然居于众生之上。他曾经自负地说："天下的人都认为我是因为生在皇家才能继承皇位，拥有四海。但是如果让我和那些知识分子以文治武功来竞选皇帝之位，我也是当仁不让的天子。"

不知道杨广是在怎样的背景下说出这番话，是自视过高，还是对天下士子过于失望。不过可以肯定的是，杨广的血液里依然流淌着魏晋文人的孤傲孑然。

杨广的身上有着难以根除的诗人气质。正因为如此，他那不合时宜的政治理念充满了浮华的气息。诗人所具有的理想主义情怀，让他对这个世界有着近乎疯狂的完美追求。他在登基之前，曾经有过十年江都总管的任职履历。或许是浮靡绮丽的江南文化让他找到了自己精神世界的原乡。等到他将象征权力的龙袍披挂在身，诗人的浪漫主义情怀就迫不及待地裹挟权力而去。

如果说诗人与政治家是两种分工不同的职业，那么杨广更接近于一个完美的诗人；如果说，时势造就了他，将他送上权力的巅峰，那么坐上龙椅上的他，最后还是成为从龙椅上出走的诗人。说得好听一点儿，他的出走，是以诗人的方式在这块版图上书写属于自己的政治理想；说得不好听，杨广是个喜欢折腾的主，而且这种折腾，完全是遵从于个人的内心世界，是一种不管不顾搏命似的折腾。

折腾，是非主流诗人的创作路径；而折腾，往往又是一个执政者的命运死穴。

没有做过皇帝的人，想象不到登上权力之巅是什么感觉，一句话可以改变一个人的命运，一句话可以改变一个城池的命运，一句话可以改变一个民族的兴旺。权力越来越大，需要处理的事情越来越多。从诗人到皇帝，这种角色转换造成的落差，让杨广体会到了权力所带来的眩晕感。诗人擅长用文字构筑精神世界的乌托邦，而帝王则用权力改变现实世界的国与家。

对杨广来说，他要将诗人与帝王这两种角色的特质集于一身，并且要做到完美，这几乎是不可能完成的任务。与其说杨广是一个权力者，倒不如说他是一个“权力美学家”更加合适。权力成了非主流诗人手中的笔。杨广运笔如风，在帝国这张华丽的纸上挥毫泼墨。当一个帝王的人格特征与他的职业要求严重倒错，甚至是完全背离时，这就注定了他只能成为一个不靠谱的执政者。

不靠谱的执政者是永远也成不了政治家的，只能做一个有着浪漫主义情怀的政治诗人。

继位后的杨广，急于用最短的时间来成就自己的“圣王之业”。如果一个帝王能够在他所统治的时代里，迎来四夷宾服、万国来朝的盛大景象，就能说明这个皇帝够得上一个圣君的标准。

对于诗人杨广来说，他要构建属于自己的乌托邦世界；可是对于皇帝杨广来说，这又是一项宏大而艰难的命题，而他又没有能力处理好个人英雄主义与千秋功业、人民的幸福感三者之间的关系。

营建东都，为了证明自己是权力正统性的核心；修建长城，是为大隋帝国竖起一道坚硬的屏障；修筑运河，是为了贯通南北漕运的血管。

大业三年（607 年），隋炀帝北巡至突厥启民可汗大营，遇到高句丽使者。杨广认为高句丽本来就是箕子所封之地，汉、晋时期皆为中国所辖郡县。他命令使者转告他们的国王速来朝见，不然将率大军巡游高句丽。巡游是假，踏平才是真实想法。

高句丽王闻报惊恐不已，可还是不敢到杨广面前报到。这为杨广征讨高句丽落下口实。杨广当然不会放过这样一个机会。更何况国内矛盾重重，战争或许可以转移国内矛盾。战争胜利可以掠夺各种社会资源，从而使得统治更加巩固。

没有人会做亏本的买卖，没有帝王会打一场赔本的仗。战争的收场虽然各有不同，但是发动战争之时，没有人会认为自己就是赔本的那一方。

作为帝国军队的总司令，杨广命令天下兵卒，不论远近，都于大业四年（608 年）春天集中于涿郡。他要用武力征服中国在秦汉时期的“郡县之地”。杨广希望能够通过征伐高句丽，成就属于自己的千秋霸业。攻伐高句丽并不是他的一时冲动，而是历经数年深思熟虑和精心筹备做出的一个决定。就连唐太宗李世民也将征讨高句丽视为帝国东亚战略的重头戏，和杨广陷入同样的命运怪圈。

隋朝在外交上采用的还是较为开放的大国策略，实行众国臣服的朝贡体制。

也就是各藩属国奉隋朝为宗主国，要定期朝贡，各国之间和平相处。如果有哪个国家不愿意臣服，帝国通常会采用战争手段将其强制性地降服。如果有国家侵犯另一国，隋朝也会为了维护朝贡体制出手帮助弱国击败强国。当然，如果各国都能够臣服，隋朝也同样会给予优厚的回报。在这种大国外交理念下，隋王朝出现了万邦来朝的局面。隋炀帝在友邦邻国面前过度地放大了这种四海臣服的局面，造成国力、人力与物力的极大浪费。

对于大国与强国而言，扩张是战略方向；而对于小国与弱国而言，生存才是第一位的。可是对于生存来说，做大、做强实力才是其根本所在。

在大国与强国面前，有野心的小国与弱国通常采取的是一种表面顺服、暗地积力的隐形发展策略。虽然高句丽偏安于帝国一隅，但是从来就没有放弃扩张实力的机会。如果中原王朝出现分裂和战乱，他们就会乘机蚕食土地，增强实力。

高句丽本是扶余古人的一支，最初仅在浑江、鸭绿江中游占据一小片土地，范围和面积还不到今天的一个地级市大，人口更是少得可怜。与其说是一个国家，还不如说是一个部落领地。经过五百年的不懈努力，到了6世纪，高句丽已经一口一口吃掉了汉代的辽东、玄菟、乐浪、带方四郡土地，隔辽河与大隋相望，同时还征服了沃沮、夫余等游牧民族，“东西两千里，南北千余里”，领土扩大了十倍，人口也急剧增长。

7世纪东北地区温暖湿润，适宜耕作，这时候高句丽的人口应该在四五百万左右，而常备军应在五十万上下。

大业八年（612年），从全国各地征调的军队全部抵达涿郡。对高句丽用兵是隋王朝发动的一场全民动员的战争。隋炀帝对于这场战争的重视程度是前所未有的，几乎是举全国之力、倾全国之兵。当然站在隋炀帝的立场上看待这场战争，这并不是一场纯粹意义的侵略战争。因为高句丽是不服管教的附属国，战争只能算是帝国的内部事务。

在三次征伐中，杨广都是御驾亲征，每次动用的军力都超过百万。百万大军首尾相接，鼓角相闻，绵延千里，是何其壮观的景象，史称“近古出师之盛，未之有也”。

从杨广继位那一刻起，中华大地就变成了一个巨型的劳动竞赛场。他让自己的帝国陷入无休无止的大役之中。老百姓在生命难以承受的重压之下苦苦挣扎。史料记载，隋炀帝时期最著名的三大工程：大业元年修东都洛阳，总计用十个月的时间，每月用工两百万；大业三年修长城，又投入百余万人；大业元年到大业六年修大运河，累计用工三百万人以上。

在天下承平、国力强盛之时，用这种大工程来装点盛世的繁华是掌权者通常会采用的方式。如此集中，如此大规模地将这些彪炳史册的形象工程连续上马，全国老百姓在短时间内几乎都被集中到劳动工地上。

杨广经常带着他的大臣们调研那些大工程、大项目，到处旌旗招展、人喧马嘶。他的成就感得到了前所未有的满足，这完全是一幅奔腾的盛世景象。他宁愿相信自己的眼睛，也不相信那些所谓的忠臣们。连篇累牍的奏折反复提醒着他，帝国已经走到了命运的转折点。

当然杨广的忠臣越来越少，朝堂之上只剩下三种人：明哲保身者，装聋作哑；心有异志者，等待机会；随波逐流者，骑墙观望。总之，沉默的大多数成为权力集团中的主流。当然这也是隋炀帝最愿意看到的。他曾经当着大臣的面，就此表过态。他说：我这个人向来不喜欢别人给我提意见，如果你们想通过给我提意见来博取名利，只会落得一个鸡飞蛋打的下场。

史学家胡如雷先生曾经做过一项估算。从仁寿四年(604年)隋炀帝即位，到大业八年（612年）第一次东征高句丽。在这八年的时间里，隋王朝一共上马了二十二项大的工程，总共动用的人力达到三千多万人次。而隋炀帝时期全国人口才四千六百万，而八年时间就动用了三千多万人，每年平均征用四百万左右的劳动力，将近总人口的十分之一，几乎是全国男丁的总数。

上百万的民工，大部分人都倒在了工地上，无命归故乡。按照史书记载，营建东都洛阳，“僵仆而毙者十四五”；修长城，“死者十五六”；挖运河，“死尸满野”，河挖到哪里，运送尸体的车子就跟到哪里。那些罪在当时、利在千秋的伟大工程，在当时看来完全是劳民伤财之举。

农民被帝国无条件征用，他们被迫从土地上出走，失去土地的农民就这样被逼入生死一线。

这些揭竿而起的反叛力量并没有统一在一面旗帜下，投身其中的叛乱者一个个就像是走到了世纪末的疯狂赌徒，有枪、有人、有地盘就会找个机会称王称霸，然后找机会消灭自己近邻力量，以壮大自己的势力。在这些激烈的斗争中，谁能够正确运用战略战术，并做好政治分化工作，谁就能占据优势，从而成为笑到最后的那个人。

在这些叛乱队伍中具有代表性的有：北方边境的李轨、薛举、刘武周等部；黄河流域有王世充、李密、窦建德、孟海公、李渊等部；江西一带的肖铣等部；江淮之间的杜伏威、李子通、宇文化及等部。

其实隋末的叛乱者并不是单纯意义上的农民出身，虽然这些队伍的基本构成以失去生产资料的农民为主，但是从叛军领导者的社会地位来看，其中不乏王公贵戚，还有一些中下层地主阶级知识分子，甚至还有僧侣、奴婢和少数民族等。由此可见，此时到了一个全民情绪的引爆节点，以隋炀帝杨广为首的帝国权力阶层为了实现自己的政治梦想，不惜与整个社会为敌。

大业十二年（616 年）年底，李渊被擢升为太原（郡治在晋阳，今山西太原市）留守。太原这个地方，自古为河东——山西地区的中心。历史上无论上古时代政治中心在中原，还是中古秦汉时期西移关中，以至晚近以来北徙京蓟，它始终处于中央肩背或者说是肘腋位置。就在李渊赴任太原之前，杨广已经离开东都洛阳，第三次驾幸江都。他畏于北方农民起义的发展，不敢北还。隋朝已经失去对中国北方的控制。

4. 天子自有天子的死法

隋炀帝自知帝国已经走到穷途末路，他经常会无端地发出感叹。一天夜里，他和萧后一面赏月，一面饮酒，转头对萧后说："现在很多人都反对我，就算我丢了天下，也不失为长城公（陈后主降隋后封长城公），你也不失为沈后（陈后主皇后沈氏）。不用管那么多，且顾眼前行乐吧！"

萧皇后看着眼前的男人，也只有徒留一声叹息在风中。很多时候，我们往往会忽略杨广还有另外一个身份——诗人。诗人的情绪容易让人琢磨不定，热情过头或者忧虑到底，都容易走极端路线。萧皇后是梁明帝萧岿的女儿，被隋炀帝杨广强行纳为后妃。此女才学出众，会八音七艺，深得杨广的宠幸。

有一次，杨广拿起镜子，孤芳自赏了半天，然后回头对萧后说："这么好的头颅，谁来砍它呢？"萧皇后听得大惊，问他为什么会说出这番话来。杨广苦笑道："贵贱苦乐，循环相寻，有什么可伤心的？"这完全是遭受到心灵创伤的诗人吟出的一句透着苦味的诗行。

能够将人生的无常看得如此透彻，在杨广如痴如魔的政治行为背后有着太多的无奈与无助。杨广身上那种恃才傲物、好大喜功的一贯禀性成了他人生的致命伤，使他在逆境中的坚韧性和抗挫折能力几乎为零。所有这一切共同驱使他最终走上了失败和灭亡的道路。而他在时局面前所流露出的悲观情绪，像病毒一样传染给帝国权力系统里的每一个人。而这种情绪，最终埋葬了整个帝国。

在命运的一次又一次打击下，杨广性格中的负面因素暴露得越来越多。

大隋朝堂上已经见不到一个外国使臣了。这与大业五年诸国使臣云集洛阳的场面形成强烈对比。甚至各地的官员来得都很少，原因是各地农民起义阻隔，许多大臣们没法赶到首都。这是杨广过的最冷清的一个年。

一直以来，他都在用力证明自己的英明伟大。可现实却让他狼狈不堪，他在这个表演的舞台上就像是一个小丑，而不像是一个天王巨星。

眼看着自己竭尽全力辛苦建立起的雄伟大业像个豆腐渣工程一样稀里哗啦地倒下，他的心气也随之散了。为了开凿那些曲曲弯弯的河流，为了打造那些庞大的地标性建筑，为了征服不听话的高句丽，先皇留下的百年吃喝不愁的财富像流水一样哗哗流淌。

他原本是一个极其心高气傲的人。他的自我期待是一个绘出世界上最完美图画的绝世艺术家。因此，当这幅图画失败了，他怎么还有兴趣在它上面修修补补，把老鹰改画成一只乌鸦，以求卖几个钱花花度此一生？

艺术家的性格决定了他将走极端。不做最好，就做最坏，他唯一忍受不了的是平庸。他，一个原本打造传世金碗的大匠，此时不屑于去做为金口奔忙的锔碗工。做不了千古一帝，他也没有心情去做一个辛苦维持的平庸帝王。

命运已经不是原先许诺给他的命运，前途也已经不再是预想的前途，杨广对上天从感激变成了报怨，他像是一个没有要到糖吃的小孩子躺在地上耍起赖。连续的打击使他那贵公子的娇嫩神经受到了不可避免的伤害。杨广“每夜眠，恒惊悸，云有贼，令数妇摇抚，乃得眠”。他对治国有点儿心不在焉。虽然天下越来越乱，他自己也危在旦夕，却鼓不起心气去为自己的生存而奋斗。他对政治越来越松懈，越来越放任，甚至对自己的生命，也有点儿三心二意，不那么周密地去考虑。

不知道什么时候，那个原本不喜欢饮酒的皇帝领略了美酒的好处。他下诏命各地官员供奉本地名酒，自己一一品尝，定出高下。他醉酒的次数越来越多，有一次在长乐宫独饮大醉后赋了一首五言诗，诗文今已失传，只留下最后两句：徒有归飞心，无复因风力。

杨广已经不再是那个双肩担起大业、只手擎起乾坤的杨广。“气可鼓不可泄”，心气已消的他只能无奈地自我放弃，投身于无边无际的放任自流中。他什么都不想，什么都不做，只听任生理欲望张开血盆大口吞噬自己、填充自己、遮蔽自己。既然命运是由上天控制，既然上天说给就给，说不给就不给，那么一切就由上天来做决定吧！他其实是在向上天撒娇。在冥冥中，他还期望上天那神秘的力量什么时候能再光顾他，把他拉出失意的泥淖。

眼看着皇帝越来越颓废，政治越来越混乱，昔日贵族们也摩拳擦掌，准备大干一场。从雁门之围后，北方草原上的马匹价格一路飙涨，以唐国公李渊为代表的各地贵族纷纷招兵买马。大业十三年，他们感觉时机已经成熟，隋鹰扬郎将梁师都、马邑富豪刘武周、金城富豪校尉薛举、唐国公李渊、武威富豪李轨、萧梁子孙萧铣、江都王世充等手握重权的大臣不约而同，纷纷起兵，割据一方。众多世家大族也加入其中。

闻听昔日贵族纷纷起来造反，杨广的意志完全崩溃了。一直到死，杨广都认为他的真正敌人不是那些农民军。那些农民军不过是贵族们政治游戏的前奏和引子，真正的政治军事方向，最终还是得由那些贵族来掌控。事实也证明了他的判断。隋末三支实力最雄厚的农民军都难以和这些贵族军阀相抗衡，一旦交锋即土崩瓦解。

杨广深知大势已去，不过他还不想死。他决定南逃。毕竟他即位前曾经在江南经营了十年，别处烽火四起，这里还算安静。既然做不了千古一帝，索性就在秀丽的江南风光中了此一生。在国家一片混乱，大势岌岌可危之时，他却调集十郡数万兵力，在江苏常州一带为他建造宫苑，周围十二里，内为十六离宫。虽然这里比洛阳宫苑规模要小，但“奇丽过之”。

到过江南之后，杨广一头钻进离宫之内，万事不管，整天饮酒为乐。他把他的过人聪明用在发明各种新奇的玩法上。其中最有名的一种玩法是广派宫人四处去抓萤火虫，得到数斛之多，装于布袋之中，夜里外出游玩时一齐放出，“光遍岩谷”，十分瑰丽。他命官员大量为他进奉民间美女，分为百房，每天由一房做主人，饮酒赋诗，以为笑乐。在天下水深火热之际，别人都是强颜欢笑，只有皇帝似乎真的乐在其中。诗酒会中，他做了数组颇为清新雅致的小词，其中最有名的一首如下：

求归去不得，真成遭个春。

鸟声争劝酒，梅花笑杀人。

那个励精图治者变成了及时享乐主义者。他把自己剩下的生命目标定位为体验快乐。不饮酒时，他常穿起短衣短裤，策杖步游，遍历台馆，细斟细酌每一处景致，直到天尽黑才止，“汲汲顾景，唯恐不足”。他知道，命运留给他体验这个世界的时间已经不多了。

那把在长安时候就一直放在案头的名贵铜镜被他带到了南方。他有时依然会揽起它。虽然已经五十岁了，可是这个人头发依然乌黑，眼睛仍然明亮，与众人相比，仍然是那么出众。很显然，这个与众不同的生命会以与众不同的形式抵达终点。

大业十四年（618 年）三月十四日，全副武装的卫队闯进宫中，把杨广从床上拉起来。他们牵来一匹战马，令杨广骑上，把他押去朝堂。睡眼惺忪的杨广并没有紧张。他看着那匹战马，问道：“这是谁骑的马？马鞍子太破了，我怎能乘坐，给我换一副新的！”

虽然时刻准备着死，但说实话，当自己手下的卫兵闯进寝殿时，杨广还是感觉有点儿吃惊。来到江南后，大臣们屡次试图劝谏杨广振作起来，就像前些年那样励精图治。那样他们还有可能重新控制住局势，前途和命运还有可能重写。他们相信杨广有这个能力，也相信天下大势还有可为。

他们弄不明白皇帝为什么如此颓唐。他们百般劝解，皇帝无动于衷，仍然沿着自己的方式，加速向灭亡滑落。皇帝对生命不感兴趣，他们可不想做殉葬品。在彻底灰心了之后，他们终于痛下决心，除掉这个成为累赘的皇帝，自救图存。

昔日的侍卫给他找出宫中最华丽的一只马鞍换上，他才上马。在朝堂之上，叛军召进刽子手。看着刽子手手中的刀，杨广喝道：“无知小人！诸侯之血入地，尚要大旱三年。斩天子之首，你们知道会有什么后果吗？天子自有天子的死法，拿毒酒来！”

昔日的部下乐于执行天子最后的命令，他们四处去寻找毒酒。但是不巧，找遍宫中，也没有找到。人们只好给了他一根白绫。

一个短暂的王朝就此拉下了帷幕。一个曾经有着万丈雄心却又操之过急的帝王再也不可能有所作为了。他的理想王国是自己一手打磨的双刃剑，他企图用它来征服天下却最终阉割了他的万丈雄心。

以前在一本杂志上看见过一首现代诗“杨广本纪”，里面有这样一段：“诗人注定不会成为最称职的帝王 / 即便有了鞠躬尽瘁的心情 / 诗人就是诗人 / 要不个性懦弱的文人 / 或者热血沸腾的疯子。”综观杨广的一生，为他做了诗的结论。

谏言者的妩媚术

——盛世不能承受之重

中国古代的知识分子大多是读着圣贤书长大的，他们入仕做官也是以儒家经典为敲门砖。秉承儒家“治国、平天下”思想的士子们，一方面具有非常强烈的社会责任感，他们为了代表社会良心，舍身求法，蹈死不顾，成为鲁迅称道的“中国的脊梁”。世界上还没有哪一个民族的精英像中国的知识分子那样关怀他的国家和人民，这种家国情怀已成为中华传统文化精神的一部分。然而，另一方面，中国的知识分子本身并没有经济保障，更谈不上政治地位，他们完全依附于帝国的统治阶层，可以说，连说话的权利都是皇帝给的。如此一来，他们就要服务于帝王、服务于权力，为帝王的江山社稷甚或吃喝玩乐卖命流血。

1. 有权选择弈者的棋子

从玄武门到贞观，从一个地方出发，抵达一个时代的巅峰，从历史的地标抵达时间的深处。就中华几千年的伦理道德而言，玄武门外，这场因夺谪引发的兄弟相残事件未免过于血腥与反传统。可是对于一个帝国而言，这样的胜利未免又来得及时。

当我们抛去兄弟情、父子恩这些情感因素的关键词，单纯从适者生存的法则来看，这又是一场冷冰冰的胜王败寇的游戏。李世民以他无与伦比的智慧、胆识和魄力扭转困顿的时局，清除了权力之路上的绊脚石。历史也将证明，李世民通过铁血手段所取得的权力，将在成就他一代圣君明主的名号的同时，给他的精神套上了沉重的枷锁。

李世民以高明的政治手腕和安抚人心的宽大政策，消除了暴力夺权后的血腥弥漫，更为重要的是他没有将帝国从血腥带向更血腥，从和平带向分裂。他登上了为之九死一生而不悔的权力巅峰。对于一个习惯征战杀伐的将军来说，没有对手是寂寞的，可对手是自己身边的亲人又是残酷的。

在这场生死博弈之后，帝国的天空将会迎来新一轮红日。虽然说，日光之下，早已没有什么新事，可对于日光之下的人来说，毫无新意的追逐也是他们心中不息的火焰。

新一轮红日是如此绚烂，以至于玄武门前那些殷红的血渍很快就被它的万丈光芒所遮掩。时间虽然可以愈合肉体上的伤口，可时间带不走一个人内心的不安。武德九年六月四日注定将成为李世民生命中一道永远无法痊愈的伤口，也注定要成为帝国记忆中一处永远无法消解的隐痛。李世民用后半生的殚精竭虑为自己和历史竖起了一块光照千秋的丰碑，可那块丰碑的基座永远是洗不去的血红。

有人说，那不像是一座丰碑，更像是一座埋葬时间的坟墓。

里面埋葬的不仅有李建成和李元吉，也不仅仅是他们那十个年少和年幼的儿子，同时也埋葬着另一个李世民的灵魂。武德九年的那场血腥记忆终将成为唐太宗一生无法摆脱的梦魇。诚如史家所言：“玄武门那场唐太宗一生中最艰危的苦斗，对他本人来说，绝不是可以夸耀后世的愉快记忆……李世民和他父亲这一段不愉快的往事……怎能在李世民受伤的心上摘脱干净！”

武德九年（626 年）秋，通过非常规手段登上皇位的唐太宗李世民，主持召开了一场由大部分帝国重臣参加的御前政论会议。此次会议的主题是“自古理政得失”。李世民希望通过这样一场政论，为他的帝国梳理出一条天下大治的路径。

皇帝怎么当？如何才能成为好皇帝？对于每一个帝王来说，这都是一道无解之题。他们没有现成的经验可以作为参照，只能摸着石头过河。在皇权制度之下，帝国权力核心层发出的每一条指令都应该来自皇帝。对于李世民来说，通过铁血手段获取的皇位让他背负了沉重的包袱。当他放下杀戮，披上象征着天授神意的皇袍，坐在龙椅之上，面对偌大的朝堂，他才真正感觉到握在手里的权杖有多么沉重。

站在这样一个历史转折点上，以李世民为首的新一届李唐政府，应该选择一种怎样的方式来治理天下，就成了亟待解决的首要问题。这场围绕着未来的施政方式展开的讨论，为帝国的政治走向奠定了基调。李世民率先抛出话题，也算是抛给那些大臣们的一个问题。

李世民说："我朝承大乱之后，恐怕老百姓一时之间难以接受教化；欲求天下大治，恐怕也难以见到成效。"

魏徵率先亮明自己的观点："其实不然。长期安定之人容易骄逸，骄逸才难以教化；而久经离乱之民愁苦，愁苦则易于治理。譬如饥饿的人什么食物都觉得可口、什么水都觉得好喝。"

李世民说："贤明的人为政百年，才能祛除残忍好杀之风。大乱之后，欲求大治，怎么可能像你说的那么容易，在短时间内就能实现？"

魏徵一字一顿地答道："百年而治者是庸常之主，非圣哲之君。若明君施政，上下同心，四方响应，相信大治并不太难，三年成功尤嫌太晚！"

魏徵的观点刚说出口就遭到大多数帝国重臣的反驳，其中为首之人就是右仆射封德彝。他用一种近乎嘲笑的口吻说："自夏、商、周三代以降，人心日渐浇薄诡诈，所以秦朝专以严刑峻法治国，汉朝也不得不兼杂王道与霸道，此乃欲教化而不能，又岂是能教化而不欲？魏徵一介书生，不识时务，若信其虚论，恐败乱国家！"

魏徵并没有乱了阵脚，而是坦然应道："考诸史籍，昔日黄帝与蚩尤大小七十余战，天下可谓混乱至极，可战胜蚩尤后，天下遂致太平；其后颛顼诛除九黎，商汤驱逐夏桀，武王讨伐商纣，不都是在天下大乱之后进而缔造了太平盛世吗？若说古人淳厚质朴，后世浇薄诡诈，那么迄于今日，人民应悉数变为鬼魅，人君又如何教化治理？！”

魏徵在这里所坚持的为政之道显然是儒家政治思想的核心——王道仁政。这是一种以仁义道德治理天下的统治方式，坚信道德与政治密不可分。魏徵和封德彝的观点分别代表了帝国初期两种不同的政治路线，分别是儒家的王道与法家的霸道，前者以仁为政，以怀柔理天下；后者以猛为政，以刚霸治天下。这场见诸史册的辩论，最终是以魏徵的全面胜利而告终。

武德末年的这场事关国家施政方略的高层辩论，只有魏徵一个人坚持王道，而以封德彝为首的朝廷重臣则倾向于霸道。大臣们可以站在各自立场上各抒己见。对于君王来说，千万不能做墙头草。

这场事关帝国走向的辩论以魏徵的胜出而结束。魏徵的胜出，是因为他的观点契合了李世民的想法。这次辩论为“贞观之治”奠定了基调，它的主题是寻求并建立最适合帝国发展的基本国策。

没过多久，他又在朝会上当着文武官员的面公开宣布：“朕所好者，唯尧、舜、周、孔之道，以为如鸟有翼，如鱼在水，失之则死，不可暂无耳！”

从此，李世民开始不遗余力地推行王道仁政，而入手处就是宽减刑罚。玄武门投射下来的阴影，就像是李世民精神层面被撕裂的道德伤口。而这道伤口要不断地展示给世人，这让他无法心安理得地享受权力所带来的那份满足感。李世民的后半生一直无法走出武德九年的阴影，那一段历史在他的干预之下，也被粉饰得面目全非。有时候越面目全非的文字记载，越容易让我们看清楚所谓的历史真相。

武德九年十一月，李世民与群臣讨论当时社会上的犯罪现象。有人依旧未脱“乱世用重典”的旧习，强调“重法以禁之”。李世民当即一脸不悦地说：“百姓之所以犯罪，根本原因有二：一是赋繁役重，二是官吏贪求，所以饥寒交迫，才顾不上礼义廉耻。以朕看来，对治之法有三：一是去奢省费，二是轻徭薄赋，三是选用廉吏。如此一来，百姓衣食无忧，自然不会犯罪，又何须用重法！”

无论是成王，还是败寇，或者一介草民，每个人行走于尘世，在某个不为人知的精神角落都会背负着一个沉重的十字架，缓慢而艰难地前行。那不为外人所道的潜在力量，是李世民完成的“精神救赎”。

夺嫡继位的手段越见不得光，李世民为天下黎民缔造一个朗朗乾坤的意愿就会愈发强烈；那高耸的玄武门投下的阴影越深重，他开创一个盛世的决心就会愈发澎湃；弑兄、杀弟、逼父、屠侄的负罪感是他背负的十字架。只有将帝国的伟业不断推向高峰，才是他寻求灵魂重建和道德解脱的唯一路径。若干年以后，以开拓一个盛世而博取明君贤主之名的唐太宗，在回顾自己的帝王之路时，不由感慨道：“我之所以能够取得如此辉煌的成就，全赖魏徵的功劳。”

魏徵生于北周，长于隋朝，正逢中国古代门阀制度的转型时期。在那个时代里，传统的门阀政治体制正在逐渐解体，沿用了八百多年的三公九卿制度亟待变革。在两晋南北朝鼎盛一时的士族与皇室共治天下的局面正在面临着前所未有的挑战。

隋朝的开国皇帝杨坚是中国历史上第一个真正意义上的大独裁者，他不仅彻底废除了自秦汉以来皇帝拥有天下、宰相开府治理天下的宫府分离制度，还创造性地奠定了影响中国历史的三省六部制的基础。百足之虫，死而不僵。存在了数百年的门阀制度不可能这么快就退出历史舞台，余风尤烈。

在隋朝，甚至唐朝的相当长的一段时期里，门阀制度仍然左右着帝国的人才选拔和任用，影响着社会生活尤其是每个人的政治前途和命运。与魏徵同时期的年轻人中，但凡仕途顺畅者，莫不是因为先世父辈的门第和地位在其中起着催化作用。

魏徵的父亲曾经做过北齐的县令，可惜去世得太早。魏氏的郡望在巨鹿曲阳（今河北省平乡县西南），可是魏徵的家族这时候已经迁徙至魏郡的内黄（今河南内黄西北）。由此可见，魏徵在其父去世之后，孤儿寡母潦倒穷困到连同族也指望不上。

对于像魏家这样从父辈就迁徙过来的外乡人来说，他们根本享受不到来自宗族力量的庇护。当他们的生活陷入绝境之时，也很少会有人愿意伸出援助之手。这种完全依靠个人力量在世间求生存、求发展的现实，也让魏徵的性格深处有了更多应变时势的成分。

魏徵出生后不久，北周就被隋王朝取代。连续的改朝换代，连续的政治洗牌，将原来勉强能够称得上望族的魏氏家族给洗成了庶族寒门。所谓的名门望族对于魏徵来说，不过是一个可供自己精神胜利的温暖回忆而已，他从中没有得到过一丝一毫的实惠。

当时的河北所辖区域包括今天的北京市、河北省、辽宁省大部以及河南、山东古黄河以北地区。自北魏以来，河北一带就成为汉族与诸多少数民族杂居的地区，是以农业为主、畜牧业为副的混合形经济区。这一地区的居民有崇尚骑射的习俗和传统，具有豪侠性格，重义气，守承诺。

魏徵的幼年、少年乃至他的青年时期，正是门阀士族依然占据统治地位的历史阶段。父亲过早去世，让年少的魏徵陷入生活困顿之中。无依无靠，无产无业，甚至无亲无助。魏徵早早地挑起生活的重担，投入辛苦谋生的行列。可让人难以理解的是，这样一个活着大不易之人却偏偏对赚钱谋生不感兴趣。在别人的不解中，魏徵出家当了一名道士。在当道士期间，魏徵一直在读书，涉猎极其广泛。魏徵本人的人生态度受到儒、道治学的熏陶浸染。

天下大乱，隋王朝大厦将倾，魏徵的心也跟着剧烈地摇晃起来。此时的他将学习的重点转移到了苏秦、张仪的纵横之学上。在他看来，乱世之中求生存，纵横学说要比其他学说来得更加现实。由于曾出家做过道士，道家的思想对魏徵的影响是深刻的，他的思想已经融道、儒、术、纵横为一体，已经不是单纯的某一家了。

魏晋以来的荒诞无道以至王朝覆灭给魏徵留下了无法磨灭的痛苦感受。

纷繁乱世中，他对于时势变迁有着超乎于常人的敏感度。朝代的变更是以血泪和白骨为资本的，战乱对社会的破坏力冲击着他的精神世界。新王朝建立之初，所面临的是满目疮痍的江山、国破家亡的流民。庆幸的是每一个新王朝的开国君主对此都是有深刻体会的，因此也大都采取了休养生息的“无为”政治来恢复经济。采取这种“无为”政治是现实的需要，是被迫接受的客观存在。两汉的“文景之治”、明初的“洪武之治”、清初的“康熙之治”也都大抵如此。

魏徵在三十五岁以前的行迹，虽然所有的史书都是寥寥数语带过，但是我们不难推测。对于古人来说，因为其寿命、所受教育以及社会环境等诸多因素，到了三十岁就基本上算是定型了。

魏徵在人生的前三十年是在自我修炼和提升。有人说他是历史上最精通人君南面术的政治家之一。所谓的人君南面术，也就是君王驭臣、压制人民的一套手法和权术。与历史上那些理论大家相比，魏徵无疑是一位集众学说之大成的实践者。他的实践得益于高深的理论修为，以儒家为本、道家为辅、纵横之术为手段、法家为参考，魏徵集百家之长钻研出的这套治国论极为实用。

2. 生存是最基本的诉求

魏徵属于游民中的知识阶层。其实对于游民群体来说，知识与改变命运并不是一对孪生兄弟。他们处于社会的最底层，一饱难求。对于他们来说，这个世界能够给予的实在是少得可怜，他们唯有期望在剧烈的社会冲突中改变现有的一切。他们不理会秩序，甚至希望能够激起更大的社会冲突。

在他们看来，剧烈的社会冲突和社会动乱会给他们带来更多的发展机会。

家族没有给魏徵提供什么显赫的背景、留下可堪挥霍的家资，留下的只是一些儒家典籍。综合各种史料，大致可以勾勒出一条最直接也最接近真实的轨迹，并以此推断魏徵在进入叛军队伍以前的生活状态。人生的前三十年，他的人生半径并没有放之四海，而是一直闲居于内黄家中。他的游荡足迹是以内黄为圆心，以河南、河北、山东三省交界之地为半径画了一个圈。在这期间他交结了一些江湖上的豪杰之士，这些人基本上是社会游民。

他们并不是活在帝国的官家体制内，其生存状态完全脱离了当时社会秩序的约束与庇护，游荡于城镇之间，没有固定的谋生手段，迫于生计，以出卖体力或脑力为主，也往往以不正当手段取得生活资料。

对于魏徵这样具有知识的游民来说，在穷极无聊又暂无指望的混乱社会，读书往往会成为他们最为现实的一种选择。二十年的读书生活，影响了他的一生。大约在大业七年（611 年），魏徵刚过而立之年，就出家当了一名道士，从此离开了内黄县的家乡，也同时开始了他艰难的生存之旅。

任何一个有作为的政治家身上都会具备一种普世情怀。他们在最初的人生选择中往往会听从理想主义的召唤去投身政治实践。诚如史料所言，这个时期的魏徵“落拓有大志”。落拓的生活里绽放“大志”这朵奇葩，是极其可贵的一种品质。对于魏徵来说，“大志”意味着什么呢？根据他的性格分析，魏徵的大志与那些现实的利益还是有着本质上的区别。游民在这个世界闯荡，往往有着两种人生选择，一是生存，二是发展。对于那些一饱难求的非知识型人才来说，生存是他们最基本的物质诉求；在生存的基础上，才能谈得上发展，谈得上理想抱负之类的精神诉求。

隋炀帝开创科举取士制度，以儒家经典为教材，儒学得以迅速复兴。魏徵生活在儒学回归政治主流的时代，加上家世儒业的影响，形成其浓厚的儒学思想。魏徵有别于那些草莽人士的最大区别就在于，他已经走出了纯粹为了谋生存的物化阶段。物质与财富已经不是他的人生终极目标，因为他平生“不事生业”。也就是说他根本就没有将发家致富、置产业作为人生的一道必答题来做。

古代士子们的梦里很少会有一夜暴富的场景，他们梦里出现最多的应该是范进中举式的癫狂。魏徵的职业理想并不是成为一名大地主、大商人，生于乱世，有多少财富都会化为乌有。他也不想成为一名皓首穷经的学者型人物，而是做一个“多所通涉”“尤属意纵横之说”的实用性人才。

魏徵曾经受教于隋代大学者王通。有一次王通问起他的志趣时，魏徵的回答是：“愿事明主，进思尽忠，退思补过。”也就是说他的人生理想是，辅助一位有作为的英明君王，成就一番拯世济民的大事业。

魏徵从出生到成年这一阶段，正赶上隋王朝由开国到崩溃急剧变化的历史时期。知识分子在乱世之中要实现自己的生存价值，只有一个路径，那就是依附于权力阶层。魏徵虽然家庭贫困，但是在官家制度下，他所受的儒家教育是让人如何去捍卫和巩固这一制度体系。对于魏徵这样的读书人来说，他们要实现自己的人生价值，就必须寻找真正了解自己、信任自己的明主。魏徵的寻找过程是一个极其复杂、充满辛酸的历程。

明臣只有遇到明君才能成为名臣，明君采纳明臣的建议才能成为名君。这就如同千里马和伯乐的关系，没有伯乐，千里马也只有拉破车的命；同样，没有千里马，伯乐也就无从谈起。这时候的魏徵是胸怀宝玉而无人知晓，苦于无处施展才华、难以实现人生价值。“学而优则仕”的儒家教诲使他在郁郁寡欢中急于寻找一个知己之人以施展才华。

魏徵在《道观内柏树赋》序中就抒发了内心压抑的情感：“元坛内有柏树焉，封植营护，几乎二纪（古时以十二年为一纪），枝干扶疏，不过数尺，笼于草木之中，覆于丛棘之下，虽磊落节目不改本性，然而翳荟蒙笼，莫能自申达也。惜其不生高峰，临绝壑，笼日月，带云霞，而与夫臃肿之徒杂糅此地，此岂所谓方以类聚，物以群分者哉。有感于怀，喟然而赋其词曰。”在这样一段文字中，魏徵那颗不甘沉沦于乱世的雄心壮志喷薄而出，希望自己能够超脱于世间的平凡草木，屹立于高峰绝壑之上。

机会总是留给那些有准备的人，魏徵为此足足准备了三十多年。有的人一辈子轮不上一次机会，有的人浪费了一次机会就再难以咸鱼翻身。可是对于魏徵来说，机会好像总是在和他开着不大不小的玩笑，倏忽而来，又倏忽而去，可他还是紧紧抓住了最大的一次机会，成就了自己，也成就了一个盛世明君。

魏徵最初是在武阳郡丞元宝藏的帐下，做了一名典书记，也就是类似于办公室主任之类的角色，专门负责起草收发各种文件。元宝藏起兵反隋之后，归降于李密。这样一来，魏徵就从元宝藏那个小山头跳到了李密这个大山头。如果李密能够夺得天下，那么魏徵就有可能成为李密王朝的开国重臣。

遗憾的是，李密没有给魏徵这个机会。他的败局提前到来，原因是他没有听从魏徵的用兵建议。当时的李密已经占据了隋朝最大的粮仓（洛口仓），兵粮充足，而占据东都洛阳的王世充，则陷入有兵无粮的境况。魏徵建议深沟高垒不必与其正面搏杀，过上十天半个月，军中无粮的王世充自然会撤退，到时尾追出击便可以大获全胜。

从兵法上来说，魏徵的建议不存在任何问题，可是这一建议并没有得到采纳。李密手下的长史还嘲讽魏徵道："此老生之常谈耳！"

魏徵有些恼火，回应道："此乃奇谋深策，何谓常谈？"

李密最终难逃失败的命运。李密投奔了曾经与自己有过书信往来的李渊。这时候的李渊已经在长安登基称帝。作为李密的随从，魏徵跟着李密投奔了李渊。在投奔李渊之后，魏徵经历了长时间的等待。由于李密不受待见，魏徵也跟着受到牵连，在长安待了很久，依然没有起用的迹象。魏徵主动上书李渊：愿为唐朝招降纳叛。李渊授魏徵为秘书丞，前往黎阳招降徐世勣。

魏徵多年研读的"纵横"学说在这时候派上了用场，他给徐世勣写了一封信将其招降，同时又将另一反王窦建德队伍里的山东豪杰也一并纳降。由此可见魏徵在山东豪杰中的影响力。就在魏徵准备继续施展他的"纵横"之术时，称雄河北的窦建德领兵杀到，魏徵与徐世勣父子一起陷落于窦建德的手中。窦建德是个爱才之人，把魏徵留在了自己的身边，让他专门负责起居注。起居注是专门用来记录皇帝言行的，皇帝一天说什么重要的话、做什么重要的事都要记录在册。此时的窦建德已经自称夏王，他的目标是做天下之主。

在一战定天下的虎牢关，正值当打之年的李世民击溃了窦建德的十万援军，又将四处投机、寻找明主的魏徵带回长安。对于魏徵来说，此时的他并不能确定自己会拥有一个怎样的未来。毕竟自己连续跳槽，已经给“用人单位”留下了不够忠诚的印象。

魏徵深知，这有可能将是自己人生之路上的最后一次选择，也是自己的最后一次机会。他将李氏兄弟三人的权力值进行一番综合考量，无论从政绩、声望和智慧等方面看，李世民都应该排在第一位；齐王李元吉，无论从身份、功劳和能力上讲，都不及他的两位兄长，在觊觎最高权力时都无法与他们进行一对一的较量。兄弟三人为了营私而各自结党，在结党的过程中，各种手段无不用其极。延揽人才是他们争夺的焦点所在。所有的帝国高层官员，都或多或少地卷入到这场残酷的权力斗争中。

经过一番极为慎重的利益考量，魏徵这一次将宝押在了太子李建成身上。精明如魏徵，为什么会在最重要的一次机会面前做出如此选择？作为窦建德的部下，魏徵固执地认为李世民肯定难以容纳自己，即使勉为其难地收容了自己，也不会为他提供一个良好的发展平台。在李氏父子之间，只有李建成与他不存在芥蒂与隔膜。何况太子与秦王之间在厉害关系上已势同水火，按照否定之否定原理，敌人的敌人就是自己的朋友，所以魏徵选择了太子集团。

当然魏徵选择李建成还有一个重要原因，那就是太子所具备的优势地位。

李建成的太子身份，使得太子党在高祖面前更有话语权。魏徵出身于封建士大夫家庭，自幼受儒家学术的培育和熏陶，他所认定的天地伦常秩序无非是君臣、父子、夫妇、兄弟、师徒而已。李建成是嫡长子，此时已经被立为储君，又无大过，高祖亦无废黜之意，那就应该尊重这个事实而去维护。更何况，这时候的李建成已经留守长安多年，襄助李渊，娴熟政务，礼敬贤人。太子李建成留下了魏徵，让他做了东宫的太子洗马（大约是从五品级别），在朝中属于低级官员，而且只负责管理东宫的经籍图书和文秘工作，权力的“含金量”很低。

在做太子洗马期间，魏徵多次劝说李建成先下手为强，这使得魏徵成了太子和秦王斗争中的一个活跃分子，必然会受到李世民的注意。魏徵之所以主动卷入这场兄弟之间的权力斗争，是因为李建成对他的态度是“甚礼之”。

魏徵半生的霉运不会就这么轻易就走到终点，他就像是一颗命运的灾星，在谁的天空出现，谁就要霉运罩顶。魏徵生逢隋末唐初天下动荡豪杰纷起的大时代，前前后后追随了四位出身、学识、秉性各异的主君，他的经历在那个时代的知识分子当中是比较具有代表性的。而这样一个人物能够在那之后的几百年中被树立成士大夫阶层的楷模，起码说明了一个事实，那就是在那个时代，士子阶层普遍认为对天下的责任要远远高于对某个主君的忠诚。

武德九年（626 年），李世民伏兵玄武门，太子李建成血溅当场，然后是大家最为津津乐道的历史片段。魏徵似乎又要掉进那个命运的怪圈：最繁华时最凄凉。他被带到李世民的面前，等待着命运的又一次裁决。

按照历史上的惯例，等待魏徵的不会有好的结局。透过历史的烟尘，我们依然能够感受得到发生在那个年代的动荡究竟给这位出身河北巨鹿的传统士人带来多么大的思想震撼。

李世民将魏徵喊来质问：“你为什么离间我们兄弟？”

魏徵不卑不亢地说：“皇太子如果早听我的话，就不会有今日的祸事！”

面对李世民的责问，魏徵并没有畏惧而是直言以对，大有为太子李建成死节的意思。魏徵是孔孟之徒，当“君使臣以礼”时，必然“臣事君以忠”，哪怕是赴汤蹈火也在所不辞。这是传统儒生的典型特点，也是春秋的遗风，是儒家思想教导下的士大夫应该做到的。从魏徵的经历可以看出，他不仅仅为李建成出谋划策，他还为所有礼遇他的人建言献策。这说明，他所要的不是某个强大权力的胁迫，而是知人善任的明主。魏徵骨子里就是一个儒生，他在贞观年间所表现出来的近乎执拗的进谏精神来源于儒家文化。

魏徵得到了李世民的赏识，做了正七品的太子詹事主簿。这个职务隶属东宫系统，无论是官职品级还是它所具备的实际权力都是微不足道的。对于武德九年（626 年）六月至八月的魏徵而言，却是一个在事实上权重一时的重要职务。

唐代东宫在太子三师三少以下直接为皇储服务的机构是太子詹事府，其最高领导是正三品的太子詹事。而太子詹事主簿，实际上就是太子詹事在文案方面的专职助理，也可以理解为太子詹事府的办公室主任，所有与太子相关的文件都由其保管甚至直接处理。这是一个类似储君机要秘书的职务。而在魏徵任职之时，恰逢李世民刚刚发动玄武门之变杀掉原太子李建成，匆匆就任储君之位；武德皇帝李渊还没有正式退位。从李世民当上太子到李渊正式退位，在两个多月的时间里李世民是以太子的身份总揽国家的军政大权，行使的实际上是皇帝的职权。因此魏徵这个太子詹事主簿所接触的所有工作，几乎都与军国大事息息相关。

等到李渊禅位，李世民登基，史称唐太宗，改元贞观。一个恢宏、磅礴的时代，拉开了序幕。魏徵与李世民之间明君贤臣的权力二人转时代也宣告到来。

贞观六年(632 年)金秋时节，唐太宗李世民在丹霄殿设宴，与近臣饮宴。席间，李世民突然转身向身旁的国舅长孙无忌附耳低语："在这伙大臣里，有个叫魏徵的老头，如果我不听他的进谏，他就会给我脸子看，不理睬我。你能告诉我这是为什么吗？"

虽然座位离皇帝挺远，但李世民的话还是让魏徵听了个清楚。他立刻凑过来，为自己辩解道："我进谏就是有意见，您若是不肯听取，我就只好沉默地抗议。”

李世民终于忍不住了：“你难道不会先当面应付我，转过身再来进谏吗？”唐太宗的言下之意是，做臣子的不能当着臣僚们的面让我这个皇帝下不了台，应该给我留足面子。

魏徵却不以为然道：“我如果当面顺从您，背地里再非议指责，这样做不符合圣人的教诲。”

李世民觉得魏徵说话的语气和神态充满了幽默感，便指着这个被他笑话长了“山羊鼻”的老头子说：“人言魏徵举动疏慢，我但觉妩媚。”

唐太宗的朝堂之上可谓群星闪烁，人才济济：长孙无忌、杜如晦、房玄龄、尉迟敬德……他们要么是李世民的创业班底，要么是李世民的长期合作伙伴，要么和李世民有姻亲关系。和这些人相比，魏徵毫无优势可言。

虽然门第出身到了本朝已经不是一个人前途的决定因素，但是那些出身名门望族的权贵阶层依然具备傲视其他阶层的原始资本。一个人的出身是没有办法选择的事，退而求其次，那就要看一个人的“出处”，也就是个人的政治标签。所谓英雄不问出处，那是掌握话语权的人做贼心虚之时的自我安慰。所以一个人要想在风云变化的权力场上站稳脚跟，或者同时具备良好的出身和出处，或者二者居其一。对于魏徵而言，他既没有优越出身，也没有优于他人的政治身份。更为重要的一点，那就是在他和李世民相遇之前，其个人信用几乎丧失殆尽。

辛辛苦苦打拼了几十年，连个稳定的政治靠山都没有寻觅到，每一次押宝都选错了方向，这就是魏徵在遇见李世民之前所有的职业履历。出身就更不用说了，这样的履历，让魏徵本人对自己的出处也无法梳理清楚。在贞观年间的文臣武将之中，像魏徵这样几易其主、数度跳槽的人并不多见。我们无法想象魏徵在新的权力格局中是如何安身立命的，如何面对新皇旧臣以及世人的眼光。

李世民登基之后，擢升魏徵为门下省的谏议大夫。这是一个真正的谏官职务，担任这个职务的官员最重要的职责就是对皇帝的施政和个人言行发表意见。事无大小，皆可言是非，有点儿类似于明朝时期的御史言官。李世民登基后不久，为了让更多的朝廷重臣参与到国家大事的讨论中来，赋予一些亲信大臣诸如“参议得失”“参知政事”“平章国计”之类的特殊权力，允许他们进入政事堂列席宰相会议，并对军国大事发表自己的看法和意见。魏徵这时候所担任的秘书监一职虽然不是真正的宰相，却能够以“参与朝政”的名义进入政事堂参加宰相班子成员会议。这也是他被后世之人视为“谏臣”的主要原因。事实上，魏徵的“谏议大夫”是以尚书右丞的本官兼任的，尚书右丞是个四品官，负责在帝国权力核心的尚书省当值，上面只有左右仆射两名领导。

这是一个需要按照制度在政府中枢值班处理日常事务的职务，这个职务所负责的工作也件件关乎国家的大政方针。作为“谏议大夫”向皇帝谏言并不是魏徵的主要工作，仅仅是一份兼职而已，而且魏徵担任这个职务的时间是很短的。

李世民虽然已君临天下，但是他始终觉得自己的帝位并不是通过合法手段获取，自己杀兄逼父的行为生生扯断了封建伦理道德的链条。他一方面令人着手修纂国史，试图抹去自己的罪恶；另一方面为减轻自己杀兄逼父的心理压力，迅速缓和帝国的严峻形势，李世民做了大量的表面文章来刻意修饰自己的言行，并且对原东宫集团中的人物不计前嫌，大多予以起用。尤其是在魏徵的使用问题上。李世民这么做更多是出于利益的考量，与贞观初期政治矛盾、经济形势、民族关系有着密切的关系。

在玄武门之变发生之前，李世民兄弟三人为了争权夺利，各树朋党，私下养死士，置长林兵，更将河北、山东纳入权力博弈的重要地区。李世民开文学馆以待四方之士，招纳贤才，壮大己方势力，同时又派心腹之人前往山东结纳豪杰，以取得地方势力的支持。斗争的结果虽然是以李建成、李元吉之死告终，但是李建成余党仍然散亡于民间。李世民一再颁布赦令，可是并不能在短时期安抚李建成旧部终日难安的内心，尤其是河北各州县向来是李建成的势力范围。

经过隋末乱世的一轮又一轮洗礼，帝国的权力秩序发生了根本性的逆转。山东世族特权虽然大为削弱，但是这一地区仍然拥有大量人口和武装力量，与中央政府形成对峙局面。如此一来，中央的权力触角在山东地区无法自由伸展。以关陇士族集团为权力核心建立起来的新帝国，无论其声望还是历史背景都无法与山东士族相提并论。出于政治本能，作为皇族的关陇集团必然会对山东集团进行遏制，这就会激起山东集团的反抗。让李唐皇室最为忧心的是，山东集团与原有的反隋势力形成勾连之势，这样就会加剧山东政局的动荡并波及全国，影响到李唐政权的巩固和对西北地区的经略。

李世民在执掌权力之后，他首先要考虑的问题就是，如何牵制山东士族势力。

能够牵制山东士族势力的是山东豪杰。所谓的山东豪杰在进入帝国的权力系统之后，大都已经转化为庶族地主，他们和旧士族在政治、经济利益上有着根本性的冲突。李世民要充分利用他们，使之和山东士族互相牵制，取得山东的暂时稳定。对于李世民来说，魏徵具有山东势力和东宫集团代言人的双重身份。他不但参加过瓦岗军，而且又是原太子东宫的主要谋臣之一。山东豪杰在帝国权力核心的势力之中，魏徵是最能协调他们矛盾的一个关键人物。如果李世民在玄武门之变后清除魏徵及东宫残余势力，就有可能会导致这两大势力的反对和不安。

不久之后发生的两件事使得李世民改变了初衷，也由此改变了一个时代的命运走向。幽州大都督庐江王李瑗反叛李世民，原因是李瑗曾经私下联合李建成，意图谋害李世民。与此同时，与李建成关系十分密切的天节将军燕郡王李艺起兵反抗李世民。事件虽然很快得到了平息，可是在李世民的内心却造成了极大的震动，使他认识到：在处置原东宫、齐王府的余党这个问题上，并不是只有杀戮一条路径可以选择。有时候怀柔与信任，比屠刀更有效率。

发誓成为好皇帝的李世民就此留下了魏徵等人，也就留下了一个千古良臣。魏徵曾任太子洗马，与李建成的部下比较熟悉。李世民交给他的第一件差事，就是派他去河北一带安抚李建成和李元吉的旧部。为表示对魏徵的充分信任，李世民授予他遇事可以酌情处理的权力。

魏徵在履职途中遇到两辆押解去长安的囚车，分别押着李建成的护卫将军李志安和李元吉的护军李思行，他俩都是在玄武门之变后从长安逃到河北被抓获的。魏徵利用唐太宗授予他的“便宜行事”的权力，当即将二人释放。魏徵的理由是：朝廷已经赦免了李建成与李元吉的属下，不再追究，现在又把这两个人押送到长安治罪，今后还有谁敢再相信皇帝颁布的诏令？我们奉旨安抚，谁还会相信呢？现在将他们释放，其他人就会闻风而降。

魏徵依靠自己的智慧和影响力，极大地舒缓了李世民与太子旧部之间的紧张关系。

3. 是“逆龙鳞”，还是君臣二人转

魏徵进入帝国宰相班子的准确时间，应该从他担任秘书监算起。贞观年的宰相是有定额的，按照帝国的权力秩序，只有尚书、门下、中书三省的长官才算是真正的宰相。而在这三省之中，唐太宗以前担任过尚书省的长官尚书令，在他即位以后取消了，尚书省就以两名副长官左右仆射为长；而门下省的长官定制是两名，称作侍中；中书省的长官定制也是两名，称作中书令。

这个时期，只有担任尚书左右仆射、侍中、中书令这几个职务当中的一个，才能算是真正的宰相。当时为了方便三省长官在一起讨论国家大政，皇帝专门在皇城内的门下省开辟了一间专用会议室，称作“政事堂”。由于有资格进入政事堂讨论军国大事的只有三省的六名长官，而这六名官员都是实际上的宰相，所以这里也就成了实质意义上的宰相议政之所。

魏徵在秘书监的位子上待了三年时间，随后又被提拔为检校侍中，成为帝国宰相班子中的重要一员。唐代的秘书省，实际上是一个分管国家重

要文件的机构。这一机构虽然是帝国的权力核心部门，但是对朝政并没有直接的干预权。李世民与魏徵将近二十年的君臣际遇，是一个相互成全的过程。两个人都是当世绝顶聪明之人，他们心里明白，彼此都是对方的一面镜子，碎了其中一面，也同样会碎了另一面。李世民需要魏徵这面镜子，能够在朝堂之上众口一词的背景下与自己唱唱反调，以显示帝国政治体系里民主的一面；而魏徵同样需要李世民做这面镜子，为自己照亮通往千古良臣之路。

他们用自己的表现成就了对方，同时也成就了自己。他们的表现就像是舞台上的双簧演员。一个在台前比画，一个在幕后发声；一个进谏，一个纳谏。历史早已为他们编好了脚本，他们只需要尽好一个演员的本分就可以了。李世民看到了魏徵的背后有庞大的山东集团做后盾，而自己又“即位日浅，国家未安”，必须协调各种政治力量之间的关系，使自己时时处于一种居安思危的状态，保持清醒的头脑，因而接受魏徵的“犯颜”进谏也就变得容易理解了。魏徵摸透了李世民的心思，一个试图用圣君虚名稀释内心负罪感的君王，需要一场宏大的政治秀，而魏徵就是秀场上与他共舞的那个人。

贞观元年（627 年），有官员告发魏徵，诬其结党营私。李世民就命人去查证此事，结果证明有人在背后捣鬼。御史大夫温彦博认为，魏徵虽然没有结党营私，但是既然有人告发了他，肯定是因为他在某一方面的言行有所不妥造成的。就连他平日里和陛下说话的口气和神态，都让人觉得有些僭越礼数。这虽然不是什么原则性的错误，但也应该受到责罚。

李世民令人转告魏徵：“你的直言进谏是一种爱国表现，这么多年，你为帝国做出了巨大贡献。希望不要再因为一些小事，折损了自己的好名声。希望自今以后，要时刻检点自己的言行。”

李世民借此向魏徵传递出一个信号，那就是魏徵还没有真正度过他的信用度考察期。东宫残余势力并没有消亡，像魏徵这样个性鲜明之人，并不排除重新结党的可能性。仅仅过了几天，李世民又一次试探魏徵。魏徵道："臣闻君臣协契，义同一体。不存公道，唯事形迹，若君臣上下，同遵此路，则邦之兴丧，或未可知。"

魏徵在这里告诉李世民：君臣本为一体，不可违背公道，而只在乎言行。如果君臣上下，都以此为原则，那么对国家的兴衰是极为不利的！在一个过于看重人际关系的政治环境里，人们往往为了表面上的一团和气而收敛自己的形迹，隐藏自己的个性，甚至不顾原则而说一些违心的话，做一些违心的事。魏徵最担心的是帝国的官员们为了取悦皇帝而违背原则，曲意逢迎。这样的话，朝堂就会成为一潭死水，帝国也会逐步走向衰亡。魏徵的性格以及身上所具有的责任感，决定了他不可能去扮演老好人的角色，他就是要让自己放出不一样的光芒。魏徵是幸运的，因为他遇上的是李世民。如若不然，个人的命运将会如何，还真就不好预测。

魏徵曾经就忠臣与良臣的问题和李世民有过探讨，魏徵说："但愿陛下使臣为良臣，勿使臣为忠臣。"

太宗问："忠、良之间有差异吗？"

魏徵进一步解释道："良臣不仅可以自身获得美名，还能使君主受到万世景仰。自己的子孙世代相传，享受荣华，福禄无疆。而忠臣却不仅令自己和家人死于非命，还令君主背上杀直臣的恶名，家国并丧。单单有个好名声而已。以此对比而言，相差实在太远了。"

所谓的忠臣是一个难以描述清楚的概念，站在不同的立场有着不同的衡量标准。老子认为，"国家昏乱有忠臣"。也就是说，忠臣与昏君是相伴而生的。打开中国历史画卷，人们就会看到一幕幕活生生的悲剧演绎面前，人们还会看到一串长长的冒死谏言的忠臣名单陈列眼前：殷商末期的比干被剖心，楚国的屈原逼迫投江，明朝的海瑞被打入死牢……他们都是不说真话毋宁死的硬汉子。儒家的理论强调"君使臣以礼，臣事君以忠"。也就是说，作为帝国官员有义务匡正君王的失误，但良臣遇到明君则仍为良臣，如果遇到昏君则只好去做忠臣。在忠臣与良臣之间，魏徵宁愿选择做一个辅佐明君的活良臣，也不愿意去做一个以身殉国的死忠臣。

魏徵没有失信于唐太宗，大大小小共向唐太宗献上两百多条进谏。态度决定一切，对于唐太宗来说，接受进谏的形式，要远远大于接受进谏的内容。魏徵懂得君臣攻守之道，或直白，或婉转，大部分时候还是会做到把意思表达到位还不伤唐太宗的面子。他深知“自古上书，不急切，不能动人主之心，所谓狂夫之语，圣人择焉”。

进谏与纳谏是两个概念，而纳谏与执行又是另一回事。其实魏徵也清楚，自己的进谏并没有被唐太宗完全接收，更没有转化为具体的施政蓝图。李世民追求的不过是一种明君的范儿。当他在朝堂之上充分展示出自己虚怀若谷的君王风度，当他对犯颜直谏的宽容被史官们载入实录之中后，谏言的具体内容已经变得不再重要。

对于儒家知识分子，尤其是那些文职官员们而言，最在乎的是君王纳谏的一种态度。在他们看来，一个脾气暴虐的皇帝远远比不上一个性情平和的君王来得合乎天道。在儒家政治理想中，明君圣主存在的意义，就是为了去完成他们心中“内圣外王”的乌托邦。所谓的盛世，抛去那些“神化”的虚幻外衣，也不过就是一场完美的形式主义表演。魏徵献给李世民的二百多条谏言，洋洋数十万言，还不包括那些没有落在笔端的口头谏言，其内容除了国家大事，更多是匡正君王的言行和道德操守。君臣二人唱和相酬，成就了帝国政治舞台上的千古绝唱。

在魏徵的政治观里，一个合格的天命的代表，首先应该以自己的道德做天下人的楷模。帝国的大小臣僚们希望皇帝能够以自己的德行而不是权力对帝国做出贡献。儒学臣僚们希望“皇帝”并不仅仅只是一个职位、一份职业，这是政治理想中最低级的追求，一种完全物化的政治观念。帝国权力秩序的建立依靠的是社会制度。而制度的核心价值所在就是道德。道德的外在表现形式，是每天在帝国的任何一个角落里都会迎面撞上的各种各样抽象化了的礼仪。

玄武门前无法散去的血腥，成为李世民无论如何也绕不过去的道德难题。曾有许多暴君都曾面临过类似的道德难题，不同的是，他们都没有像李世民这般迫切地想要去解决这一难题。古代有一种传说，说在龙的咽喉部位“有逆鳞径尺，人有撄之，则必杀人”。其实意思就是说绝大多数帝王都容不得臣子进谏。所以，历朝历代因犯颜直谏、触逆龙鳞而被帝王诛杀的臣子不计其数。

李世民担心的是，李建成的残余势力仍然没有消除，这股隐势力一旦被激活，还是很麻烦的事。另一方面，李世民所获得的舆论支持，主要来自于儒家知识分子。他早年所设立的文学馆，网罗了四方名流贤达，其中的“十八学士”更是享誉海内。

为了能够赢得这些儒家知识分子们所把持的社会舆论的支持，李世民需要想尽一切办法去解开这个道德难题。李世民最初的动力并不是因为想要成为“内圣”，而是为了向世人证明自己的非正统的“正统”地位，以获取尽可能多的支持。正因为如此，他才会处心积虑地大造社会舆论，将自己装扮成太原起兵的首倡者，以抹杀高祖李渊作为创业之主的地位；极力抹杀兄长李建成在创业过程中的功绩，以证明自己才是最有资格拥有这个帝国的王者。

欧阳修曾经说过一件历史段子：有一次李世民、魏徵、长孙无忌三人一起喝酒，可能喝高了，气氛比较暧昧，说话也就有点儿越界。长孙无忌跟魏徵抱怨说：“你能够混到今天这份儿上，实现自我价值，有我一份推荐的功劳吧，怎么我现在在你这儿说话就这么不管用呢？”

长孙无忌把话匣子一打开，三人就这个话题要开了嘴皮子。最后魏徵仗着酒劲儿，半开玩笑半认真地对李世民说：“我知道你这个皇帝需要我进谏，要不然我哪里来的胆量？要不是你有需求，借我这个做臣子的十个胆子也不敢，除非我不想活了。”

我们且不论欧阳修说的这件事真实与否，但是有一点可以肯定，那就是魏徵和李世民的政治双簧秀是真实存在的。一个愿打，一个愿挨。儒家知识分子希望用道德改造君王，君王有两种选择。一是相互排斥，水火不容；二是像李世民这样和谐相处，配合默契。当然这个过程和夫妻相处之道有异曲同工之妙，需要的是磨合。

唐太宗善于纳谏和勇于改过的事迹史不绝书，其“镜鉴理论”和“水舟关系论”更是深入人心，看起来是很符合寡私欲而好仁德的标准。不过让一个活生生的人，严格按照某种既定的模板运作，显然也不是一件容易的事情。

在个体的欲望与儒家知识分子寄希望于自己的仁德这二者之间，李世民一直处在一种痛苦的煎熬之中。比如他下诏大兴土木，营建东都洛阳的皇宫。在此之前，他曾经在官员们面前表态：“大造宫殿、池苑、台阁，是帝王所喜欢的，同时也是老百姓所不喜欢的。朕尊为帝王，富有四海，凡是都取决于朕。但朕确实是能够自我控制的，只要百姓们不喜欢，朕一定会顺从他们的意愿。”

事实上李世民并不是一个真正能够自我控制的人。就拿修筑洛阳宫这件事来说，整个过程让人纠结万分。为了换取天下臣民称颂的仁德，他屡次接受大臣们的劝谏，放弃修筑。当他屈从于个体的私欲而不顾一切把洛阳宫华丽丽地修筑起来后，他似乎又受不了满朝士大夫们打量他的目光，总感觉如芒在背。洛阳宫问题在纠结之中演变成了一场闹剧。他把负责工程的官员找来当着满朝文武的面痛骂一顿，指责他营造得过于奢华，免了他的官，然后下令把刚刚落成的宫殿又给拆毁了。

类似的煎熬一直伴随着李世民。在贞观年间漫长的进谏与纳谏游戏中，李世民与他的臣僚们变得越来越形式主义。官员们极力想要压抑太宗的私欲，将他纳入“内圣外王”的正确轨道，所以才会没完没了地进谏。而太宗逢谏必纳，对进谏者无不大加赏赐。口头上都是好好好，但在行动上却几乎没有什么改观。奖赏过谏臣之后，太宗想去游猎，仍然会去；想修筑新的别宫，仍然也会修筑。工作是工作，生活是生活，皇帝也是懂得享受的人啊！

魏徵的谏言并不都是委婉的。如果每次进谏都拐弯抹角，那最后就算不流于阿谀谄媚，也会变得庸庸碌碌。倘若如此，魏徵也就不可能被李世民所倚重，更不可能以“诤臣”之名享誉后世。魏徵“犯颜苦谏”的时候，“或逢上怒甚，徵神色不移，上亦为之霁威”。也就是说，该据理力争的时候，魏徵也绝不含糊。

每当李世民被魏徵的谏言刺激得怒不可遏的时候，魏徵总是毫无惧色。李世民到最后也不得不收起帝王的威风，把自己的怒火强压下去。魏徵的直言进谏虽然得到李世民的鼓励，但有些时候还是伤及了帝王的自尊心。怒火难抑的时候，李世民看魏徵也是很不顺眼，“妩媚”之臣也让人心生厌恶。有一天，魏徵触怒了太宗。散朝之后，李世民怒气冲天地回到宫中，咬牙切齿地说：“找个机会一定要杀了这个乡巴佬！”

长孙皇后在旁边听了，一声不响地退回寝殿，然后一身凤冠霞帔来到皇帝面前。李世民大吃一惊，问她怎么回事。长孙皇后说：“臣妾听说，君王英明，臣子一定正直。如今魏徵之所以敢直谏，正是由于陛下的英明，臣妾怎么能不道贺！”

李世民本来也没想杀魏徵，他这么说其实只是发泄发泄而已。现在皇后又给了他这么大一顶高帽，他当然更没有理由生气了，于是就把连日来的不愉快全都抛到了九霄云外。也正是在这一年，魏徵敏感地觉察出了太宗心理上的微妙变化。他直言不讳地对李世民说：“陛下如今不再喜欢直言了。虽然还勉强接受，但早已没有了往日的豁达。”

同样是在这段时间，魏徵开始以自己的“目疾”为借口，屡屡“求为散官”。按照儒家经典教义来改造皇帝，自王莽死于乱刃以后，就成了儒家知识分子们退而求其次的理想。明君唐太宗，正是这种理想的产物。追溯起来，这种改造与被改造，其实是从玄武门事变后开始的。事变后的太宗，急于获得社会舆论的认可，自然就和怀有“内圣外王”理想的儒家知识分子们一拍即合。

这种结合，一开始就有着形式主义和功利主义的特征。与王莽当年对“内圣”的主动追求，是不可同日而语的。所以，王莽即便是逼死自己的儿子，也仍然可以感受到道德洁癖所带来的强烈快感。但对唐太宗来说则完全相反，在对“内圣”的伪追求过程中，他无时无刻不感受到物欲所带来的煎熬。

所以，改造唐太宗的活动，最终演变成了单纯的进谏和纳谏活动，而且完全流于形式主义。太宗不断地纳谏，不断地奖赏进谏者，但对于执行进谏的内容，却一直都兴趣索然。

这种形式主义的游戏玩久了，有时候也会令人感到厌倦。贞观十一年（637 年），李世民就对魏徵发牢骚说：“进谏的人都指责朕游猎过于频繁。如今天下无事，但武备是不能松弛的，朕时而与左右之人在后苑狩猎，又没有劳民伤财，这又有什么错？”

魏徵很少有这样无奈的回答：“陛下既然让大家进谏，就应该让大家畅所欲言。如果说得对，陛下采纳了，对国家自然有好处；如果说得不对，陛下不予理会，也没什么损失。”

魏徵的回答里流露出了强烈的悲观情绪。从唐太宗的牢骚里，可以清晰地感受到一种发自内心深处的抗拒情绪。魏徵在进谏的时候说道：“陛下这些年来，一直滥用民力。而且还振振有词，说什么‘百姓无事则骄逸，劳役则易使’。”

贞观十六年（640 年），魏徵染病卧床，李世民下令把为自己修建小殿的材料，全部为魏徵营构大房屋。随后，李世民亲自去看魏徵。魏徵叩拜后正想讲话，太宗就抢先对魏徵说：“朕知道你又要来劝谏朕不要花费这些钱财帮你盖房子。朕告诉你，这些东西都没有另外花钱，因为这些材料本来就是要替宫中添一座小殿用的，朕现在停止盖小殿，把这些材料送过来给你盖正寝，并没有多耗一分国家的钱，所以你不用操心了。”

魏徵听了这话，当然感动地磕头如捣蒜。过了几天，魏徵病重，唐太宗又来到魏徵家中，抚着魏徵的手臂，痛哭流涕，并问魏徵想要什么东西？魏徵回答说：“臣不要任何的东西与抚恤，臣只担忧国家的兴亡。”不久，魏徵病逝家中。

随后的日子，李世民一直沉浸在绵长的哀思之中。魏徵的离世不仅让李世民失去了一个臣子，更是让他失去了生命中最重要的一位良师益友。

在一种难以排遣的寥落和寂寞中，李世民不禁对侍臣发出了一番感叹：“夫以铜为镜，可以正衣冠；以古为镜，可以知兴替；以人为镜，可以明得失。朕常保此三镜，以防己过。今魏徵殂逝，遂亡一镜矣！”

魏徵死后半年，李世民就开始怀疑魏徵在朝廷内有结党营私的嫌疑。后来，李世民又得知消息：魏徵曾把自己给皇帝提建议的书稿给当时记录历史的官员褚遂良翻阅。李世民怀疑魏徵是故意靠自己来博取清正之名，心里很不高兴。先前李世民已经同意把衡山公主许配给魏徵的长子魏叔玉，这时也后悔了，甚至下旨解除了婚约。到后来他越想越恼火，便下令推倒了魏徵的墓碑。

为什么李世民对魏徵的态度会有如此大的转变？在李世民的心目中，魏徵的身份既尴尬又重要。他是贞观之治这盘棋局上最为重要的一颗棋子。魏徵既不是山东贵族，又不是山东武人，他的责任也不仅仅是用来联络山东豪杰，更重要的是监视山东贵族及关陇集团，同时分合操纵帝国的政治派别，让他们既相互团结，又相互掣肘，形成分而不裂、合而不黏的局面。如果魏徵的行动越过李世民赋予的这种权力，就可能会触犯到君王的政治底线。魏徵推荐杜正伦为相。杜正伦的出身是山东豪门，所以李世民赋予魏徵监视山东贵族的作用就有可能消失，反而落了个联合山东集团文武两大势力的嫌疑。魏徵又举荐侯君集。侯君集与李世民都属于关陇集团，如此一来就等于联合了东西文武三大势力。魏徵作为三大势力的枢纽人物，这是李世民最不能容忍的地方。侯君集后来还牵涉太子李承乾谋反被杀，而这时候魏徵已经不在这个世界上。

贞观十八年（642 年）初，李世民东征高句丽失败后，有感而发：“如果魏徵在，决不会让我有今天的失败。”他一边承认错误，一边又下令重修了魏徵墓，并且让魏徵的儿子承袭了国公的爵位。李世民的真正用意是修复自己的面子，重塑自己纳谏惜臣的光辉形象。

改革者的突围
——后世人当知我谢我

中国的士大夫们有一种颇值得玩味的心态：久居林下便朝思暮想着一朝入仕过过官瘾；可一旦权柄在握，却又感到不如归去，活得逍遥自在。如果不能实现自己的政治理想，王安石一天也不想当宰相。从跨入汴京的第一天起，他就开始怀念南京郊外的槐荫流水。他听说两宫皇太后也在神宗皇帝面前声泪俱下地表示"安石乱天下"，他听说自己的老朋友司马光也正准备用他的春秋笔法好好地参他一本，他还听说自己最为欣赏、最为看好的年轻人苏轼在皇帝面前发出了反对的声音。

在王安石看来，士大夫们的意见可以不予理睬，即便民众的利益受到一些损失，那也只能算是改革付出的成本。他太过于自信，甚至发出了"当世人不知我，后世人当谢我"的慨叹。

1. 一脚踩上了一个好时代

熙宁元年（1068 年）四月，这是最为平常不过的一个早晨，宋神宗用罢御膳，就急忙召王安石入朝。这是君臣二人的第一次见面。

如果时间是由无数的历史节点连接而成，那么每个点上都会适时出现一些具体的人和事。而 1068 年的这一天是应该被记住的，因为这是王安石高光时刻的开始。眼前的宋神宗刚满二十岁，沉稳而不骄矜，略显宽大的龙袍裹不住一个年轻躯体里潜伏着的欲望与冲动。按规定，像王安石这个级别的官员入宫需要办理烦琐的手续，奏对内容也有具体限制，但是神宗给他开了绿色通道，让这一切都免了。因此史书将此场会面称之为“越次入对”。

王安石特地留意了面前这个年轻的皇帝。他丰神俊朗，神情中透着真诚与肃然。简单地寒暄过后，神宗皇帝就直奔主题。他问王安石：自己想要实现天下大治，第一步应该怎么办？

王安石回答：应该以选择施政方法为先。同样是在圣人之道的指导下，采取不同的方法，往往会得到不同的结果。

这句话切中了问题的要害，也打动了神宗。一个少年皇帝，正全身心地陷入重新塑造世界的伟大构想中。他曾经寄望于那些有着丰富政治经验的元老大臣，可是从他们那里收获到的却是“安内为先”“信赏必罚”之类空泛的告诫。王安石则完全不同，一开口就说到施政方法的选择，让他心服不已。

宋神宗继续问道：“我想学习唐太宗的做法，如何？”

王安石摆手道：“要学就学尧舜，学什么唐太宗！”

年轻的皇帝哪里经得起这样的情绪煽动。热血像蛇一样在他身体里扭动。宋神宗说：“我不愿辜负卿意，卿可全力辅佐朕，你我君臣同济此道。”

后来，宋神宗再一次单独召见王安石。宋神宗不无感慨道：“明主也要有贤臣辅佐，唐太宗有魏徵，刘备有诸葛亮，而朕又能遇到什么样的辅佐之臣？”

王安石答：“那两个人，也没什么了不起。”言下之意是：我王安石比他们都强！

神宗虽然有些震惊，但这个答案让他兴奋不已。这个王安石，究竟有多大能耐，竟敢如此狂妄？连诸葛亮和魏徵都不放在眼里！

皇帝心里没底，朝堂上下也是议论纷纷。见过狂狷之徒，没见过如此狂的人。

王安石的锋芒毕露让朝堂上的那些实权派们很是紧张。他们纷纷议论，此人早不回晚不回，偏偏选择在此时返回汴京，一定是带着某种企图和野心。京城开始流传一个难以证实的传言：道学先生邵雍几年前走在洛阳天津桥上，突然听到枝头传来杜鹃的欢唱。邵先生眉头一皱，长长地叹了一口气。同行友人问他为什么唉声叹气。他面有忧患地说，北方没有杜鹃，不出三年，朝堂之上将有南方人当权，专门变更先王成法，天下将陷入纷乱不宁。

于是乎，“南人乱政”的说法一时间传得沸沸扬扬，矛头直指来自江南的王安石。南北之分，并不是一时的意气之争。自唐朝之后，中国的经济重心从北方逐渐南移。财富所到之处，也是文化繁荣、思想活跃之所。因此，南方多的是精敏能干之士，他们大多是改革创新派的代表。

而北方以山西人司马光、文彦博，河南人韩琦、富弼、张方平为代表，他们大多是保守僵化的元老重臣，也颇得守成之君的厚爱。司马光与王安石是一对要好的朋友，他们相识于意气风发的年轻时代。司马光这时候正在修撰那部流传千古的巨著《资治通鉴》。对于王安石的此次返京，他在欢迎的同时，内心也有着隐隐的不安。

神宗与王安石可谓一见倾心，三日之内两次单独召见王安石。王安石在陈列国政弊端时，并没有提出具体的解决办法。但是他定下了一个基调：以尧舜为法，力纠弊政。他还适时给神宗打了预防针：一旦帝国启动新政，有可能会招来朝中重臣的反对。庸人浅薄无知，而小人只知道维护一己私利。

能够如此顺利地得到年轻皇帝的信任，怀揣着政治抱负的王安石自然是心潮起伏。君王深意让他不能不感动，士人的最大愿望无非是在属于自己的时代，遇上一个贤君明主，以实现自己的政治理想。官场沉浮二十载，王安石终于等来了属于自己的机遇。一道谕旨下来，王安石被任命为翰林学士。

王安石原为知府，虽然翰林学士并不是越级提拔，不过它是出将入相的一级重要台阶。就在王安石接受任命的第二天，司马光也同样被任命为翰林学士。人生路上总有一些人会与我们相伴而生，他的出现好像就是为了印证你必须要跨过的山，必须要蹚过的河。在此之前，他们曾共同力辞“起居注官”，而这一次他们又一同力辞“翰林学士”。

两人力辞的结果自然遭到皇帝的拒绝，也更加坚定了神宗起用他们的决心。朝廷要建立一套新的政治格局。而在这新格局之中，王安石和司马光这一对奇特的朋友，是一定会走到一起的。

王安石进京后，非常低调地住进自己的儿女亲家吴充家里，并没有与司马光这些老朋友主动联系，更没有登门拜访，重叙往日友情。司马光却主动给王安石写信。第一封，王安石没有回；第二封，王安石仍然没有回；第三封，王安石才写了回信，这就是历史名文“答司马谏议书”。只有先读司马光的三封信，再细读“答司马谏议书”，才能有所体悟。主张“以道胜流俗”的王安石，不可能与司马光有什么私底下的协议与妥协。

对于王安石这个老朋友，司马光曾经有过很高的评价。他说：“介甫不起则已，起则太平可令致，生民咸被其泽。”这么高的评价不仅仅因为他们之间的友情，更主要的是在十六年的地方官经历中，王安石为自己积累了近乎完美的官声人望。他不仅深受老百姓爱戴，在士大夫中也被视为这个时代的奇才。

王安石与司马光的友情建立在相互欣赏的基础上，而这种欣赏是一种发自内心的家国情怀。

关于与司马光之间的关系，王安石的说法是：“与君实（司马光）相处得既好，时日又久，只是对事情的看法每每不同，处理问题的方法也常常各异。”而司马光的看法则要悲观得多，他说：“介甫（王安石）待我历来淡薄，我因为和他几次同事的缘故，私心里总有些眷眷的同僚情分。”

时隔多年后，即熙宁元年（1068 年）八月，他们又一次因政见不合发生了激烈的碰撞。起因源于河北的大水灾，六个县被洪水包围。身为翰林学士的王安石和司马光分别提出了自己的建议。司马光建议朝臣减俸半年，以济灾救乏。王安石直接反驳了司马光的建议，他的理由是，国家富有四海，不应该从百官的俸禄上来省钱。省下这点儿钱并不能办多少具体的事，徒伤国家大体。

司马光的看法代表了当时绝大多数人的经济观。在他们看来，社会是恒常如一的，天地生财是有定数的。而王安石却认为天地生财之数并不是固定的，如果政府引导有方，将会成倍增加。

虽然宋神宗认同王安石的立场，也认为“开源”比“节流”重要，但是他还是采取了一个比较折中的方式。宋神宗是一个情商很高的人，他不想因为王安石而得罪朝堂上的大部分人。他说了一句和稀泥的话：“我同意司马光的意见，但王安石所言也不无道理。这样吧，减俸一事暂时先放放。”

一场触之即发的轩然大波就这样得到了化解，可神宗和王安石心里都应该清楚，他们即将启动的这场变法将会遇到重重阻力。王安石提出的“理财”思路，在当时社会看来，是一件非常高级的事。中国历代每一个王朝都吃够了不理财的苦头。帝国既没有收入预算，也缺少开支预算。赋税无计划地收上来，再无计划地胡乱花掉；如果不够用，就增税加赋。增税加赋也不做可行性分析，是无计划地胡加。胡收上来的钱继续胡花，胡花完了再胡收。

问题是陈年的老账，而王安石却想来一场属于这个时代的冒险之旅。

熙宁二年（1069 年）二月十三日，神宗颁下一道谕旨，翰林学士王安石被任命为参知政事，即副宰相。也就在前一天，三朝元老富弼被任命为同中书门下平章事，也就是正宰相。神宗这么做有他的考虑，这样既让王安石得到了起用，同时又给予元老重臣一定的掣肘权，以便王安石变法所带来的未知风险能够得到及时的掌控。神宗真是一个矛盾统一体，他的身体里藏着两个自己，一个是有着变法雄心、准备行尧舜之法的明君贤主；另一个则性格沉稳，对待变法持小心谨慎的态度。两个自己经常会打架，而打架又会让他内心失去主张。

王安石的两个好朋友司马光和苏轼并不认同他的变法思想。本以为他们能够理解自己，并义无反顾地支持自己，当王安石将自己的想法向他们和盘托出时，却招来了激烈的反对。

司马光已经当着神宗的面，与王安石进行了理论对撞。苏轼则认为，治天下关键在人心而不是治术，如果教化得宜，人心纯正，一切都不是问题。如果人心不正，则天下不正。对于王安石准备出台的那些改革方案，他只认可以才学取人这一条，其他都不是正道。

有人反对，也就会有人支持。送走了反对自己的朋友，同时也迎来了支持自己的盟友，此人就是吕惠卿，时任集贤殿校勘。当时王安石主持集贤院，他发现这个年轻人有很多观点与自己不谋而合，对朝政的看法也颇有见地。

除了吕惠卿，王安石又推荐了曾布（唐宋八大家之一曾巩的弟弟）。

在王安石的建议下，大宋王朝多出了一个新的官僚机构，它的名字叫作“制置三司条例司”。在宋神宗的特许下，即所谓“亲命近臣，辟选官属”。王安石顺理成章地掌控了条例司成员的任命权，使其成为中央朝廷的变法总部。条例司自创立起，就染指了中枢层面的立法权、行政权与监察权，呈现出集诸种权力于一身的趋向。

条例司的成员大都是由王安石亲自挑选并推荐的。吕惠卿任起草法律的检详文字官。王安石对他极为赏识，“事无大小必谋之，凡所建请章奏皆其笔”。王安石又让曾布出任编修条例官。其中还有吕惠卿的另一个老乡，福建人章惇。与此同时，另一位文坛巨子苏辙也被安排为检详文字官。苏辙那个大名鼎鼎的哥哥苏轼，这时候在京任殿中丞直史馆判官告院。

苏轼入仕不久，即回乡丁父忧，此时才刚刚返回汴京。《西清诗话》中记载了王安石对苏轼的评价：“不知更几百年方有如此人物。”而苏轼在读到王安石的词作《桂枝香·金陵怀古》后，更是由衷佩服，赞叹到“此老乃野狐精也”。由此可知看，二人在辞章上彼此欣赏。遗憾的是，他们的政治见解有着太大的不同。同朝为官，也就注定了两人之间亦敌亦友恩怨难明。

苏轼的父亲苏洵对王安石一直有看法，他写了一篇“辨奸论”，将王安石说成阴险狡诈的小人。王安石的母亲去世时，同朝官员只有苏洵没有到场哀悼，这件事对二人关系多少产生了一些负面的影响。苏辙出任条例司检详文字不久，就与王安石传出了不和谐的声音。他便以自己是个固执己见的人，留在这里只会误事为由，向皇帝主动请辞。宋神宗考虑让苏轼取代其弟，遭到王安石的强烈反对。他说苏家兄弟好生异论，成事不足，败事有余。

其实像苏氏兄弟这样的官场新生代，他们对于新法并不排斥。他们中的绝大多数人出于憧憬改革的良好愿景，对王安石都抱有一种期待。条例司创设之初，虽然搅动得四方不宁，但那些秉持道德操守的忠臣良相还是愿意相信这纷纷扰扰的局面只是暂时的。不过这种信任太过短暂，王安石很快就让他们嗅出了异样的味道。就在朝堂上下舆论难平之时，王安石接连任命了八个采风使，分赴全国各地进行调查。调查的目的很明显，那就是为下一步的改革铺路。

当那些元老重臣昏昏然醒来，突然发现朝堂上多了许多新鲜的面孔，国家的典章中多了许多陌生的条例；自太祖立朝以来，从来没有出现过如此令人不安的事。猛然惊觉的大臣们捂着自己的心脏在朝堂上激情上书：王安石执政两月不到，做了那么多让人无法理解的事。现在又开局设官，用八人分行天下，这分明是要动摇天下人心。

反对王安石的人越来越多。虽然他们也希望国家能够通过变法走向强大，但是他们所能接受的变法是在不引起剧烈变动的条件下，缓步以行，并通过社会各阶层的自觉努力调整与道德完善来改变社会的衰败。而王安石的新法让他们感到了不安。从变更政治、经济制度入手是他们难以接受的。

宰相富弼说，各个机构相互牵制，相沿已久，并无不善，何必大事更改。

参知政事（副宰相）唐介拖着沉重的病体也来上朝了。尽管在皇帝面前行个跪拜礼都显得颤颤巍巍，可他还是有话要说：王安石言必称尧舜，也没见尧舜时，有谁大事更张，随便设置机构。

看着眼前这一幕，王安石欲辩忘言。他所做的一切对得起天地良心，任何解释都显得多余。在长久地沉默过后，他开始反驳："我说的效法尧舜，是效法他们的精神。你们这些人因循不改，是因为不理解先王的治国之道，你们还是回去好好读书吧！"

王安石这句话狠狠拨弄了那些文人士大夫们脆弱的神经。这句话打击一大片，就连那些原本站在他一边的大臣也看不下去了。面对天下汹汹之议，王安石非但没有做出妥协和让步，反而加快了改革的步伐。就算全世界都不理解他，只要能够获得君王的支持，他那颗建功立业的雄心就不会停止跳动。

2. 从理想主义到经验主义

在王安石的一手策划下，吕惠卿起草了第一道法律——"均输法"。"均输法"一经颁布，不出所料地招来一片反对之声。甚至有大臣说，因为皇帝年轻，才会受了王安石的蒙蔽。他们语重心长地告诫皇帝，要他爱养民力，要他布德行惠，要他选贤任能，要他疏远奸佞，要他持重安静，要他恪守祖宗成法。

一个青春勃发的男人，他的人生更应该和"开疆拓土、重振雄风、扬眉吐气"这些充满了荷尔蒙气息的关键词联系起来。长于深宫的皇帝对百姓疾苦并没有直接的感受，血气正盛的他对于外侮的刺激更加敏感。他实在无法理解，何以泱泱大国却要卑躬屈膝地面对契丹与党项。特别是党项人的西夏小国，既小又穷，似乎根本没有资格成为一个国家，怎么居然也能够让大宋帝国颜面扫地，这简直太不可思议了。可是没有人告诉神宗，大宋帝国积贫积弱的状况如何扭转？华夏文明又该如何进入新一轮的复兴？如何让西夏蕞尔小国俯首称臣？又如何夺回燕云十六州？唯独王安石雄辩滔滔、充满激情地告诉他："这一切不是梦，都是可以实现的。不要说汉唐盛世，只要君臣一心，便是再现尧舜，也不过在一振作间耳。"

与其说，王安石与神宗皇帝一拍即合，不如说，是那些元老重臣将年轻的皇帝推向王安石。有学者说过，王安石因变法而取得的非常相权尽管是神宗所授予的，然而却绝不能看作后者对前者的特殊赏赐。因为神宗授权王安石是履行皇帝本身的公共职务，而不是一项私人的行为。同样的，王安石的相权也不是属于他个人的；他所以取得非常的权力是由于他代表士大夫接受了变法这一非常的任务。

在条例司的实际运作中，王安石有了皇帝的无条件支持，轻而易举就绕过那些既定的程序。"均输法"只是变法计划中迈出的第一步，这个法虽然没有产生多少实质性的影响，也没对增加财政收入有多少帮助，却传递出变法全面启动的信号。

王安石要开启一项涉及全国的重大改革——实行"青苗法"。据苏辙事后回忆，有一次，王安石在家中宴请吕惠卿与苏辙等条例司的亲近之臣。酒过三巡，他拿出一卷文书交代说："这是'青苗法'，你们看看，有问题可以提出来详议，不要对他人说起。"

王安石在私第处理国事的做法，肯定有违宋代典制。苏辙当时就提出了反对意见，他说，这个法只会成为贪官污吏盘剥百姓的一个手段。这或许也是王安石心中顾忌之处。在其后一个多月的时间里，他都没有再提"青苗法"。他没在嘴上说，但在心里已经反复思考和论证了不知多少遍。

熙宁二年九月，神宗颁诏，"青苗法"正式公布。

当时，帝国农村盛行高利贷，利滚利是较为常见的利率，事实上已经成为农民破产、土地兼并的原因之一。待到青黄不接的时候，由政府贷款给农民，收取半年百分之二十的利息，收获之后连本带利即行归还。由于此贷款以田中青苗为信用保证，所以称为"青苗法"。

用我们今天的眼光看，半年百分之二十的利率完全称得上是高利贷。可是放在当时的背景下，只相当于高利贷的三分之一甚至五分之一。因此，用此方式扶助农桑，应该是功德无量的事情。诚如黄仁宇先生所说：令人惊异的是，早在九百年之前，王安石就已经懂得：可以用信用贷款的方式刺激经济的成长；当生产增加货物流通时，即便用同一税率也能在加速周转的流通状态里收到增加财政收入的成果。

言官们真的无言了，即使有话也不想再说，因为说了也等于白说。即使全世界都不说话，有一个人也要站出来表达自己的观点，此人便是身为言官之首的富弼。富弼也没有说话，而是直接递上了自己的辞呈。皇帝拒绝七次，富弼连续八次上表。可见在这件事情上，富弼已经没有商量的余地。

神宗只好批准他的要求，给他一个漂亮的头衔：检校大师、武宁军节度使、同平章事，出判亳州，让他闲居于外。接富弼宰相班的是曾公亮，此人曾经是王安石出山的推荐人，但是在变法这件事上，他并没有站在王安石的立场上。他是一个精明的官僚，有着自己的利益取舍。神宗皇帝的态度让他陷入观望状态。总体而言，这是一个面目模糊、立场不够坚定的人。

“青苗法”的实施，就好像在平静的湖面上扔进一块巨石，百年来一成不变的北宋社会各个阶层都受到了不同程度的震荡。在这种情势下，士大夫阶层迅速分裂为旗帜鲜明的两大阵线。几乎所有德高望重的元老重臣，和除王安石一人之外的几乎所有最重要的文化名人，其中包括王安石最亲密的朋友，全部变成变法的坚定反对派。他们当中的很多人，曾经在王安石执掌大权之前，给予过他相当无私的帮助。

在得不到元老重臣支持的情况下，王安石启用了一大批新人。这些人进入官场的时日不长，聪明、热情，渴望建功立业，没有沾染官场习气。这是他们有别于那些官场老油条的地方。但他们身上所表现出来的长处和短板同样明显：缺少生活阅历和处事经验，很少经受生活与人品的考验。王安石为了推行新法，在神宗的支持下，取得越来越大的相权。但权力对他来说只是实现治天下的手段，而不是野心和私利的工具。

如果说这时候还有一个人能够与王安石正面抗衡，那么这个人非司马光莫属。虽然起用了王安石，但是神宗皇帝对司马光一直是非常欣赏的。

他很庆幸，自己的朝堂上会同时出现这两个人。他隐约地觉得，将来成就自己的一定是这两个人。他们身上有着贤良之臣的共同特点：做官没有私心杂念，一心为公为国。宋神宗起用王安石变法，这不仅是出于他对王安石个人的信任，同时也是对士大夫集体的一种尊重。因为在他的理解中，王安石的变法构想也代表了士大夫的一种共识。

神宗皇帝曾经就吕惠卿的使用问题，征求过司马光的意见。司马光说：“吕惠卿这个人算不得一个纯儒，他居心行事，有许多不让人放心的地方。做事不以国家利益为标准，而是以个人名利为重。这样的人居大位，必然会酿成祸患。此人是闽南山里走出来的，从小与狼虫为伴，这样的人岂能知晓大义。”

神宗登基两年多来，朝廷的政治格局渐渐发生转变，而南北对峙的氛围越来越浓厚。那些元老重臣大多是陕西、河南、河北等地的人，而近年来的一些新进官员大多是福建、湖南等地的南方人。和北方人比较起来，南方人过于精明，善于打自己的小算盘。北方人说话办事更为直接明快，重礼节、讲面子、讲义气。由王安石主持的三司条例司，其权柄之重已达到前所未有的程度，甚至到了“辅弼近臣异议不能回；台谏从官力争不可夺；州县监司奉行微忤其意，则谴黜随之”的地步。

司马光虽然不认同这场变法，但是他并没有像富弼、唐介那样，向王安石展开疾风暴雨般的反对。他太了解自己的朋友王安石，也了解年轻的皇帝。他们都是被自己的政治热忱蒙蔽了双眼的人，一个是重返政坛不久就急于实现自己的政治抱负，一个是刚刚继位不久就要带领臣民实现帝国的全面振兴。他们缺乏耐心，好像都在赶时间。在这个时候，任何浮言浪语都无法阻止他们的变法。唯有等待，等待这场变法出现问题，他才能有理有据，动皇帝之心。

“青苗法”带来的各种负面信息很快就从民间社会传至中央朝廷，而口径不一的奏章也像雪片一样飞入汴京的宫墙之内。轻易不说话的司马光终于开口了，他上了一道《乞罢青苗疏》。这篇酝酿已久的奏章系统阐述了“青苗法”所带来的种种弊端，以及对王安石均贫富的不同意见。司马光认为，富者之所以富，是因为他忧深思远，劳其筋骨得来的；而贫者之所以贫，是因为他苟且偷生，不为远虑，不事生产造成的。富民放高利贷给贫民，对双方都有好处。“青苗法”把贫富结合起来，互为担保。穷人得了钱就花掉，无钱可换，只得由富户代还；这样下去，穷人愈穷，富人也变成了穷人，不利于社会的稳定。

司马光说话的分量明显高于其他大臣，虽然没有动摇神宗支持变法的意志，但也让他的内心产生了一丝不安。他第一次向王安石发布指示，新法推行不可一刀切，既要杜绝弊端，又要堵住芸芸众生之口。

熙宁三年（1070 年）二月，被谪大名府的老臣韩琦也上了一道长达数万言的奏章，极言“青苗法”的种种弊端。这封奏疏，让神宗大为震惊。第二天，他召集曾公亮、陈升之、王安石等入朝，将这道奏疏给他们看。曾公亮和陈升之都言之凿凿，附和韩琦的主张，恳请神宗皇帝能够下诏停止推行新法，以安天下之心。

面对扑面而来的汹汹言论，王安石不得不为变法争辩：“变法”必然会触及那些王公大臣、富商大贾的利益，他们的反对是一种正常的反应。他们反对越激烈，说明变法越要推行下去。

王安石说：“议法之初，你们不曾有什么意见。如今推行变法，你们不为君王出谋划策，反而在这里一味地挑毛病，为异论推波助澜。韩琦说的不过是大名府一地之事，不见得全国各地都是如此。”

王安石本以为，待他说完后，神宗会像以往任何时候一样用手中的皇权压制朝堂上那些反对的声音。没料到的是，这一次没等大臣们开口，神宗先说道：“一斑知全豹，不能不谨慎行事。大臣们所言，乃是公议，你也要三思。”

这句话让王安石大感意外。这是他入朝以来，皇帝对他表现得最为严厉的一次。那些反对变法的大臣也从神宗说话的语气里读出了权力风向的变化，他们不禁暗自窃喜。

王安石陷入痛苦的思考：难道真的是自己错了？从严格意义上来说，王安石不是一个合格的帝国官僚，他只是一个怀揣着理想主义情怀的儒生。身居高位给他带来的物质享受，并不能让他感觉到快乐，实现心中的圣贤之志才是他生命的终极意义。甚至在“青苗法”推行三十多年后，亦即王安石去世多年之后，苏轼之弟苏辙在其《诗病五事》中仍咬牙切齿地写道，“王介甫（王安石字介甫）小丈夫也……志欲破富民以惠贫民……设青苗法以夺富民之利”。

让王安石没有想到的是，变法迈出的每一步都走得如此艰难，连他那两个在京为官的亲弟弟王安国、王安礼都曾经向他发出激烈之语。弟弟王安礼跪在他的面前，声泪俱下地劝他：远离吕惠卿那种小人，不然将会犯下大错，累及全族。

3. 一套非理性的理性决定

朝堂上的政治纷争并不仅限于支持与反对两派的单线型较量。就拿所谓的“反对派”来说，他们所反对的内容也各有各的说法：一是反对新法，这一群人坚定地认为王安石的新法给老百姓生活带来了深重的灾难，动摇了天下人心。二是反“条例司”，那些元老大臣们认为王安石掀起的这场变法有越级夺权之嫌，如果说这场改革事关体制，那么他所设立的“条例司”就相当于今天的“国家体改委”。

在很多人看来，王安石设立条例司，其意不在条例司本身，而在于他个人的权力触角已经从以皇帝为代表的内廷伸向外廷。任其发展的结果只能是大权独揽。这是官员们无法接受的现实。就制度层面而言，有宋一代，唯有台谏官有权弹劾百官，如今条例司动辄“劾不行之官，驳老成之奏”。

在大多数官员们看来，条例司的存在不过是权力的移花接木，在某种程度上，条例司显然是侵犯了他们的弹劾权，也有违赵宋王朝的祖宗家法。在表面的堂皇下面，总是有潜流与阴谋。

旧相韩琦所呈的那道几万言的奏章，王安石交由条例司逐条批驳，并要求颁布天下。这让韩琦十分不满，他赫然发出“中书之外，又有一中书”的现实问题，可谓一发而中要害。他请求宋神宗将条例司“事归政府，庶于国体为便”。宋神宗与王安石君臣虽然是变法征途上的同路人，但是在权力世界里，他们又分别是君权和相权的代言人。韩琦在这里有意识地提醒神宗：“你要看护好手里的君权，以防有人窥其‘间隙’。”御史中丞吕公著也随即附和：条例司没有这个权力，更不应该越权批驳韩琦的奏章。

熙宁二年（1069年）十月，刚升任宰相的陈升之，也提到了条例司揽权的问题。他明确指出，自己不会再签署条例司的公文，也不会在宰相班子会议上提举条例司的议题，条例司的权力应该归于三司。

面对双方的激烈辩解，宋神宗也感到陈升之此前任职枢密院，如今与王安石同在中书，于政体而言确有不便。他试探性地问王安石：“将条例司并归中书如何？”王安石坚决反对，他不愿苦心经营的变法总部一朝撤销，更不希望划归中书而受到掣肘，便提议由盟友、枢密副使韩绛与自己共领。

虽然宋神宗同意，将条例司暂时保留下来，但王安石心中的郁结并没有得到缓解。从人生阅历和学识上讲，他将神宗视为自己的学生，神宗对他也是尊重有加。他从内心感谢这个年轻人对自己的信赖，但他常常因神宗摇摆不定、搞权力制衡之术的做法而困扰。

在王安石看来，士大夫们的意见可以不予理睬，即便民众的利益受到一些损失，那也只能算是改革付出的成本。他太过于自信，甚至发出了“当世人不知我，后世人当谢我”的慨叹。其实朝中那些所谓的旧党，与我们想象中抱残守缺、腐朽愚昧的士大夫不同。条例司创设之初，虽然招致天下人的非议，可他们中的绝大多数出于憧憬改革的良好愿景，还是愿意支持变法、追随王安石的。

变法之初，为争取变法支持者，王安石曾经也做过努力与尝试，例如吸纳苏辙、程颢等后生进入条例司。他极力与朝中的元老大臣们相处得平和而融洽，有什么想法也和盘托出与他们商量，他希望能够得到朝中大多数人的支持。他想不到的是，所有的努力会换来一个势同水火的局面。不仅韩琦、司马光等元老大臣与侍从台谏相继传达了反对的声音，连条例司委以要职显任的七八人，也都一个个退出了王安石精心设置的权力机构。

苏轼第一次面对神宗皇帝时就勇敢地亮明了自己的观点，他说："一切政治制度和法律的变革，都应该因应时势而逐渐推行。生活与风俗变化于先，法律制度革新于后。宛如江河流转，假如用强力来控制它，只能适得其反。"

让王安石深感不安的是，等苏东坡说完，宋神宗居然没有生气，而是语气平和地说："卿之言论，朕当熟思之。"两个月后，苏东坡写了长达三千四百余字的"上神宗皇帝书"，其中不乏反对新法的言语。

像苏东坡这样初出茅庐（官居判官告院，兼判尚书祠部）的年轻官员，居然都站在反对王安石的行列里。这是王安石始料未及的，他曾经以为反对他的是那些思想固化的元老重臣。体制内的新鲜面孔不是反对变法，而是反对变法中所表现出来的急躁冒进和党同伐异。可王安石就像是一个和时间赛跑的人，等不了，也管不了那么多。

难道真的是自己错了吗？王安石内心默念着那些反对他的人。有的原本是他的政治靠山，如韩维、吕公著；有的原本是他的推荐人，如文彦博、欧阳修；有的原本是他的顶头上司，如富弼、韩琦；有的原本是他的朋友，如范镇、司马光。

王安石真的不想自找难看。那些反对变法的大臣已对他形成围攻之势，如果没有皇帝的一力干预和支持，他实在无法做到轻松突围。在关系最为紧张的时刻，王安石的儿子王雱甚至发出了"斩韩琦、富弼之头于世，则法行矣"的激进之语。他甚至鼓动父亲学一学商鞅，非常时期动用非常手段，杀几个反对者。王安石虽是执拗之人，却不是残忍血腥之徒。思虑再三，他也开始称病不朝。

也就在同一天，神宗召见曾公亮和陈升之，告诉他们暂停"青苗法"的决定。朝堂上下议论纷纷，反对变法的大臣们重新抬起头来，汴京的阳光又重新洒在他们身上。神宗对王安石称病不朝颇为不满，他命令翰林学士司马光起草圣旨，敦促王安石照常工作。

这本是一次最普通不过的事件，司马光却将其赋予了别样的政治色彩。他将自己的情绪诉诸笔端，借皇帝之口否定了王安石的变法之功，并在圣旨中大加斥责："今卿推行青苗之法，天下不安，民心骚动，乃托病不出，此非大臣待君之道。"

明眼人一眼就能看出，这并不是一道劝王安石复出的圣旨，而是反对派对王安石展开的一场口诛笔伐。也就在神宗决定废止"青苗法"的第三天，他突然又改变了主意。一个在非理性的时机下诞生的理性决定，最终也无可奈何地变成了另一种非理性。神宗之所以会如此反复，是因为吕惠卿借进讲之机劝告神宗皇帝：没有调查就没有发言权，没有调查就没有决定权。

"青苗法"究竟给这个帝国带来了什么？为什么会招致精英阶层的狂轰滥炸？王安石极力要将"常平法"改为"青苗法"，也就是将常平仓和广惠仓卖出陈米的钱用来做青黄不接时的贷款抵押。这个想法是好的，然而在实际操作中却问题多多。首先是贷款的利息并不低，标准是年息二分，即贷款一万，借期一年，利息二千。而各地在春季发放一次贷款，半年后就收回，取利二分；秋季再发放一次贷款，再取利二分。结果贷款一万，借期一年，利息成了四千。王安石变法的初衷是让利于民，结果变成了官府垄断的高利贷。其次，朝廷还给各地下达了贷款指标，灵活机动的贷款成了一项硬性摊派。地方府衙借改革之名行腐败之实，老百姓增加了负担，官员增加了灰色收入。

无论多么优美的纸上设计，在这块古老的土地上都会变得面目全非。惠及贫苦农民的"青苗法"，也在政策的传递和解读中变成了盘剥农民的一种手段。随后而至的"募役法"，本意是让百姓以付税代兵役，使人民免受兵役之苦，但是在实际操作中，又为各级官吏搜刮民财提供了一个堂皇的借口。每人每户出钱的多寡，根本没有客观的标准，全凭地方官吏一句话。

王安石心目中的良法，像是将一把血淋淋的割肉刀递到各级贪官污吏的手中。

王安石是一位高调的理想主义者。日本讲坛社《中国的历史》称他为“伟大的改革设计师”，并评价“王安石变法”是“滴水不漏的严密的制度设计”，认为“其基础是对于《周礼》等儒教经典的独到的深刻理解。在以相传为周代的各种政治制度和财政机构为模范的基础上，他结合宋代的社会现实构筑的各种新法，是唐宋变革期最为华丽的改革”，还说“如果新法政策能够得到长久继承，那我们是否可以想象，中国社会也可能同西洋的历史一样，就那样顺势跨入近代社会”。

作为一个君王，无法选择自己所掌控的那个年代。宋神宗在面对一个墨守成规、不思进取的朝局，急于改变是他为自己做出的选择。他对文彦博说：“天下敝事甚多，不可不革。”宋神宗的急切，遇上了王安石的独断，让每一个置身其中的人都陷入深深的忧虑。

司马光打着皇帝的旗号，发泄着自己内心的不满，让王安石大为惶惑。他也上了一道奏章，对司马光借皇帝之口发出的严词厉语逐一进行了反驳，甚至在奏章的最后提出了辞职。这等于将球又踢到神宗脚底下。就算是真的废止“青苗法”，神宗也从未想过要将王安石罢黜出京。他赶紧表态：“上次诏中二语，乃廷臣所拟，朕未能详察，伤卿之心，念阅之，甚愧！至于青苗之法，朕诚为众论所惑。中夜静思，此事并无大害。卿之言甚确。”

堂堂的一朝天子，能够如此诚恳地向大臣道歉，这在中国历史上也算是少见。在吕惠卿和曾布的建议下，王安石对反对派进行了一次大规模的清洗。

御使范镇被免职，以本官致仕；御使刘颁被贬为鄂州通判；苏辙、苏轼兄弟分别被贬为河南府推官、杭州通判。

原来那些出任地方官的元老重臣也再度受到处罚。富弼、韩琦遭到神宗严厉斥责。

宰相曾公亮出知永兴军，去了京兆府。副宰相陈升之母亲病故，回乡居丧。

主管进谏的御史台的御使几乎被全部撤换，王安石的支持者李定、韩绛等人进入御史台掌管舆论。

就在王安石等人准备投放自己的第三颗卫星——“免役法”的时候，司马光在熙宁三年（1070年）的进士考试中出了这样一道考题：“今之人或曰：‘天不可畏，水旱灾异，不关人事。’又曰：‘祖宗之法，未必尽善，可改则改，不必固守。’又曰：‘众人之情，因循苟且，可与乐成，难与虑始。众人之议，皆不足听。’愿闻所以辩之。”

这道题显然是冲着王安石去的。神宗将这道考题专门做了标识，并要求将其删去。第二天见到王安石时，神宗将心中憋了一夜的疑问抛给了王安石，问他有没有听说过“三不足”。

王安石一脸茫然，他每日也常常自省，也深知不足，但是具体有哪“三点不足”是神宗所指，他毫无心理准备。

神宗说：“外人云：‘今朝廷以为天变不足畏，人言不足惧，祖宗之法不足守。’昨日翰林院拟试进士题，也以此为言，此是何理？你曾说过这样的话吗？”

王安石沉吟良久，才缓缓道来。他说：“我从来没有说过这样的话。辅助皇上以来，您励精图治，每事唯恐伤民，此即是畏天。你平日特别注意听取大臣们的不同意见，怎么能说不听众人之议？至于说祖宗之法不足守，则固当如此。仁宗皇帝号称守成，在位四十年，也屡次修订成法，何况是您这样的有为之君呢？”

虽然王安石没有喊过“天变不足畏，人言不足惧，祖宗之法不足守”这句口号，但是这句口号所表现出来的大无畏精神与王安石的变法精神还是非常契合的。熙宁三年（1070年）四月，司马光抛出了自制的酝酿多时的重磅炸弹“奏弹王安石表”。

司马光一直没有和王安石走到撕破脸皮的地步，是因为他希望王安石在变法这条路上能够知难而退，或者说变法能够露出大的破绽，让他有机会一击即中。可是眼看着反对派的盟友一个个被王安石清洗出权力的核心地带，他才恍然醒悟：这将是一场鱼死网破的政治斗争，没有第二条路可以选择。

年轻的皇帝好大喜功，坚持变法不动摇的王安石又过于自信，他们都主张进行釜底抽薪的彻底改革，以期国家一劳永逸地走上正轨。在这种思路的主导下，面对旧党元老的不合作态度，宋神宗毫不迟疑地对其理想的宰相王安石赋以“非常相权”。

像王安石这样的激进改革派，此类人思路开阔、眼界极高，容易偏向固执、不妥协，变得具有侵略性。他们自以为得到皇帝的支持就可以畅行无阻，结果却一再受到反对派的强力阻挠。在这种情况下，王安石所推行的变法体制就会变得自信而武断。他会将皇帝赋予的“非常相权”运作到极致，进而排斥持有异见的其他士大夫官僚。

司马光向来以平易诚恳的面目示人，可是在反对派一系列的抗争失败后，他已经对王安石和神宗失去了耐心。饱读史书的他也就此失去了往日的平常心，对王安石的不满因为对方的傲慢和固执已经化为一种难以言明的痛恨。

司马光在这篇奏章中抛去了他所擅长的曲笔隐晦的手法，直接向王安石开炮。他说：“参知政事王安石，妄生奸诈，荧惑圣聪，首倡邪术，欲生乱阶，违法易常，轻革朝典，学非言伪，王制所诛，非曰良臣，是为民贼！”

这已经不是一篇有理说理的弹劾书了，而是一篇赤裸裸的人身攻击。一向以沉稳著称的司马光也被热血冲昏了头脑，失去了章法。他说：“臣之于王安石，犹冰炭之不可共器，若寒暑之不可同时。所以不计利害得失，攻击位高权重的他。即使今日被陛下赐死，也强于他日死于权臣之手。”他已经抱定了与王安石死磕到底、与新法抗争到底的决心。

既然冰炭不可同器，那就各自分开。很快，司马光出知永兴军的诏命就下达了。王安石和司马光同时发出一声叹息。那些相惜相知的时光已经一去不复返。王安石无法理解老朋友说出的那些偏激的言论，将他留下，也只会为改革留下一个障碍。

司马光在接到出京的诏命时，如释重负。如果这时候还留在京城，实在是一种煎熬。蒋勋说，宋朝的文人可以有两种走向。往上走，入朝当官，过很豪华的生活。往下走，可以过很简单、很朴素的生活。

这朝堂已是王安石一个人的朝堂，他留下来做什么呢？继续抗争还有用吗？眼不见心不烦，躲得远远的，完成那部或许能够流芳百世的《资治通鉴》不是更有意义吗？随着司马光的离京，反对派最重要的一面旗帜也轰然倒下。王安石的权力达到了巅峰，那些怀着不同目的参与变法的中下层官僚也各得其所，真是几家欢喜几家愁。

4. 一个天意弄人的年份

王安石的新法究竟有没有用，有多大用？如果真的能够实现富民强国，为什么朝堂上下会招来那么多反对的声音？难道那些官场巨子和朝廷新贵都是这个国家的破坏分子？难道他们就见不得大宋王朝往好的方向去？

王安石推行新法的本意，是要实现“公私两利”。青苗、免役和市易三法是新法赖以充实国库、扭转国家财政赤字的主要手段。此三法有着鲜明的特点：一是税率并没有增加；二是农民、土地主以及商人在社会结构中的固有位置没有发生变化；三是实现了王安石“理财”的目的，并未大规模改进生产工具，提高生产效率。

这是牵涉地主阶级内部各阶层之间财产和权力再分配的问题，也是以王安石为首的变法派和以司马光、韩琦、富弼等人为首的保守派进行斗争的一个重要焦点。

搜刮民间资本，国家财政收入自然增加，许多人也因为推行新法而加官晋爵，最后吃苦头的是处于整个社会底层的老百姓。这些问题都被基层官员掩盖了，而由反对派官员反映上来，又夹杂着情绪上的不客观，被王安石和神宗视为新法的捣乱分子，没有将其放在心上。时日已久，小问题拖成了大问题，大问题就有可能拖成了炸药包。三法的实施使国库明显充盈起来，但是在实际操作中却换来士大夫唉声叹气、老百姓怨气冲天的结局。王安石本人也落个既不见容于士大夫，亦也见罪于市井小民的悲剧。

随着新法的深入推进，遇到的阻力和困难也越来越大，批评的声音也越来越多。一些反对变法的大臣因为王安石在朝而辞职，这不是神宗愿意看到的。他不想因为变法将大宋王朝的权力结构弄成一党独大，那样的话，只会削弱他手中的皇权。当初他起用王安石变法，不仅是出于对王安石个人的信任，同时也是对士大夫集体的一种尊重。因为在神宗的理解中，王安石的变法构想也代表了士大夫的一种共识。

可是他怎么也不会想到，现实里的变法会如此艰难不堪，几乎每一步推进，都伴随着大臣之间的相互倾轧与争斗。

反对派得势，神宗发愁；王安石得势，他也发愁。就性格而言，他与王安石更为接近，富有魄力，看不惯因循守旧，不为正统儒家思想所局限。可皇帝的身份给他套上了一个枷锁，时时提醒着他，凡事不可任性而为。他这个坐在权力跷跷板上的人，是最难平衡的，想保持一种相对意义上的平衡都是不可能的。反对变法的大臣请求辞职，他提出挽留。王安石请求辞职，他也会提出挽留。

神宗甚至动情地说：“自古君臣像你我这样相知相惜的极少，你我既是君臣，更是师友，我从你身上学习到很多。我们之间的关系不是其他人能够离间的。你有什么要求，尽管说出来。”

历史上，像宋神宗与王安石这样君臣默契的例子绝无仅有。苏轼曾经责备曾公亮不敢弹劾王安石，曾公亮感叹道：“上与安石如一人，此乃天也。”而王安石本就性格耿直，一旦认为真理在握，就是在皇帝面前说话办事也不会客气婉转。司马光曾经在写给王安石的信里说他“素刚直，每议事于皇帝之前，如与朋友相争于室，不少降辞气，视帝王之威如无物也”。

年轻的皇帝看不惯那些在他面前唯唯诺诺之辈，他渴望真正的友情，渴望人与人之间的感情交流，而耿直坦荡的王安石无疑是最合适的人选。但是随着时间的推移，亲密无间的君臣关系还是受到了挑战。

熙宁初年，刚刚登上帝位的神宗急于摆脱眼前的困境，又加上近身之臣的大力推荐，年轻的皇帝对一个官场中年大叔采取了四十五度角仰望的姿态。这种关系虽然不能说是畸形的，但最起码是不正常的。也正因为这种精神上的仰望，遮蔽了君臣之间似有若无的矛盾，所以才会给人造成一种“上与安石如一人”的错觉。

君臣相处时日越久，彼此之间的性格弱点就会一一展现，最初留下的美好印象也会随着时间的推移而慢慢淡化。民间称呼王安石“拗相公”自有道理。“拗”字，在汉语里有倔强、偏执的意思，也就是说这个人性格古怪、品行异于常人。这样的人不容易听别人劝，做起事来一意孤行。如果王安石是一个纯粹的文人，那么他的这种性格反而成了中国传统文人的性格优点，有他可爱的一面。可身为一朝宰相，处处彰显这种率真而为的个性，对皇帝、对国家前途命运都是有负面影响的。

随着变法的深入，王安石与神宗之间的关系也出现了裂痕。君臣关系的稳定性，往往决定着变法派与守旧派、变法派与变法派之间关系的走向，是帝国官僚体系变化的风向标。

熙宁五年（1072 年），王安石开始推行“市易法”。“市易法”的推行，不仅极大冲击了大商人的利益，中小商人的利益也同样受到了剥夺。对在此之前的变法政策，神宗即使心里不满意，表面上也是支持的。可是他对“市易法”从开始就持反对意见。也正是因为皇帝不认可，变法派内部也发生了分裂。熙宁初年，曾布是王安石的坚定追随者，曾遭到不少人的攻击。王安石曾动情地说：“法初行，议论纷纷，独惠卿与布终始不易，余人则一出焉一入焉尔。”有人说，曾布之所以反对，是揣测了上意。当皇帝与王安石看上去像一个人的时候，支持王安石，就是支持皇帝；当皇帝与王安石看上去像对立双方的时候，支持王安石，也就是反对皇帝。

拜祖制所赐，大宋朝的御史谏官们拥有相当宽松的议事环境，他们不仅可以风闻奏事，弹劾认责制也很轻。大宋王朝从立国之初，君权与相权之间就逐渐形成了相对完善的制衡格局。在熙宁新法的历史大变局中，在“得君行道”的理想追求下，由宋神宗亲自授予并由王安石实际运作的相权，是导致这一制衡格局发生倾斜的第一推力。

熙宁五年（1072 年），王安石有意将一个叫程防的宦官提升为押班。丞相用人本无可厚非，结果遭到了神宗的反对。无论王安石怎么求情，神宗就是不肯松口。

如果说，程防之事让王安石深感不快，那么随后而来的这件事加剧了君臣二人的不信任。这一年的六月初九，是高太后四十大寿，群臣依例赴紫辰殿祝寿。按旧例，亲王、驸马在拜寿后，可以入座，可负责此事的李评却拟了新的礼仪，认为亲王、驸马等都不应就座。结果弄得祝寿场面很乱，高太后面有愠色。御史台、谏院甚至两府官员都纷纷上疏弹劾李评，要求治李评之罪。神宗查实之后，却迟迟不肯治李评之罪。

李评的祖父是宋真宗的驸马，是名副其实的皇亲国戚。李评虽是恩荫得官，却不是一个不学无术之徒。他熟悉典故和朝廷礼仪，又懂得智谋术数之学。每次他与同事一起奏事毕，皇帝总是会将其留下来说一些掏心窝的话，“上色未尝不欢也”。这一幕是王安石最不愿意看到的，这主要源于李评曾经对王安石出台的新法提出过严厉批评。留这样一个人整天围绕在皇帝身边说自己坏话的，是最危险的。

王安石希望能够借此机会将李评罢黜出京，可宋神宗并不这么想。在用人问题上，君臣二人又一次走向了对立。王安石虽然执拗如常，但是在这件事上，他并不是无理取闹。神宗既想保护李评，又想留下王安石。君臣之间的这场拉锯战，再一次以神宗的妥协、王安石的胜利而告一段落。一而再再而三地碰撞，让神宗与王安石之间的关系滑向一种习惯性的对立。从此后，他们的交流往往会起于争执，也结束于争执。

王安石长久以来的“帝王师”形象渐渐不复存在，而他在神宗心目中的地位也正在发生剧烈的摇晃。有人说，神宗赋予王安石的是一种“非常相权”，而这种“非常相权”成于非常时期。成于非常时期的非常相权不可缠绕皇权，不然也会走向死路一条。当相权不断放大，也就意味着皇权的不断缩小。无论是神宗，还是王安石，他们都不愿听忠言逆耳。这是人性的弱点，帝王将相也概莫能外。

自从王安石登上相位的那一天起，他就将自己装扮成了一个悲剧性的角色，无畏而决绝。在这场大变法中，他其实只有一个盟友，那就是宋神宗。皇帝是帅，他只是具体执行的将。如果这场变法大获成功，首先要归功于皇帝；而如果出现什么问题，王安石就是那个背负千古骂名的替罪羊。

有人说，不畏天的王安石还是遭到了上天的惩罚。就在变法向前深入推进之时，一场大自然的报复行为正以雷霆之势横扫大宋的天下。从熙宁六年（1073 年）开始，这场北宋历史上最大的旱灾撕裂了中原大地的经络，让长于这块土地上的子民发出了痛苦的呻吟。

这场干旱虽然已由气象史家和历史地理学家通过科学的方法得以重构和证实，但是在王安石看来，它都像是一场蓄谋已久的阴谋。无论从时间还是空间上来看，熙宁七年都是一个天意弄人的年份。身为天子的神宗又怎能不对这样一份“天意”怀有深刻的畏惧。他忧心忡忡地对王安石说：“我虽然一向不以天象为患，不过此次旱灾不同往日，你我君臣都将反身自省，看看有什么不妥之处。”这样一句蕴含自责之语，在王安石听来，更像是对他的敲打。王安石的感觉并没有错，变法的反对者们早就在等待这样一场大旱。饥民的一声哀号胜过他们在朝堂上的千百声反对。天下纷乱之象正是他们需要的新法罪证，朝堂上下再一次陷入千嘴百舌的喧嚣声中。

而在这喧嚣声里，司马光的声音最能摇动神宗之心。远在洛阳的司马光在著述他那部传世之作的同时，心思和眼睛并没有移开汴京半步。他又一次抛出了自己的奏折，目标只有一个——王安石的新法。

他列出了王安石的几大罪状：一是王安石执政六年以来，“百度纷扰，四民失业，怨愤之声，所至皆闻，古今罕比，其何故哉？”他解释了其中的原因，那就是王安石一人的倒行逆施，惹得天怒人怨。愿意追随他参与变法的人，则飞黄腾达；不愿顺从他意愿的人，则大加排斥。

司马光毫无客气地指出新法存有的六大弊端："青苗法"使百姓负担加重；"免役法"使贫者更贫；"市易法"与小民争利；"保甲法"骚扰农民；天下未实现大治，就急于发动战争；妄修水利，劳民伤财。如今天下大旱，也正是因为皇帝任用了王安石这样的奸邪之辈。要解除旱情，唯有罢黜王安石，废去新法。

神宗虽然不同意司马光将天下大旱归咎于王安石和新法，但是司马光提出的这些问题，他不得不考虑。年轻皇帝的眉头又一次紧锁。各地反映上来的现实问题让他无论如何也轻松不起来，让他不得不进行自我反省。

随着旱情的加剧，流民从四面八方涌入汴京。为了驱赶难民，京都的禁军不惜动用强力手段。马鞭所到之处可闻流民的苦叫声，刀锋所指之处可见流民仓皇躲避的身影。而这一切都被一个人尽收眼底，此人是京城里一个叫郑侠的司法参军。官职虽小，但才华并不小，画得一手好画，吟得一手好诗。

当看到那些四处流窜的饥民在死亡线上挣扎，士子的仁爱之心驱使着他拿起了画笔。他要为这些被命运抛弃的可怜人做一些事。他在家中做了一幅《流民图》，把京城流民的种种惨状描摹得栩栩如生。他又起草了一份《论新法进流民图疏》，写了自己献图的目的。

小吏郑侠冒着欺君之罪，假称军情紧急，拍马直递银台司，越级上报。这封奇特的奏折和这幅写实的《流民图》就这样落到了神宗的手里。长于深宫里的皇帝哪里真正见识过民间的疾苦。宋神宗凝望着这份奏疏，反复观图，长吁数次，放入袖中，夜不能寐。

在那个照相机还没有出现的漫长时代里，绘画成为不得自由的皇帝了解这个世界的唯一途径。只是这一次，在群臣皇帝英明、天下太平的颂扬声中，郑侠却为他献上了一幅已如焦土地狱般的画卷。他宁愿相信这一切都是艺术家的幻想，可是司马光等人的奏章也同样描绘了这一切。平民百姓的饥馑与哀号，在垂拱殿中久久地回响。

郑侠的这幅《流民图》让神宗的内心产生了剧烈的摇晃。那个锐意进取的赵顼，那个一国之君的赵顼，在与自己的臣子共生相克多年之后，猛然发现自己治下的百姓，并没有在他的带领下走进那个理想中的盛世。这种挫败感让他痛苦万分。

那一天，宋神宗什么也没有做。他将郑侠的《流民图》铺展在眼前。暮色在窗外一点点地披挂下来，笼罩着整个宫殿。那一刻，高墙深院的宫殿就好像一只倒悬的船，在苍茫的夜空里航行。宋神宗感觉到前所未有的疲乏，他就这么坐而复站，站而复坐。一夜漫长得就像是一个世纪。当第一缕晨光照亮大地时，他颁布了一道谕旨，一道没有征求王安石意见的谕旨。一是在东京城广设粥厂，倾尽官府粮仓，赈济百姓；二是各地迅速汇报灾情。

最让帝国臣民感到震惊的是这道谕旨的第三条：暂停新法，令天下人对新法发表意见。这一刻，宋神宗感觉到从未有过的轻松，他像是变成了另外一个人。他不想听王安石等变法大臣的意见，也不想听反对派的意见。他只想听从自己的内心。暂停新法，这无异于一道惊雷滚过王安石的心头。这个决定让他心生颓然的同时，也坐实了一个早就存于内心的判断：宋神宗并不如外界想象的那般，与王安石是同声共气的一个人。赵顼是赵顼，王安石是王安石，皇帝对臣子的信任从来就是建立在家国利益基础之上的，皇帝的理想无法与官员的理想实现无缝对接。暂停变法，意味着王安石所追求的政治理想有可能戛然而止。

失望之余，王安石满怀悲愤地递上了自己的辞职信“乞解机务札子”：“伏念臣孤远贫贱，众之所弃，陛下收召拔擢，排天下异议而付之以事，八年于此矣……”

如果说，王安石在此之前所做出的辞职表态，都饱含着一种难以纾解的负气成分，那么这一次他真的有些心灰意懒了。他也承认新法存在着弊端，但任何形式的变革都会有利有弊。他执政以来，一度揭不开锅的财政，实现了收支平衡，甚至有了结余；对西夏的战争，也取得了百年来从未有过的胜利。一切都在往好的方向去，可是一场不以人的意志为转移的天灾将他所有的努力毁于一旦，也再一次验证了君王的信任有多么脆弱。在推行新法的日与夜，他就像是一个孤军奋战的将士，既要与人斗，还要与天斗。有时候他真的不知道，到底是他拨弄了命运，还是命运拨弄了他。

宋神宗没有批准王安石的辞职。暂停新法并不是废除新法。他想重新梳理新政，想听到更多来自民间的声音，想看到更多真实的画卷。这么多年来，无论局势是平静，还是激荡，他都会选择待在王安石掌舵的这艘航船上，甚至一度忘了自己才应该是那个掌舵的人。

5. 未被反省的生活是无意义的

熙宁七年（1074 年）五月三日，原礼部侍郎、平章事、监修国史的王安石被罢为吏部尚书、观文殿大学士，知江宁府。虽然神宗极力想要将他留在汴京，王安石仍执意要回到江宁。

离开汴京之时，王安石写了一首绝句：“六年湖海老侵寻，千里归来一寸心。西望国门搔短发，九天宫阙五云深。”虽然他仍有一颗忠君报国的拳拳之心，但是一场天灾使他失去了相位。这个矛盾重重、弊政丛生的国家，还有那难以收拾的人心都让他萌生去意。王安石曾经把这一切想得太过容易，以为只要有了君王的支持，他这个宰相就可以画出最美、最让人满意的改革画卷。然而，这个朝堂不是他所想象的那样，就算他耗尽心力，也培养不出他理想中的尧舜之君，更培养不出改革的信徒。

士为知己者死。他一度相信，这个年轻的皇帝是可以托付政治理想的知己，而神宗也的确做到了一个有为君主对贤臣的眷顾与爱护。可是王安石怎么也无法忘记，当新法惹得群臣联手攻击的时候，当对自己不利的一切从四面八方涌上来的时候，他看见神宗眼睛里闪烁着游移的光，他听见神宗发出的一声声的疑惑。神宗动摇了。正因为那些反对派大臣捕捉到皇帝意志不坚定的信息，才会让新法的执行变得困难重重……这一切刺痛了王安石的心。

难道新法真的不得人心？如果是那样，等待着他的将会是更为严苛的审判，他还没有做好准备。没有人能够听到王安石在无数个不眠夜晚发出的悠长叹息。这，或许就是一个改革家的命，更是一个王朝的宿命。

王安石的离去，虽然提振了反对派卷土重来的信心，但是他们很快就发现一切不是他们想象的那样。吕惠卿和韩绛同时拜相。韩绛为正宰相，吕惠卿为参知政事（副宰相）。尤其是吕惠卿的上位，又一次让他们大失所望。吕惠卿是一个极有政治才干的人。当年王安石看重他的才干，荐举他任职于三司条例司。均输、青苗、免役、农田水利等法令的拟定，吕惠卿都是其中的关键人物。

吕惠卿是一个有着强烈政治野心的人，他在变法之前不过是个集贤院校理之类的小官。可以说是变法成全了他，让他进入帝国的权力核心地带。

王安石的离开不仅没有让他产生萧索寥落之感，反而让他妄生取而代之的野心。机会是给有准备的人的，而他一直在准备着。司马光离开京都，苏轼离开京都，王安石也要离开京都。没有比现在更好的机会，而他也把握住了机会。王安石的离去，让神宗将变法的希望全部寄托在吕惠卿的身上。

在王安石离开京都半年不到的时间，朝臣已成“唯吉甫马首是瞻”之势。御使争相攀附，谏官异口称颂，地方官员也以结交吕惠卿为荣，拜入门下者不计其数。朝中的权力格局并没有发生根本性的变化，不过是吕惠卿取代了王安石。不同的是，王安石的“刚愎自用”“狂狷少容”是性情使然，而吕惠卿则是权势使然。他执政后，对王安石的原定政策进行了改变。对他推行的给田募人充役的办法，王安石就持反对态度，还专门写了一封信劝他不要这么做，可他根本不买账。

吕惠卿在推行新法的基础上，又创造性地出台了所谓“手实法”，将“变法”推向深入。王安石原有新法中的弊端被放大。一时间，朝廷纷争又起，各地州府官吏纷纷上书告苦。

在这样一种时局下，宰相韩绛以为，只有王安石能够将吕惠卿这头伤人的猛虎关进笼子里。他向神宗密奏，复用王安石以稳定朝局。他的这一想法与神宗不谋而合。当初放王安石离京也是权宜之计。每每遇到议而不决的朝务，他都不由得想起王安石的见识高远。一场天灾让王安石背起的黑锅，也让他一直耿耿于怀。当韩绛提出复用王安石的建议，他欣然接受，并派出快马飞骑传谕江宁，召王安石马上进京。

吕惠卿闻之大骇，神宗这么做是对自己的不认可、不满意。他陷入愤怒和憎恨之中，他要阻止王安石进京。就在王安石抵达京城的前夕，他将自己多年来收集到的王安石的“不法证据”交给了神宗。王安石做梦也不会想到，自己的亲密战友会将自己视为敌人。熙宁初年，他在神宗面前极力推荐吕惠卿。“惠卿之贤，岂特今人，虽前世儒者未易比也。学先王之道而能用者，独惠卿而已。”其实王安石并没有看错人，如果没有吕惠卿的坚定支持，王安石的变法不会取得现在的成绩。而吕惠卿也从支持变法中，获得了自己想要的利益，并由此成为帝国权力核心层的一员。

如果说王安石的变法成于这帮支持者，那么变法也同样败于这帮支持者。这也是为什么时人将变法派视为一帮势利小人，认为他们失去了儒者最应该坚守的道德底线。

熙宁八年（1075 年）二月九日，当身居江宁府的王安石接过“复王安石平章事”的诏令时，不禁潸然泪下。

王安石虽然复职，但变法派的坚固阵营已经不复存在。他在神宗面前表态，此次奉诏返回京都，并没有多大的决心，只是报答神宗的知遇之恩。

神宗自然领会到其中话意，他也知道王安石心中仍有怨念。他让王安石打消顾虑，“君臣之间切勿存形迹，形迹最害事。”时间有时候既是一味良药，又是毒药。过去的种种伤害，或许会在时间里风轻云淡；而过去的种种美好，也有可能会风流云散，不复存在。

王安石的复位，不仅让反对派们大失所望，更刺痛了吕惠卿的神经。神宗也多次提醒王安石，不要再将吕惠卿看作忠实可靠的盟友，吕惠卿已经不是能够帮助你的那个人了。执拗如常的王安石仍旧相信自己的第一感觉。他还自欺欺人地替吕惠卿说话："惠卿屡为陛下言之，非不忠，陛下宜察此。"

吕惠卿试图挑拨神宗与王安石之间的关系，被神宗识破。神宗将话原原本本告诉王安石："吕惠卿怪你不为他办事，说你为人所诬，他极力为你辩护，而他今日为人所诬，你却一句话不说。"

神宗说："吕惠卿这个人自许太过。他说，我将你复位是为了让你推行新法，而你却一再称病，将政事全部推给了他，这是在推卸责任。"

宋神宗看透了吕惠卿的人品，认为此人"忌能、好胜、不公"。也正因为如此，他才会屡次提醒王安石。而随后发生的一件事，让王安石与吕惠卿彻底走向决裂。神宗因王安石、王雱（王安石之子）、吕惠卿、吕升卿（吕惠卿的弟弟）等人注解《诗》《书》《周礼》等经籍而推恩升职。这本是一件皆大欢喜的事。可吕惠卿将矛头直接指向王氏父子，说王雱得到提拔"极为无名"，因为王雱在此期间生病，并没有参与这项工作。

吕惠卿从熙宁八年六月至十月被罢免，期间多次提出辞呈。神宗问他为何"无事而数求去"。吕惠卿也不隐晦，而是直言道："顷安石之躯，一时乏人，所以受命不辞。安石复来，理当决去。朝廷可以无臣，而不可以无安石，此臣所以求去也。"

有你无我，有我无你，变法路上相携相助的盟友就这样成为水火不容的对手。吕惠卿居然利用一桩"谋反案"，将王安石逼向绝路。余姚主簿李逢，借宗教活动进行谋反活动，牵连道士李士宁。吕惠卿想起这个李士宁与王安石有过交往；身陷牢狱的李士宁屈打成招，交代了自己与王安石的交往。

王安石抱着清者自清的姿态，冷眼旁观着这场迟早要来的风暴。他怎么也不会想到，最后给他致命一击的人，会是他最亲密的战友吕惠卿。汴京的春天总是来得不急不缓，阳光透过延和殿的廊柱檐角均匀地洒在上午朝的官员们身上。这本是风波不惊的午朝时间，却因为御使蔡承禧突然发难，而变得突然紧张起来。蔡承禧向吕惠卿发起弹劾。

由于吕惠卿不得人心，一场以攻击王安石为目的的弹劾，结果矛头却指向了吕惠卿，甚至揭发了一起贪腐案——华亭弄权奸利案：变法过程中，吕惠卿与其弟吕升卿强借华亭富农朱华等人五百万钱，用以私置田产五百顷。

有着强烈进取意识但心胸狭窄的吕惠卿就这样结束了政治生命中的黄金年代。王安石与吕惠卿的决裂，及吕惠卿的被贬，表明曾经非常坚固的变法派同盟也已分崩离析。

这场弹劾吕惠卿的大戏并不是王安石主导的，而是由他的儿子王雱私下运作的。被贬谪陈州的吕惠卿抓住这一破绽，揭发王安石“弄权矫令，罔上欺君”的罪行。此事使王雱无地自容，激愤之下，竟然一病不起。

苏格拉底说：“未被反省的生活是无意义的生活。”这场疲于奔命的角力让王安石根本停不下来。吕惠卿被贬，儿子王雱卷入其中。王安石已经意识到，这一切该结束了。

熙宁九年（1076 年）六月，儿子王雱病逝于京都。王安石禁不住这个沉重的打击，坚决递上了辞表。放下心中执念，临风而立，王安石感觉到从未有过的轻松。面对熟悉的京城风物，面对那些转眼成空的功名利禄，王安石对自己从政的价值产生了深刻的怀疑。他自幼饱读诗书，一心报效朝廷。充溢他胸襟的，是对功业的欲望与渴求，而那个被他报效的朝廷，却始终拒绝任何改变。到头来，改变的只有自己，他的遭遇既非第一个，也不是最后一个。

王安石晚年极少在朝廷大事上再发言论，唯有苏轼因“乌台诗案”受到牵连而入狱，他才提笔展纸，为营救苏轼，写下了贬居江宁两年来第一份奏表。几年后，苏轼改知汝州，在赴任途中，路过金陵，特意去看望了王安石。他在江宁逗留了一个多月时间，两人留下了许多唱和佳作。放下政治不谈，只管吟风颂月，他们的心才能得到深深的契合。

一年后，王安石的心脏停止了跳动，终年六十八岁。三个月后，他的老朋友、老对手司马光也永远地闭上了眼睛。即便是在有宋一代，王安石的遭遇也绝无仅有。无论如何，属于王安石的时代就这样匆匆忙忙地画上了句号。

英雄者的命运
——风波亭外的玄机

一个武人选择投身于宋代是不幸的。赵匡胤在“杯酒释兵权”的同时，开始大批起用文官。其中的道理并不难理解，那些军功在身的武将们随时可能威胁政权，而文人们最多是写篇文章指桑骂槐，就算是夹枪带棒也撼动不了赵家的王朝。有了皇帝撑腰，那些在重文轻武风尚熏陶下成长起来的文人，有着与生俱来的优越感。他们一直歧视、压制武人。到了南宋初年，情况发生了根本性逆转。武将不仅敢于站出来与文臣分庭抗礼，而且常侮慢文人。武将在权力、地位和态度上的变化，引起了高宗皇帝和整个文臣集团的强烈不满与恐慌。从建炎年间直到绍兴议和，十多年间，朝野上下一片收夺兵权、恢复抑武传统的呼声。历史走到这个阶段，算是扭成了一个死结。三方相持不下，谁都输不起，也不愿意输。

1. 武人性格带来的伤害值

对于赵构来说，靖康元年的正月十四是一个艰难而伟大的转折和开端。山河破碎，风雨飘摇，从养尊处优的亲王到平白捡了顶皇冠。闭上眼睛，这些年他所经历的悲苦和幸运都像是一场潦草得不够真实的电影。想起来既感到后怕又让他心生侥幸。金人的进逼和武人的坐大成了他心头难以消解的隐痛，他也只能委曲求全。

绍兴十一年下半年，宋金议和终于告成，而岳飞军事集团也被一举粉碎，王朝中兴的历史就此翻开了新的一页。在大理寺的奏章上，判岳飞、张宪死刑，判岳云流刑。赵构忌惮于岳云的勇武，最后还是要了他的命。

高宗赵构，是宋徽宗的第九子，人称“九哥”，封康王。身为九皇子，按照皇权继承人的排序规则，在正常情况下，赵构根本没有当皇帝的可能。又加上朝廷为防“内乱”，抑制皇子宗室。在金人铁骑横扫中国北方的时候，九皇子赵构只能在宫廷里研习琴棋书画，热衷于声色犬马，与政治保持着距离。北宋末年靖康之变，父亲、兄长（即徽、钦二帝）都被金人掳往北方，赵构突然有了当皇帝的可能，并最终登上了皇帝宝座。他对于徽、钦二帝的心态相当复杂。在当时，二帝被俘，不仅意味着一个赵家政权的垮台，而且是一个民族耻辱的标记。因此，“迎回二圣”的口号，成了当时抗金斗争的重要目标，也是激励抗金斗争的一面旗帜。

高宗在表面上不得不打出这面旗帜，但内心却是极其害怕、极不情愿的。后来徽宗死在金国，高宗怕钦宗回来，威胁自己的帝位。金人深知高宗的心理，不轻易放回钦宗，利用钦宗这张牌来打政治仗，作为军事上失利的护身符。

岳飞在北宋末年投身军旅，建炎三年（1129 年）才算正式亮出他的“岳家军”的旗号。在这五年时间里，岳飞从名不见经传的普通士兵成长为一名重要的军事将领。建炎四年（1130 年），岳飞在越州献俘之际得到高宗召见，在此次召见中显示了自己的军事远见，这也是高宗第一次见到岳飞。高宗任命岳飞为通泰镇抚使。高宗认为：“用将须择孤寒忠勇、久经艰难、亲冒矢石者。”

我常常会有这样一个假设：如果岳飞真的能够如他自己所愿，实现“直捣黄龙府”的政治抱负，那么岳飞还会是今天活在我们大部分人心目中的那个悲情英雄吗？历史学家许倬云也做过类似的推断，不过他的话让人听来觉得刺耳，但刺耳的话往往最接近现实的可能。许倬云的推断是，如果岳飞真的做成了，也可能变成桓温和刘裕。桓温是东晋早期名将，三次北伐力图收服中原，晚年揽权试图废皇帝自立，未果而死；东晋晚期名将刘裕对内平战乱，对外两次北伐，最后逼迫东晋皇帝禅让，建国号宋。

没有成为现实的假设只能是一朵想象的浮云。岳飞之所以成为英雄的标杆式人物，不是因为他在现实的功业上取得了大成功，也不是他在可能性上可以取得多大成就。岳飞之所以成为岳飞，或许是因为这种导致其失败、被陷害的人格使他与那个屈辱苟存的大时代迥然有别，在其个人被杀的悲剧和屈辱和议的历史中，彰显了他作为一个悲情英雄的伟大。

绍兴十一年（1141 年）冬，在临安府的国家最高监狱里，蒙冤受困于此的岳飞已经多日没有进食。而那些仰慕他的狱卒实在不忍见英雄落难，偶尔会开解这位曾经叱咤风云的将军。在一次交流中，有一个狱卒长叹一声，对着镣铐缠身的岳飞说："我平生一直认为岳飞是个忠臣，所以恭谨服侍，不敢稍有怠慢。如今看来，岳飞不过是逆臣而已。"

这句话让身陷囹圄的岳飞大吃一惊，他不解地问其原因何在。

狱卒说："君臣不可互相猜疑，否则就容易出乱子。君主一旦怀疑臣子，就会把臣子诛杀；臣子一旦怀疑君主，就会选择背叛。如果臣子被君主怀疑，却没有背叛，最终仍难免被君主继续怀疑而诛杀；如果君主怀疑臣子，却没有诛杀他，臣子也难免继续怀疑君主对自己的信任，而最终选择背叛。如今皇上怀疑你了，所以把你送进监狱里，你怎么可能还会有出去的道理！死是肯定的了。少保你若不死，出狱后，君臣继续彼此猜疑，怎么会不反！既然最终会反，你自然就是逆臣。"

一个小小的狱卒就这样道出了岳飞命运的最后玄机。道理很简单，一旦功高盖主者触动了君王的猜疑心，个人的道德品质在权力的祭坛上也就会变得命运叵测了。"信而见疑，忠而被谤"，就算是精忠报国的英雄也难以逃脱游戏规则的藩篱。此时的岳飞不在沙场点兵、疆场浴血，却被陷害于此，这不是命运的意外，不过是官场上逆向淘汰机制的彰显。历史的轨迹从来就没有跑偏过。你死我活的权力之争不过是台面上的提线木偶戏，归根结底是政见路线之争。

史料里没有交代岳飞对狱卒这句话的具体反应。依照岳飞的性格，他应该是无言以对。岳飞即使开口，他又能说什么呢？现实世界只要与忠君爱国扯上关系，那些雾里看花的历史就会立刻变得清醒起来。自以为满腹冤屈的岳飞，在这个直抵内心深处的问题面前也变得沉默无言。

南宋理学大师朱熹在与陈亮谈论怎样成为“真正大英雄”问题时，有着非常精辟的见解。他们的观点是，“真正大英雄者，却从战战兢兢、临深履薄处作将出来，若是气血豪忿，却一点使不着也”。也就是说，一个人如果不懂得谨小慎微，性情过于刚烈，也成不了真正的大英雄。如果岳飞有机会拿朱熹的这面镜子照一照自己，他会发现，自己的性格特质恰好缺少“战战兢兢、临深履薄”这一成分。因此，他也就难以进入朱熹所定义的“真正大英雄”的行列。

人的雄心和野心只有一纸之隔。一捅之下，焉有不破之理。也许今天是雄心，而明天有了气候就成了野心；又或者是本来就有一颗野心，不过是藏得隐蔽而已。

岳飞的悲剧与其说是一场政治悲剧，倒不如更确切地说是个人的性格悲剧。建炎元年（1227 年）夏，岳飞还只是一个从七品下级军校。面对这半壁河山的政治舞台，不入流的军校也跃跃欲试，在一种近乎亢奋而不安的心情中，寻找着突围的路径。靖康年带来的屈辱，让这个重文轻武的王朝已经不再相信退让求和能够给他们换来现实的温饱和国土安全。

在金军大营做过人质的赵构好像被吓破了胆，对付金国只有两大法宝，一是逃跑，二是议和。金军攻入扬州城那一天，他居然能带着一帮闹心的官员和美人一路狂奔到瓜州。在无边的夜色里，他望着扬州方向的冲天火光，内心充满了侥幸。他在给金国的议和书中苦苦哀求：“我现在守则无人，奔则无地，所以只求阁下可怜我。我愿削去旧号，使天地之间尽为我大金国所有，这样也可免去阁下劳师远涉，大动干戈了。”

宋朝不缺钱，可是金人的目标已经不再是钱。北方的极寒天气让他们的生存变得异常艰难，他们要的是可以繁衍生息的地盘。金钱可以买来一切，却无法安顿野心。岳飞显然看到了这一点，他没有选择等待，而是毅然投书朝廷，越职言事。他在奏书中言道：“陛下已登大宝，社稷有主，已足伐政之谋。而勤王之师日集，彼方谓我素弱，宜乘其怠击之。黄潜善、汪伯彦辈，不能承圣意恢复，奉皇驾日益南奔，恐不足系中原之望。愿陛下乘敌穴未固，亲率六军北渡，则将士作气，中原可复。”汪、黄系南宋高宗朝初建时左、右宰相。

一个小小的偏将，对朝政一知半解，却敢于指斥宰执，勇气固然可嘉，但是如此浮躁、轻脱的性格，却绝非个人命运之福。结果岳飞被革掉官职、削去军籍。这个版图正在慢慢蜕化的帝国，变得越来越繁华，可也越来越惧怕战争。稍有风吹草动，君王和他的大臣们就变得失魂落魄。

岳飞是行伍出身，史料对其评价是“少负气节，沉厚寡言，性刚直，意所欲言，不避祸福”。在他身上不光有中原人特有的粗犷质朴、刚直倔强的性格，更有行伍者的深沉与韬略。他的那些广泛流传的宣言，如“文臣不爱钱，武臣不怕死，天下当太平”“冻死不拆屋，饿死不掳掠”，说明他有着不一样的抱负，而且自己也是身体力行。他与家人的生活相当俭朴。妻子偶尔穿了一件丝质衣服，他一定会让她换成低档麻布的。平时的饭菜，也大多只是一盘煎猪肉和几样面食，基本上没有两样的荤菜。身为军界高官，他领取的料钱（工资）和公用钱（各种补贴和招待费）相当可观，可他拿出来充作军用。当时驻守川陕的大将吴玠听说岳飞只有一个妻子，没有纳妾，于是就送给他漂亮的女人。那时候，士大夫之间以美女作为礼物很正常，而且是一件风雅之事。可岳飞偏偏不解风情，当即派人将这女子送了回去。

大理寺关于岳飞案的判决中有“家产籍没入官”的内容，这是对赢者通吃的政治定律最富于仪式感的诠释，也是在失势者的伤口上再度施虐。岳飞的遗产由秦桧的小舅子王会负责抄没。他历时数年，才理出一份抄没清单。

钱：三千三百二十二贯八百六十三文；

田：七顷八十八亩一角一步；

地：十一顷九十六亩三角；

水磨：五所；

房廊草瓦屋：四百九十八间；

另有麻布和丝帛三千余匹，米麦五千余斛。

作为岳飞这个级别的将领，光是朝廷赏赐就相当可观，进京觐见要赏，重大节日要赏，打了胜仗更要赏，每次至少有上千两银子。而清单上抄没的现钱只有三千多贯，相当于一千多两银子。他的钱大多置办了土地和房屋，然后再把土地和房屋出租，收益则用于补贴军需。有些清廉需要靠不断重复的语言来支撑，而岳飞只需要这张精确到几文钱的抄没清单。

有人说，岳飞的内心有着足够强大的洁净度。正因为干净，他才容不得不干净的人和事。《三朝北盟会编》记载，有老百姓到岳飞驻军所在地状告其舅父姚某，或许是因为事情带来的危害性并不大，岳飞只是让自己的母亲出面将舅舅责备一番了事。

可是没过多久发生了一件令世人为之震惊的事。这一天，岳飞与舅父姚某一起骑马出行。就在二人策马并行之际，舅父突然催马超过岳飞，然后回头射了他一箭。虽然只射中了马鞍，却让岳飞虚惊一场。岳飞怒不可遏，挺枪驱马上前将舅父生擒活捉，然后捆绑于墙柱上，令其动弹不得。这时候让所有人感到意外和胆寒的一幕出现了，岳飞取过一把利刃直接插入舅父的胸膛，慢慢地剖开，从胸腔内拽出一颗尚在跳动的血淋淋的心脏。

姚太夫人责问儿子："何遽若此！"

岳飞回答道："若一箭或上或下，飞死矣。今日不杀舅，他日必为舅杀。"

《三朝北盟会编》内容的真实性有待考证，后世对该书的内容也颇多争议。不管是谁，当他在历史的演进过程中被推至一个道德高度之后，个人形象总难免从立体退化到平面，从错综复杂的多维，退化到高大全的单维，岳飞也不例外。在宏大的叙事背景之下，忠君爱国、民族英雄，这些大而化之的道德符号就像是一块又一块遮羞布。

英雄从来就不是完人，岳飞亦如此。翻检史料，他在性格方面的缺陷俯拾即是。他的第一任妻子刘氏在战乱中失散多年，为生存计，不得不两次改嫁。岳飞功成名就之后，韩世忠在自己军中偶然发现了刘氏，此时已经嫁给一个小吏为妻。

韩世忠写信给岳飞，让他“差人来取”刘氏；岳飞没有回音。韩世忠无奈，于是将此事上报给高宗皇帝。岳飞才不得不上奏解释：“臣我当日履冰渡河，留下刘氏侍奉老母，没承想她竟两次改嫁，臣我切骨恨之。现已差人送钱五百贯，以助其不足。”（《三朝北盟会编》）

岳飞在这份奏章里撒了一点儿小谎。《建炎系年要录》的记载，与岳飞本人的申辩略有差异：“其妻刘氏与飞母留居相州，及飞母渡河，而刘改适。”刘氏没有主动抛弃姚太夫人，而是在姚太夫人渡黄河南下之后，在战乱中因为无依无靠而改嫁的。宁为太平犬，莫作乱离人。刘氏不过是那个时代千千万万走投无路的乱离人中的一个。

人是会变的，尤其是那些怀揣着奋进理想的人。在刚开始的流亡生涯里，岳飞和他的那些军中将领们建立起了手足般密切的关系。前军统制傅庆就是岳飞看重的一员悍将。正因为如此，傅庆在人前表现得恃才傲物，将长官岳飞视为自己平辈而交的朋友。他经常在人前吹嘘说：“岳丈所主张此一军者，皆我出战有功之力。”

就连平日手里缺钱花，傅庆也总是会大咧咧地找到岳飞说：“岳丈，傅庆没钱使，可觅金若干，钱若干。”岳飞总是会慷慨相赠，全然不以为意。这种失了上下名分的关系，在最初的打拼岁月里可以成为人与人之间的感情黏合剂。但是当岳飞成为镇守一方的将帅之后，情况发生了变化。

《三朝北盟会编》如此记载：“及飞为镇抚使，恃法严肃，尤不可犯，而（傅）庆不改其常。飞待之异，庆颇觉之，不喜。”也就是说，这时候的岳飞对傅庆的态度在不知不觉中发生了不友好的改变。傅庆有所感知，为此很不高兴。

也就在这时候，刘光世派部将王德前往高邮抵挡金军，岳飞也派了傅庆前去支援。傅庆以前曾是刘光世的部下，他在王德面前流露出自己想要重新回到刘光世麾下的愿望。后来，这个事情就传到了岳飞的耳朵里。

随后，岳飞开始部署处理傅庆的计划。他召集了麾下所有的统制官，让他们比试弓箭的射程。傅庆连射三箭，每一箭的射程都超过其他统制官。但是在赏赐的时候，岳飞却故意将战袍、金带赏赐给了王贵。

《会编》详细记载了接下来发生的事情。

傅庆抗议："当赏有功者！"

岳飞问道："有功者为谁？"

傅庆回答："傅庆在清水亭有功，当赏傅庆！"

岳飞大怒，"叱庆下阶，取战袍焚之，褪毁其金带"，对众人宣布："不斩傅庆，何以示众！"

傅庆的死是一桩冤案。岳飞当年擅自脱离王彦，按军法当斩，因为宗泽将军惜才，将其留而不杀。而傅庆不过是发了一通想要脱离岳家军而去的牢骚，并没有真的付诸行动，岳飞却容不下这位立下了诸多汗马功劳的猛将。一个缺乏宽容的将领会让身边人缺乏生存的安全感，而这种不安全感是一柄双刃剑。

岳飞杀傅庆主要是因为当时南宋各军团之间强烈的排外情绪。韩世忠的部队叫作"韩家军"，张俊的部队叫作"张家军"，刘光世的部队叫作"刘家军"，岳飞的部队则是"岳家军"。各路家军之间，用当时宰相赵鼎的话来说，是"相视如仇雠，相防如盗贼"。军队私人化的程度到了极为严重的地步。岳飞在这里设了一个圈套，或许是为了试探傅庆，可是傅庆的表现激怒了他。

绍兴元年（1131 年），岳飞驻军洪州，一次与时任江西路兵马钤辖的赵秉渊对饮，大醉之后，竟对赵秉渊施以暴力，几乎将其殴击致死。后来当朝廷准备将赵秉渊调拨给岳飞时，念起往日仇怨的赵秉渊激动地表示，就是将自己就地正法也不做岳飞的下属，朝廷只好将其改调到了刘光世的麾下。岳飞嗜酒辱人的毛病在军中的影响很是恶劣，最后竟传到了高宗的耳朵里。高宗只好下了一道谕旨，告诫他今后不许再酗酒。

岳飞在性格上所表现出的刚烈度，在很多事情上一次次地显现，并伴随他的一生。即使在官场上已混迹多年，也经常能够见到他性格中的那些不和谐因素。按理说，作为一个心智成熟的帝国官员，岳飞应该谙熟为官之道，能够很好地控制自己的情绪，在明暗交错、朋党倾轧的上层集团学会明哲保身。但现实却并非如此，他的性格不仅没有改变，反而随着功名的递增，变得更无忌讳。

2. 来自顶层设计的算计

对于赵构来说，经过这些年的左右折冲和上下折腾，他的执政理念中已经形成了几条颠扑不破的基本原则。他虽然不是有宋一代执政时间最长的帝王，但是他的绍兴年号却是有宋一代历时最长的年号，前后达三十二年。作为一种写在旗帜上的执政纲领被长期高举和坚持，说明这个人的内心足够强大，一旦认定了的事是很难改变的。

追究岳飞的真实性格，是我们今天解读岳飞命运的两把钥匙之一。而另一把钥匙则是南宋王朝那场必然要刮起来的风——来自顶层设计的权力算计。当这两把钥匙合二为一时，也就等于开启了通往绍兴十一年那个冬天的风波亭的大门。

在帝国文武之争的热闹的表象背后，其实就是一个关系到政权核心价值的顶层设计。顶层设计者们必须确保皇帝对将领和军队的绝对领导，就算军队的战斗力薄弱，也没多大关系，关键是必须绝对服从。皇家军队是保证皇家生存安全的武装，而家军的生存路径则是以服从军队创建者的指令为第一要务，其次才是皇帝的指令。

绍兴十年（1140 年），“绍兴和议”前一年，金军又开始了周期性的入侵。这一次，他们祭出了一种恐怖的战阵，名叫“拐子马”。这个战阵里，三匹马为一组，并排横连，如一团黑云，似乎要把岳家军彻底荡平。他们没有想到，岳家军个个不要命，他们手持砍刀，趴在地上，当“拐子马”冲过来时，他们就用手里的砍刀剁掉马蹄。

完颜宗弼（金兀朮）惊奇地看见马蹄一只接一只地翻滚到天上，眼前血迹交错飞舞，战马连带着扑倒，横七竖八地在大地上抽搐和嘶鸣。尘埃落定时，视线的尽头浮现出的，是岳家军锃亮的铠甲。

他仰天悲鸣：“（我军）自海上起兵，皆以此（拐子马）胜，今已矣！”

岳家军之所以如此勇猛，是因为他们心里有未雪的耻辱。那种深切的耻辱，把他们搅得坐卧不宁，最终化成不可匹敌的凶狠，在战场上迸发出来。家军体制的形成，与岳飞没有直接关系。岳家军不是第一支，也不是最后一支。所以要以此论罪，岳飞连最基本的罪过都算不上——虽然朝廷在使用岳家军时，始终抱有一份忌惮，收放皆不自如。

赵构刚刚即位的几年时间里，南宋小朝廷风雨飘摇。金人挥舞着马刀对南宋政权和宋高宗赵构穷追猛打，赵构君臣一直逃亡于路上，不断向金人乞和。金人并不买账，必欲灭亡南宋、生擒赵构不可，他们根本不把高宗当作谈判对手。一个即将亡国的君主，根本就没有谈判的资格。各路家军崛起之时，正是帝国生死存亡之际。在这种情形下，以高宗赵构为首的顶层设计者们不得不给武将一定的权力和地位，让他们为朝廷效命。与此相应的是，北宋以来一直受压抑、受歧视的武将，在南宋初年出现了一个权力扩大、地位上升的时期，武将有了对军队的固定指挥权。

北宋时期是“兵不识将、将不知兵”，兵将两分离。而这一时期，将领可以固定地控制所统领的军队，甚至称作“某家军”。在朝廷无力供养、更无力制约军队的时候，若想让一支军队具备凝聚力和战斗力，家军体制自然是不错的选择。自己筹饷，自己练兵，这也是为什么南宋初年所有重量级的军队，以淮东楚州为大本营的韩世忠军、以池州和庐州为大本营的刘光世军、以建康府为大本营的张俊军、以鄂州为大本营的岳飞军，以及远在四川的吴玠军，最后都不约而同地选择成为“韩家军”“刘家军”“张家军”“岳家军”和“吴家军”。这背后，有着那个特殊时代的特殊烙印。

从遍地狼烟，到权力场上一连串的洗牌，南宋的军事版图上只剩下“五大家军”。与南宋初年相比，南宋这时候的军事力量已经迈上一个大大的台阶。五大家军正式成型之后，对金国的防御体系已趋于完整，最起码这时候的南宋君臣再不必逃亡海上。但军队私人化的弊端也是显而易见的，家军之间严格划分界限，彼此猜忌，联合作战时往往互拖后腿，正所谓“相视如仇雠，相防如盗贼”。

岳飞蒙冤而死，满朝文武多不敢言，只有韩世忠当面质问秦桧。当秦桧以“莫须有”三字回答时，他气愤道：“‘莫须有’三字何以服天下！”

秦桧根本就不需要顾及天下人的想法，因为他有着强大的后盾。

岳飞的罪名是秦桧一手策划出来的，这就是事件的真相。然而这一切都由宋高宗的一双隐形巨手在幕后操纵。按照岳飞这时候的身份与影响力，绝不是一般的诬陷可以动摇得了的，更不可能将其陷害至此。如果是一场查无实据的“莫须有”，更不可能成为铁案一件。

以当时的政治形势，岳飞在抗金的路上已经取得了一定的优势。如果按照这种态势发展下去，击败金军并成功接回被掳的徽、钦二帝，有可能成为现实。当梦想照进现实的时候，高宗却无法接受这一切。暖风熏得游人醉，直把杭州作汴州。偏安一隅的高宗重用岳飞只是为了保护自己，他压根儿就没有想到，岳飞会走得那么远。迎回二帝，就意味着自己的皇位将受到挑战。权衡之下，高宗可以做出的选择并不多，而其中最为有效和稳妥的办法就是让岳飞停下前进的脚步。

世人只看见秦桧在整件事上的推波助澜，却看不见高宗那只无形的权力之手。别人看不见，但秦桧心里清楚。所以当韩世忠质问的时候，他的回答很简单：“莫须有。”这三个字如果单纯地从字面理解，就是“不须有”

的意思，也就是说在除掉岳飞这件事上，根本不需要任何理由。

为什么不需要理由？因为这是皇帝的意思，秦桧只是遵照圣意在走一走过场而已。秦桧这样回答韩世忠，其实是挟天子之威，同时又非常含蓄，不露马脚，等于是告诫韩世忠不要多管闲事。要知道皇帝的意图是最高机密，任何泄露的人都可能会遭受灭顶之灾，因此秦桧在这里也只能暗示对方。

作为朝中两名位高权重的大臣，他们的对话中隐隐约约透漏一些背景也是完全符合当时的情形的。当然，这样的暗示也只能在非常隐秘的场合，是绝对不能见光的，所以韩世忠余怒未消却也无可奈何。

绍兴七年（1137 年）秋，金人曾经几次放风要把钦宗及其子扶上皇位，以此逼高宗按金人的条件议和。金人此举显然是切中了高宗的要害。钦宗是皇室正统，万一复位，要比赵构更有号召力。为了防止出现这种局面，宋高宗赵构只能顺从金人。

在经历了北宋末、南宋初的生死流转，赵构始终无法克服内心深处畏金如虎的情绪。他的人生理想就是能够统治东南半壁江山。对于收复北国失地，他并没有这样的愿望。如果能够苟安一隅，他宁愿做大金国的藩属。但是战争始终是政治的一颗筹码，没有强大的武力和足够的战果，你连求和的资格都不具备。一方面，他积极筹划对金妥协议和；另一方面，他并不放弃倚仗武将提高军事实力，以战求和。基于求和心切，他对武将的态度其实是为金国对南宋的态度所左右的。

绍兴十年（1140 年），金国毁盟，大举进攻南宋，结果被岳家军一路追打到开封附近，几乎全军覆没。反过来，金国连连受挫，也有了自知之明。宋军的胜利，标志着金强宋弱的形势已发生了根本的变化，这一点连向来畏敌如虎的宋高宗赵构也看得清清楚楚。

绍兴十一年（1141 年）初，金国南侵打了两次大仗，一胜一负，两国的战略均势这时候已经形成。就连金国的主战派兀朮也有了讲和的意思。一旦敌国的主和派占了上风，一旦敌国真不想打了，准备裁军了，那么本国裁军或曰自毁长城的条件也就成熟了。这时，赵构终于有了选择的余地：他可以恢复传统，改革“家军”体制了。换句话说，来自金国的致命威胁下降之后，内部的异己之患也就相应地升格为帝国的头号大患。正因宋、金对立的形势发生了如此转变，赵宋政权偏安江南已经有十足的把握，解除诸大将兵权的时机也已成熟。所以，宋高宗赵构就把他这一心思告诉了秦桧，于是二人对岳飞等实力派将领的下一步去向进行谋划。秦桧极力要求议和，害怕岳飞等将领难以控制，更想把他们手里的兵权全部收回。

岳飞会反叛吗？不一定。岳飞不会反叛吗？也不一定。即使岳飞不想造反，谁也无法保证他的那些如狼似虎的属下不会造反。当年赵匡胤未必想要造反，但挡不住他的属下追求富贵，非要拥戴他当这个皇帝不可。走到无路可走，不想反也得反。更何况，岳飞对皇帝的议和政策是有意见的，对高宗有意无意地束缚自己的兵权也很是不满。

民间说：“撼山易，撼岳家军难。”南宋初期的军事体制缺乏节制手段，主要依赖部下的忠心。岳飞的心中有了不满的影子，这让赵构如何能够安心做他的太平皇帝？最要紧的是，岳飞拥有反叛的实力。岳家军有十万兵马，占全国总兵力的四分之一。而且，这支军队的战斗力极强，民间声望极高。

岳飞死后多年，他的众多部下还聚在一起，联合起来为他申冤，并且哭声震天，场面感人，可见岳家军多么团结。赵构曾经对岳飞的对手兀术有过一番评价，他说：“兀术的金国军队固然强大，专以杀戮残忍为能事，不顾人心向背，我知道他不会有什么大作为。”对于岳飞，宋高宗的认识应该更为清醒。如此人心尽收的岳飞实在让他坐卧不安，这样的暴力集团不反则已，一反就会天塌地陷。

此时此地，对高宗赵构来说，选择就会变得更加简明：废掉岳飞，或者不废岳飞。令他不安的是，岳飞将采取什么策略是不可测的——“叵测”。但是历史经验和亲身经历告诉他，历代武将在难以估测的选项填空中，只要胜算较大，他们往往会选择“反”。即使不反，也要后悔。对于岳飞来说，可以做出的选择也很简单，服从或者反抗。

皇帝和宰相这时候已经达成共识：整顿出一支完全听命于皇帝的强大中央军，仍然是目前最急需完成的政治作业。有鉴于直接摘掉家军领袖的教训，赵鼎采取了更为隐蔽的手段：奖掖家军当中的偏将们，以方便他们从家军中独立出来，进而使整个家军解体。这有点儿类似于汉武帝当年所推行的“推恩令”：让每个大诸侯国里产生无数个小诸侯国，从而瓦解掉大诸侯国。

大将们中间，老练的张俊早就已经看透了高宗的心思。但是一门心思扩军拓疆的岳飞没能看清局势，也从来不去揣摩帝国高层的意图。就在绍兴八年，他还在向高宗请求增兵。结果自然是被拒绝。高宗的意思是，现有的部队，已经到了尾大不掉的程度，自己整合不了他们，也拆分不了他们。所以，与其让各路家军继续增加兵力，还不如另外建立新部队。而这些新部队，自然都要直接服从朝廷的指挥。

高宗的目标很明确，一定要建立一支完全听命于自己的中央军，来取代这些家军。与整顿家军的工作同时向前推进的，是南宋高层这时候突然加快了与金人的和谈步伐。

绍兴八年（1138 年），具体负责整顿家军的枢密副使王庶，已经把这个问题说得再明白不过了：“敌之强弱，吾无与也，顾在我者何如耳。”也就是说，和谈不是整顿军队的目的，相反，整顿军队，才是和谈的目的。高宗也说过，他对家军诸将早已完全丧失了信心，若要恢复疆宇，“他日须朕亲往”。也就是说，收兵权是目的，和议只是手段。

或许是担心家军将领们接受不了这一现实，高宗和他的最高决策核心层并没有将这一真实意图对外宣布。如果和谈成为现实，来自金国的军事压力就会大大减小，两国战争也有可能会就此平息，那么家军也就没有扩军和存在的必要。

绍兴八年和绍兴十一年的两次和议，高宗始终都在打感情牌，他不断强调自己是一个守“孝道”的君主。他甚至痛哭流涕，希望自己的臣民能够理解他的良苦用心。他需要和议，需要从冰天雪地的五国城将自己的生母和其他皇室迎回来。

从绍兴八年到绍兴十一年，南宋的中央决策层发生了许多人事变动，宰相赵鼎也被秦桧所取代。尽管如此，通过与金国和议来实现整顿家军的目的，却始终没有动摇过。宋高宗赵构这时候已经下定了决定，一定要彻底解散家军，一定要建立起一支完全由自己掌控的庞大中央军。而这一点，也是赵构和他的南宋政权不断迈向成熟最为重要的一步。

所以，在此期间，岳飞在军事上所取得的一切胜利，其实都是在给自己挖坑。对金人造成的军事压力越大，金人就越容易同意和议。和议的到来，也预示着他们最终命运的到来。明显的迹象，可以从两次和议的对比中看到。绍兴八年的和议，朝廷中的士大夫们分裂为赞同和反对两大派，彼此对抗；而到了绍兴十一年，却几乎没有士大夫出来反对和议。

3. 刻在墓碑上的罪与罚

历史不应该过分强调个人的作用，无论是英雄，还是狗熊，都不应该将其从人群中抽离出来。如果我们把某个历史事件视为一场游戏，那么来自人群的游戏者就不应该是孤立的。既然他来自人群，身上就会背负着错综复杂的人与人之间的关系。岳飞作为当时政治环境中的一员，处于错综复杂的政治关系中，不仅不能把他同他的部将和幕僚分开，也同样不能把他同身边的形形色色的权臣、落井下石的小人分开。尤其身处于官僚体系，如果一个人不懂得用虚伪掩饰的手段去应对复杂局面，就难以取得成功。

岳飞与高宗的关系

“渔阳鼙鼓动地来”，惊醒了赵家王朝歌舞升平的春梦。靖康元年（1126年）正月十四日，作为康王的赵构和少宰张邦昌前往金国大营充当人质。

两国交战，充当人质是凶多吉少的差事。事前，宋钦宗赵桓召见皇弟们讨论人选时，赵构“越次而今，请行”。他在三十二个兄弟中排名老九，本来轮不到他，可他自告奋勇要求前往。

在金营的二十五天当中，十九岁的赵构经历了怎样的心路历程，在他后来的执政生涯中会一一显露。游牧民族那种血腥而野性的征服力震慑了他，在他的心里留下了金人不可战胜的阴影。他失去了一个亲王本应有的自信与旷达，挺直的脊梁也由此而坍塌。

对于这场南宋与金的战争，宋高宗忧心忡忡。形势危急之时，他担心会重蹈败而亡国的覆辙；等到岳家军长驱直入，他又担心岳飞和各路家军将领功高盖主，迎回徽、钦二帝，将自己这个皇帝取而代之。经历了金营中的二十五天后，赵构已经把手足之情看淡。在皇权的巨大诱惑面前，他对“迎回二圣”一直是喊在嘴上，做做样子而已。

这种患得患失的心理在很大程度上左右了战局，他的想法始终难以摆脱曾经的亡国之痛给自己造成的伤害和阴影。建炎年间，他初登帝位，被金人追得满世界乱跑，恨不得自己的手下将领个个天下无敌。到了绍兴年间，南宋与金国的战事进入拉锯阶段。拉锯也只是在江淮之间，从来过不了江的。赵构能在临安安顿下来。虽说是临安，却也是固若金汤的。到了这个时候，他打量武将的目光便有些复杂了，特别是在金銮殿里看那些滚烫热烈的捷报时，高兴之余，内心也有着隐隐不安。

打了败仗，他不安；打了胜仗，他也会不安。这样没完没了地打下去，也没办法直捣黄龙把金国给灭了，却让那些武将的势力不断坐大。绍兴元年以来宋军的多次胜利，无法驱散宋高宗内心的忧患。以岳飞为首的各路家军节节推进，身为君王的赵构却在深宫坐卧不宁。他在手诏中不断使用“全军为上”“占稳自固”“必保万全”等词，就是在警告岳飞，不要与兀朮（完颜宗弼）大军决战，

不过高宗的忧虑也不是完全没有道理。身为偏安一隅的君王，他在心理上自然会有危机。外患不说，内忧更是让他脆弱的内心有了难以承受之重。

那些拥兵自重的武将让他忧心不已，他感觉自己的皇位始终处于一种摇晃的状态。南宋之初，拥兵武将大都“平时飞扬跋扈，不循朝廷法度，所至驱虏，甚于外患”。一些将领拥兵自重，尾大不掉，为了保存实力而拒绝对金作战。在这方面，张俊、刘光世是典型。

建炎四年金兵围攻楚州，高宗下令张俊率兵解围。张俊认为金兵的力量过于强大，拒不出战。高宗只得改派刘光世出兵，但连下五次手令，刘光世也同样是按兵不动，结果坐视楚州失陷。后来，高宗命刘光世移屯扬州，刘光世不愿离开家小到前线去，仍然拒不奉诏。

南宋初到绍兴和议短短十四年时间，各地零星不断的小规模兵变不说，大规模兵变就发生了三次：苗刘之变、杜充投敌、淮西兵变，这使得赵构对那些领兵的将领心生疑惧。

绍兴元年，高宗擢升岳飞为神武副军都统制；绍兴三年秋，高宗手书“精忠岳飞”字，制旗以赐之；绍兴四年八月，又擢升岳飞为清远军节度使，后又升为两镇节度使；绍兴七年，高宗又密令岳飞“中兴之事，朕一以委卿，除张俊、韩世忠不受节制外，其余并受卿节制”。

宋高宗赵构完全是按照自己的用人标准，将战功显赫的岳飞调整到重要的军事岗位上。可以说，这一时期是君臣关系最为密切的一个阶段。平心而论，赵构对岳飞曾经是相当器重的。每次岳飞入朝觐见，赵构都要单独召见，有时甚至在“寝阁”引对，以示亲密。引对时，除军国大事多有倚重，还问岳飞有没有好马，劝他少喝酒，以免误事。

绍兴七年（1137年）发生的事宣告了君臣之间关系的破裂：绍兴七年二月，宋高宗移驾建康府。韩世忠此时正率自己的贴身亲兵在建康护驾，但高宗撇开他，在自己的卧室秘密召见了岳飞，而且是单独召见。在这次卧室交心谈话中，高宗给了岳飞一个天大的许诺：“中兴之事，朕一以委卿，除张俊、韩世忠不受节制外，其余并受卿节制。”

高宗在这里向岳飞郑重许诺，要重新整合帝国的军事力量，甚至打算将全国大部分军队的统帅权授予岳飞，把刘光世的5万多部队，川陕的6万多吴家军，以及其他一些小军团，总计约达17万之多的军队，一并交给岳飞指挥。再加上10多万岳家军，归入岳飞指挥的部队，总计达到了近30万。而不受岳飞指挥的韩家军和张家军加起来，也不过10万左右。

对于君王的恩宠，岳飞是心怀感激的。这是他能够在战场上浴血奋战的精神动力，也是他恃权傲人的资本。高宗居然想要将全国四分之三的军队交给岳飞一个人指挥，有宋数百年，还从来没有过这样的先例。岳飞显然被这巨大的幸福感重重地击中，畅想着岳家军跨过黄河直捣黄龙的盛景。他回去整理了一下思路，两天之后就给宋高宗拿出了一套完整的北伐计划。

如果高宗的承诺能够兑现，他几乎把所谓中兴之事全部押宝在岳飞的身上。一直以来，在高宗内心深处对所谓的中兴事业其实是没有多少底气的。虽然战争的形势越来越利好于南宋，但是有着亡国和逃亡经历的赵构，仍然没有走出心理阴影，他不敢，也不愿放开手脚与金人作最后的生死博弈。

就在岳飞准备大干一场的时候，高宗、秦桧、张浚等帝国高层基于对武将的防范心理，很快出尔反尔，收回成命，并派张浚前来军中征求人选意见。满腹怨气的岳飞与有着高深背景的张浚发生了激烈的冲突，岳飞接连推翻了张浚提出的人选，认为这些人都难以胜任。虽然岳飞所表现出的激愤事出有因，但仍使张浚大为恼怒。他悻悻然说道："浚固知非太尉不可也"。

紧接着岳飞做出了一件令人匪夷所思的举动，他上奏朝廷要求解除自己的军职，并在不打招呼的情况下，擅自离开军队前往庐山为母亲守墓。皇帝最看重的是军事将领的忠诚度，而最忌惮的则是将在外君命有所不受的自由度。这一震惊朝野的举动，再次反映了岳飞刚烈外露的个性，也为他四年以后的命运种下了祸患。

事发后，张浚连接上奏高宗，指责岳飞"专在并兵，奏疏求去，意在要君"。高宗不能容忍自己一向赏识宠信并视为倚柱的臣子用这种方式要挟自己，对岳飞开始有了成见，并暗暗警告他说："卿前日奏陈轻率，朕实不怒卿；若怒卿，则必有行遣。太祖所谓'犯吾法者，唯有剑耳'。"尽管事情起因是由于高宗的出尔反尔，但身处体制之内的岳飞不识政治忌讳，行事过于轻率，导致二人关系出现裂缝。

同年九月，岳飞接到密报，获悉金人欲废刘豫，另立钦宗之子为宋朝皇帝，企图分裂南宋政权。岳飞对此忧心如焚。这一年秋天，岳飞去建康当面向高宗行朝奏事。这次他上了一道奏章，建议立建国公赵瑗，也是皇帝的养子，为皇太子。高宗听后不悦，答以“握重兵在外，此事非卿所当干也”，加以冷漠拒绝。

进言结果应在意料之中，岳飞却表现得倍感颓丧。不可否认，岳飞是一位在战场上可以力挽狂澜、改变战局的难得的将领，但是身处复杂严峻的官场，他常常仅凭意气用事。他单纯耿直，不谙于世故而处处冒险。这种性格无形中使他处于极度被动的状态，为世所难容，甚至招致杀身之祸。这也正是岳飞人生悲剧的一个潜在因素。

从经济学理论来看，高宗赵构和岳飞之间是纯粹的雇主与雇员关系，他们可以为了共同的利益，相互扶持走过最为艰难的那一个时期。但是只要迎来柳暗花明，那种由利益联结的关系链就会有绷断的危险。两人的出发点本就不一致，短暂的妥协不代表永久的和谐，君臣关系始终处于一种博弈状态。岳飞悲剧的终极原因：不知道雇主对雇员的信任永远是有限的，雇员的实力越强大，越不能跟雇主拧脾气；不知道心与心之间至少应该有一米的间隔，即使知心话也不能随便说的。

高宗赵构非常清楚一个道理：“兵家之事，势合则雄。”或许正因为如此，高宗赵构曾经允诺将帝国四分之三的兵力拨给岳飞。就在他要履行承诺时，忽然想起压制武人的祖宗家法。思虑再三，宋高宗打起了退堂鼓，想要收回成命。

可是对于岳飞来说，他要实现“尽复失地”“迎二圣还朝”的人生抱负，最大的阻碍就是兵力不足。能不能接手帝国的军权，关系到自己的政治理想是否能够实现。高宗的出尔反尔，让岳飞的心情从山顶直接跌入谷底。

从绍兴七年（1137年）年底一直到岳飞沦为阶下囚，高宗和岳飞在对待金国问题上始终难以达成统一，在战与和的问题上因政见不同而矛盾日深。岳飞在与高宗的相处过程中，根本无意揣摩君王意图，很多时候他连最起码的颜面都不给对方保留。岳飞念念不忘地要求增兵和举兵北伐，都是高宗赵构从心底里所排斥的。

岳飞的毫不让步和高宗的一心求和，使他们之间的关系急剧恶化。绍兴八年（1138年）二月，岳飞又一次向朝廷要求增兵，而高宗给出的回答是："上流地分诚阔远，宁与减地分，不可添兵。"

绍兴九年（1139年），和议成，高宗及满朝文武大臣都沉浸于一片祥和喜悦的气氛中。虽然损失了一点儿银子和面子，却买来一个太平。这时候，高宗并没忘记对岳飞进行犒赏，并称和议的签订与岳飞立下的赫赫战功密不可分。尽管高宗如此表态，岳飞也毫不领情。在岳飞看来，宋金和议是对自己铁血生涯的侮辱。

岳飞向高宗发出警示："今日之事，可危而不可安，可忧而不可贺；可以训兵饬士，谨备不虞；而不可行赏论功，取笑夷狄。"既然自己的主战要求得不到高宗的呼应与支持，他只有以辞去兵权表明自己的态度。基于现实的考量，高宗没有批准岳飞的请辞兵权。因为他不能保证金人会遵守和谈条约。为了给自己留条后路，还是要保留岳飞作为保护自己的一张牌，同时他又下令不允许岳飞轻举妄动，以免破坏和议的大好局面。

绍兴十年（1140年），金军毁盟南下，岳飞立即挥师疆场。岳飞不顾高宗皇帝的阻挠进行北伐，一路势如破竹。就在岳家军的前锋部队抵达距开封不到四十里的朱仙镇时，岳飞在一天之内连续收到高宗发来的十二道金牌，要求大军立即班师回朝。这突如其来的一幕，完全打乱了岳飞的计划。眼看就要收复东京，高宗却在这时候掉链子。

岳飞此时才算真正看透高宗对金的政治底牌和对他的疑惧之心。在十二道金牌的催促之下，岳飞不得不撤兵，放弃已收复的失地。绍兴十一年正月，兀朮重兵侵犯淮西，高宗再次命令岳飞支援。淮西之战最终在宋军占上风的情况下，由于张俊的贪功而失败。

岳飞的悲愤和压抑由此爆发，愤怒地发出“国家了不得，官家又不修德”的怒吼，这也成为秦桧一派后来抓到的所谓岳飞罪证的口实之一。后来的一件事逼着高宗不得不做出重新考虑。兀朮给秦桧的一封信中说：“尔朝夕以和请，而岳飞方为河北图，且杀吾婿，不可以不报，必杀岳飞，而后和可成也。”兀朮提出的议和条件以及他身边一些势力的参与，使他又重新考虑并做出决定，这些势力就是秦桧和张俊之流。作为南宋政府最高统治者的高宗皇帝，其权力是至高无上的，只有他才对当朝大事有最终决定权。

帝制时代，一旦出现皇帝对臣下的猜忌，其结果要么是鱼死要么就是网破。在斗争中占据主导地位的皇帝往往会占优。在这种不对称的博弈中，“君疑臣则诛”，臣下反或者不反都不是问题。

只要君主有了疑虑，有了诛杀大臣的愿望，其余事情都可以在此意志指引下在合法的外衣下去完成。岳飞是在绍兴十二年（1142 年）十月十三日因谋反罪入狱的，可直到腊月十八日的两个多月时间里，案情一直没有多大进展，胡乱拼凑的那些谋反证据，任何人一眼就看出漏洞。负责此案的御史中丞何铸查出了岳飞的冤情，秦桧对他说：“此上意也。”短短四个字就交代了事情的真相。而这种“上意”往往是隐藏很深的，当朝人不敢道明，后世人难以洞悉。我们可以断定，其实所谓的秦桧和岳飞势不两立的背后是高宗和岳飞的势不两立，秦桧是基于高宗意志走上前台出演的一个主要演员，高宗才是主导整场剧情发展的导演。

与秦桧等士大夫们的关系

绍兴十二年（1142 年），建国十五年的南宋王朝迎来一件大喜事。根据不久前绍兴和议达成的协议，宋金两国终于化干戈为玉帛，金国将徽、钦二帝的棺椁归还南宋，同时释放宋高宗赵构的生母——韦太后。

上一年，宋金和谈终于达成一致的意见：南宋向金称臣，“世世代代，谨守臣节”；宋每年向金纳贡银、绢各二十五万两（匹）；两国东以淮河中流、西以大散关为界。金国不仅拥有了黄河流域，而且向南拓展到淮河流域。南宋王朝不仅变成了属国，而且失去了中原之后，它几乎称不上是地理意义上的“中国”。

宋高宗忘记了，所谓的和平协议，不过是一张废纸。只有拥有一支强大的常备军，自己的和平才能得到保证。为了这份协议，宋高宗支付了高昂的成本，使宋朝永久失去了原来北宋的山西和关中的马场，从此岳家军的一万骑兵成为绝唱，这个王朝只能靠步兵和北方游牧民族的精骑对阵，他们的和平，从此不再设防。然而，这份屈辱的和约，却让宋高宗心满意足。在他看来，所有的“历史问题”，都得到了圆满的解决。

曾几何时，为抵抗金人侵略，赵构和士大夫官僚暂时放弃了对权力的垄断，不得不依靠武人来摆脱灭亡的威胁。在对金作战中，岳飞等武将地位上升，改变了北宋文武的格局，也逐渐形成地方军阀的态势。特别让士大夫难以容忍的是武人力量在战争中的崛起。

随着南宋政局逐渐稳定，士大夫们展开了对武将的夺权斗争。高宗虽然不是中兴之主，但是深谙权力驾驭之道，与秦桧因势利导，利用士大夫的夺权心理，积极与金人媾和。因为“高宗之为计也，以解兵权而急于和；而桧之为计也，则以欲坚和议而必解诸将之兵；交相用而曲相成”。媾和与夺诸将兵权是相辅相成的，后者对皇权的潜在威胁要远远大于和议，因为这符合宋代重内轻外的政治原则。和议、解除岳飞等诸将兵权，也就恢复了士大夫昔日的政治地位。当然并不是所有的官僚都赞成与金人媾和，但绍兴八年高宗与一部分士大夫官僚共定“和议”为国是。虽然在媾和问题上士大夫们的意见并不一致，但是在解除诸将兵权上却出奇的一致。

武将势力的坐大是建炎、绍兴年间有目共睹的事实，这与太祖以来抑制武将的祖宗家法是格格不入的。从建炎末年以来，不同派别的文臣就以祖宗家法捍卫者的身份提出形形色色削兵权的方案。

削兵权代表了士大夫的集体意识，秦桧不过是实现了他们的政治愿望。

由于敌视武人的传统深入骨髓，士大夫对于武将的敌视态度并没因国难当头而有所减弱。还在金人南侵、南宋政权处于风雨飘摇之中时，他们就开始盘算夺回兵权了。

绍兴七年（1137 年）淮西兵变后，南宋官僚们更感到解除诸将兵权的迫切性。监察御史张戒还就此专门向高宗进言“诸将权太重”，暗示分诸将之权。高宗欣然同意，并表示“一二年间事当自了”。如果没有文臣官僚们的这种集体性的政治意识，高宗与秦桧要想很轻易地夺回诸将兵权就要困难得多。

正如王曾瑜先生所说，赵构是“不乏小聪明”的。在岳飞之死这件事上，他的聪明之处就在于使后人认为岳飞的冤狱是“桧主其谋，俊成其决”。当然这并不是说秦桧、张俊等人是无辜的，在岳飞遇害这件事情上，他们是在高宗的策划下，为了个人的名利配合高宗皇帝，亲自走上前台出演了一出历史冤剧。秦桧是一个名副其实的权奸，不管他是从金营中逃回南宋，还是被金人故意放归。总之，他是促成宋金和议的一大“功臣”。作为一贯支持宋高宗求和政策的主和派，他和主战派的矛盾是尖锐的。

在政治斗争中，不管是哪一方占上风，对方都不会有好结果。所以秦桧对坚决抗金的岳飞、韩世忠是敌视的，他们都是求和路上的绊脚石。秦桧在配合高宗向岳飞下手之前，最初准备向同是抗战派砥柱的大将韩世忠下手。岳飞驰书通知了韩世忠，使得秦桧的诡计落空，他们恨岳飞入骨。再加上一封所谓的兀朮遗桧书，“必杀飞，始可和”。所以秦桧等人力主诛杀岳飞。

在岳飞之死这一事件中，张俊是另一个和岳飞关系密切的人。史称张俊年轻时“好骑射，负才气，起于诸盗”。他投奔高宗于即位之前，并多次劝进；他参与平定“苗刘之变”，是高宗信任的亲信。张俊之所以被高宗和秦桧利用，主要是由于他的贪心，因为高宗和秦桧许诺事成之后让他统帅诸军，另一方面是出于对岳飞战功和成就的妒忌。

岳飞曾经当过张俊的部下，张俊也曾奏请提拔过岳飞。后来岳飞“在诸将中年最少，以列校拔起，累立显功”时，张俊和韩世忠这些老将心里都不能平衡。但韩世忠秉性爽朗，岳飞平定杨么之后，将缴获的大楼船、兵械等全部送给他们时，韩世忠冰释前嫌，都笑纳了，而张俊反而心里更不舒服。高宗向岳飞承诺让他统帅大部分军队时，张俊更为恼火，因为这也是他所想的。

在张俊想和岳飞瓜分韩世忠最为精锐的背嵬军时，岳飞不肯，张俊非常不悦。在张俊种种争权夺利破坏抗战的阴谋下，岳飞终不为屈服。张俊大为失望，并把岳飞救助韩世忠的事情报告给秦桧，帮助秦桧铸成冤狱。

岳飞作为抗金诸将中的后起之秀，无论是资格还是与高宗的亲密程度上，都无法和韩世忠相比。韩世忠对高宗有救驾之功，所以在秦桧和张俊的威胁下，尚能在高宗面前自救，而岳飞就另当别论了。

岳飞之死对抗金战争来说是一个很大的损失，究其死因则是由高宗和一切阻止抗战之人所为。宋高宗的求和政策是岳飞之死的根本原因。而秦桧之流只是奉承了高宗的旨意，推波助澜，进而充当了杀害岳飞的刽子手。如果说高宗完全被秦桧的阴谋所蒙蔽的话，那是为高宗推脱在这一问题上的责任。所谓的岳飞与高宗诸人的关系，毋宁说是岳飞与宋高宗为首的官僚体系的关系为确。

对皇帝来说，究竟是把自己和帝国的命运寄托在无法预知的将来，还是让秦桧出面干一次脏活？在皇帝眼中，让一个好人背负“莫须有”的冤屈，与赵家江山的安全稳定相比，显然是后者更为重要。岳飞之死，是岳飞不能容于当时以卖国求和为主流的官僚体系、不愿向那种体系妥协的必然结果。

哪种老虎最安全？死老虎最安全。在这个意义上，岳飞得到的“莫须有”罪名是一个非常贴切的罪名。宋太祖说，卧榻之畔，岂容他人酣睡，更何况酣睡的是一只猛虎。至于具体手段，究竟是“杯酒释兵权”好，还是流血杀人好，也不是可以自由选择的。面对弱者，不妨大度一些，赢得仁慈之名。面对岳飞这种级别的强者，高宗赵构缺乏表现大度的实力和自信。

他们不敢给对方留下还手反击的机会，不得不采用让皇帝声誉蒙羞的手段。当然，高宗赵构还是为自己扯了两块遮羞布。第一块是混淆天下视听，将岳飞推向造反者的行列；第二是让秦桧替他背黑锅，成就千古第一奸臣恶名。随着时间流逝，显然第二块遮羞布也就真的成了大多数人信以为真的事实。

赵构对岳家军的畏惧非同一般。他必须把不仁不义置于岳飞之子岳云和亲信将领张宪身上。绍兴十一年（1141 年）将是南宋史上具有里程碑意义的一年，大事多，喜事多，敏感事也多，最后以杀人事件结束一个时代。腊月二十九，宋高宗赵构提笔下旨：岳飞特赐死，张宪、岳云并依军法施行。

赵构以前曾告诫岳飞要少喝酒，以免误事；而这次他非常慷慨地赏赐了一壶御酒，不过是掺了毒药的。有人说，这是赵家天子对猜忌对象的惯用手段，当年他们的先人就是用这一招处置了归降的西蜀孟昶和南唐李煜。而所谓的风波亭不过是小说家言，生于一个四处风波的时代，又何须一座四面漏风的风波亭应景？

赵构的选择对不对？至少他本人认为是无比正确的，并且事后也毫无悔改之意。岳飞死后，赵构又在皇位上坐了将近二十一年。在这期间，南宋政坛经历了很多大事件，为恶者被诛杀，受迫害者平反昭雪，可南宋王朝的官民始终没有等来岳飞平反的消息。宋高宗用这种强硬的姿态向历史宣告，诛杀岳飞完全出自他的手笔，所谓“秦桧矫旨”的说法不过是世人一厢情愿的臆断。

岳飞死后，南宋又存在了 138 年，比金国的寿命还要长，最后在席卷欧亚大陆的蒙古铁骑之下垮台，也不算太丢人。而且从年头来看，南宋比灭掉自己的元朝的寿命更长。赵构建立了一个比金国和元朝更长寿的体制，而这个体制的存在与稳定又建立在暴力均衡的基础之上。无论暴力均衡的逻辑是否残忍，赵构不过是按理出牌罢了。岳飞死于南宋媾和的开始。士大夫们虽然取得了对政权的全面控制，却再一次重复自己的恶性循环。以文驭武所导致的国弱。坚守以岁币谋求生存之道，使得帝国政治又一次封闭于历史的困境之中。

第三辑

危局

廉洁者的法宝

——祖制到底有多可怕

历史对清官循吏的含义有着进一步的解释："吏有不为利回，不为义疚，世称曰廉。才足以经济，智足以决断，世称曰能。奉法遵职，履正奉公，世称曰循。明国家之大体，通古今之时务，世称曰良。"这就是告诉世人当一个合格的官员需要哪些条件，要达到一个什么样的标准。

我们从文化的角度来看，清官意识其实是从民本思想那里派生出来的一个定义。"安民""保民""养民""为民请命"等思想行为，在历代清官身上体现的都尤为突出。包拯说："民者，国之本也，财用所出，安危所系，当务安之为急。"另一方面，清官还是官家对知识分子完美人格的呼唤，也是儒家正统知识分子的理想与追求。儒家思想中有着明确的政治思想。孔夫子怀抱着"天下有道""礼治"的社会理想，孟子也同样憧憬着"仁政"，他们都为自己心中的理想行走在路上。而后世清官作为儒家的信徒，也同样怀抱着这种理想。其实很多怀揣着政治理想的人在现实面前被撞得鼻青眼肿，甚至搭进去身家性命也依然九死不悔。

1. 王朝需要这块"贞节牌坊"

万历十五年(1587年)，大明朝的副部级官员、南京吏部右侍郎海瑞死了。

这条消息犹如一道惊雷滚过阴霾沉沉的天空，却没有给这个步履沉重的帝国带来任何的震动。相反，北京城里的皇帝和负责人事的官员却在这时大大地松了一口气，他们再也不用为这个官僚集团中的道德模范的使用问题而绞尽脑汁。

对于海瑞死后的情形，史书有着相当生动的记载。海瑞去世后，他的生前挚友、时任佥御史王用汲到家中探视，看见这样一幅景象：海瑞房间所用的帷帐都是葛藤皮做的，而且都已经破损不堪，身上穿的衣服也是补丁套补丁，破得不成样子。一个国家副部级官员的生活居然寒酸到如此地步，怎不令人百感交集。海瑞膝下无子，王用汲就承担起丧葬事宜。

王用汲整理海瑞遗物。所谓遗物，也不过区区八两俸银、一顶头巾、几件旧衣服。这点儿财物，连下葬之资都不够。现场很多人都掉下了眼泪。在王用汲等人号召之下，同僚们凑份子将海瑞下葬。官员们的眼泪虽然是真实的，但这份感动里裹着虚伪的成分。因为他们无法从海瑞这里，获取到体制带给自己的那份温暖。海瑞的形象越高大，他们内心的寒意就越发深重。海瑞从政二十多年的生活，充满了各种各样的矛盾与纠纷。他的人生信条和充满争议的个性既受世人尊重，也受体制中人所排斥。就连那些仰慕他的人，也没几个愿意走他的路。他的一生体现了一个有教养的读书人服务于公众而牺牲自我的精神，但这种精神的实际作用却极为有限。

嘉靖三十四年（1555 年），海瑞在福建省南平县当教谕（相当于县教育局局长兼公办学校校长），他专门写了《驿传申文》和《驿传论》两篇文章。驿传近似现在的招待所兼邮政局，与教育没有任何关系，但是海瑞见那些往来的官员及其亲友在招待所混吃混喝，用夫用马，巨额负担竟逼得百姓投河上吊，实在不忍不说话。他认为，地方官为了献媚于人，而使小民投河上吊，这是为媚人而杀人。

那么我们来看一看，刚刚从官场起步的海瑞在文章里传递出一个什么样的信号？

——福建如今的官员，和洪武年间相比，不过增加几个人而已，近日又裁减掉了市舶司的镇守太监，在驿站流动的人员和洪武年间大致相等。有人整天抱怨说严格按太祖的制度办事，驿站维持不下去，所以天天把制度改来改去，却从不去认真思考为什么洪武年间可以维持，为什么现在就不行！

——他们还说什么此一时，彼一时，说什么洪武年间事情少，法律严，如今事情多，法律也更宽松。事情多，难道朝廷最近有什么特别的差遣？法律宽松，难道朝廷修改了法律？

——就这么些官员，就这么多工作量，法律法规两百年来也都没改，不遵守太祖制定的驿站制度，分明是出于个人的私心，还找什么借口！

海瑞最后所下的结论是：除了“求复国初”，也就是按太祖皇帝的规矩办事以外，奢谈其他任何措施，即便是“议事尽其变，防弊尽其周”，考虑得再周详、再严谨，也无济于事，“皆下策也”！

那么让我们再回到海瑞去世的前一年，也就是万历十四年（1586年）。或许是因为感觉到了自己已经来日无多，海瑞给万历皇帝写了一份奏疏。这份奏疏字字锋芒，可谓入骨三分。如果说刚刚进入权力系统的海瑞，以一个小官僚的身份对国家体制的看法是“求复国初”，按太祖皇帝（朱元璋）的规矩办事；那么经历了将近三十年宦海浮沉的海瑞，此时的心态又会发生哪些变化？在这份奏疏里，他如此写道：

——皇帝励精图治，国家并没有变好。这主要是因为对官场上的贪渎之徒刑罚过轻。

——官员们要求朝廷对士大夫能够以礼相待，对他们以礼相待，那又拿什么对待无辜的百姓？

——如今天下贪污腐败成风，只有恢复太祖皇帝贪污八十贯就绞死的律令，以及剥皮实草的酷刑，才能扭转贪风。

前后对照，我们会发现时间在变，可海瑞始终没有改变。在这份奏疏背后，是海瑞心头难以舒缓的怨气。身为官僚集团中的一员，海瑞就像是带着前世诅咒的复仇者，向这个既让他忠实依附又令他极端厌恶的官僚群体发起一轮又一轮的攻击。尽管如此，他生存的价值还是远远高于他的道德消耗指数。

在后太祖时代，高悬于帝国顶上的道德原则已被官僚集团悄然唾弃，然而谁也不敢明目张胆地嗤之以鼻，还必须装出奉为圭臬的样子。这个时候海瑞横空出世，立即占据了大明道德意识形态的制高点。海瑞的权力与隐权力即来源于此——皇帝需要以重用海瑞的行动来表明帝国对于道德意识形态的守护态度，即使朝臣们认为海瑞的道德标准已经跟不上时代的潮流，但道德旗帜做成的遮羞布却是不能公然撕破的。

万历十四年四月和七月，留都南京的提学御史（相当于主管教育线的监察部巡视员）房寰因为自负材谞，又受同僚鼓动，两度上疏弹劾他的顶头上司南京右都御史（监察部长）海瑞，抨击这位都御史“大奸极诈，欺世盗名”，“莅官无一善状，唯务诈诞以夸人，一言一动无不为士论所嗤笑”。措辞之强烈，近乎人身攻击。

房寰锋芒毕露，却想不到他的奏疏摸到了老虎屁股，捅到了马蜂窝。明人沈德符在《万历野获编》中记录了朝廷的反应：房寰疏至，“举朝骇惑，俱相顾”。而按房寰政治对手的记述，则是“朝野闻之，无不切齿抱愤”。政治对手的说法不可尽信，但也不可能全是虚饰之词。当时的朝廷百官即使不是全都“切齿抱愤”，也一定被房寰的行为吓坏了：这小子怎么那么胆大气盛？

万历皇帝与内阁首辅申时行有意庇护房寰（据说房寰与申时行过从甚密），但也不得不拟旨斥责房寰“渎扰”。换成今天的说法，就是告诉房寰不要再惹是生非了。而被弹劾的右都御史也上疏辩驳，并提出辞职。皇帝亦降旨让他“安心供职，是非自有公论，不必多辩”。皇帝居中调停，希望能够尽快结束这场争吵。

但是事情没有完。新科进士顾允成（他的兄弟就是后来的东林党领袖顾宪成）对房寰连疏丑诋都御史的行径不胜愤慨，联合同年彭遵古、诸寿贤参了房寰一本。这三位血气方刚的士子在奏疏上说："房寰妒贤丑正，简直不知人间羞耻事。臣等自幼读圣贤书，十余岁时已知都御史大人之盛名，即知以大人为榜样。大人德高望重，堪称当代伟人，万代瞻仰，望之如在天上，人不能及。而房寰大肆贪污，与都御史大人相比，宜愧且死，竟敢造言逞诬，臣等深为痛心！"

一心想要息事宁人的皇帝非常生气，说房寰已经受到批评，三进士尚未授官就出位妄奏，"是何事体？好生轻肆！姑各革去冠带，退回原籍"。不过，顾允成等虽被斥归，但"士林高之"。不久，南京太仆寺卿（相当于交通部长）沈思孝又专疏为都御史申辩，并弹劾房寰以私怨辱直臣，提请恢复顾允成等人冠带。房寰也不是省油的灯，也上疏诋毁沈思孝与都御史。双方闹得不可开交，结果是沈思孝因"借事逞词"受到皇帝斥责，房寰也"获罪清议"，外放江西提学副使（相当于教育厅长）。

两年后，即万历十六年，房寰疏攻海瑞的这桩公案又被提起。吏科都给事中（七品监察官）张鼎思与另一位陈姓给事中，共疏追论房寰诸种不法情事，为被他攻击的都御史大人鸣不平。此时房寰的老对手顾允成等三进士已经起用为官，自然也不会放过围剿的机会。房寰见"众咻不止"，而自己势孤力薄，乃抛出几份手柬（张、陈二给事中早年向他请托的私信），将张、陈二人搞得灰头土脸。但房寰以私信当武器，极不厚道，有识者都很鄙视他。

皇帝大概也不敢再偏袒房寰了。这家伙再不处分，那些自命清流的言官士子就会没完没了地跳出来，闹得朝廷鸡犬不宁。于是房寰被贬谪，从此一蹶不振，而且落下千古骂名。明末史家谈迁甚至对房寰无后幸灾乐祸地说："（房寰）今传三世而绝。昔人云：天道有记性，无急性。观于房寰侍御，天之记性，固未爽也。"

面对清流集团的群起而攻之，房寰从不示弱，但是，在被钉上历史的耻辱柱之后，他会不会为当初疏攻"当代伟人"的冲动感到后悔呢？房寰显然低估了他所冒犯的都御史大人的“道义权力”，它可以动员朝野上下的舆论力量，让众多富有道德理想的年轻官员前赴后继，出来打抱不平，不把冒天下之大不韪的房寰拉下马，绝不罢休。

在海瑞被房寰连疏攻击、朝廷清流奋起反击、双方吵得不亦乐乎之时，万历皇帝下了一道批示：“海瑞虽当局任事，恐非所长，而用以镇雅俗、励颓风，未为无补，合令本官照旧供职。”我认为皇帝是在委婉地告诉“倒瑞派”：别闹了，大明需要将海瑞这个“贞节牌坊”立起来。

不要小瞧了“贞节牌坊”的力量。后世论者常常只注意皇帝的前半句评语，“当局任事，恐非所长”，认为海瑞被当成了无用的权力装饰品，而忽视后半句中“镇雅俗、励颓风”的深意。所谓“镇雅俗、励颓风”，其实可以理解为帝国对海瑞道德权力的承认与许可；而海瑞与道德意识形态的共振，更使他获得了强大的隐权力。海瑞绝不是大可等闲视之的官场花瓶，尽管多数时候他被安排在花瓶性质的官职上，但是“花瓶”到了海瑞手里，也是可以狠狠砸人的。

提起海瑞，不少论者都认为海瑞不得官心，在当时的官场上孤立无援，但我们从房寰事件中可以发现，海瑞绝不是一个人在战斗。他虽无严嵩、张居正的炙热权势，却有强大的道德动员力，凛然而不可侵犯。纵然是首辅亲信的房寰连疏攻击也扳他不倒，反而被海瑞及他的追随者扳倒了。从某种意义上说，海瑞恪守祖制所塑造的“祖制”成了他的护身符。

2. 治愈重而犯愈多

海瑞有一个强大的内心世界，而支撑这个强大内心世界的，就是他为之奋斗终生的“祖制”。如果说孤独的海瑞还有一个知心人，那么这个人就是洪武皇帝朱元璋。朱元璋究竟在开国之初，为他的殉道者海瑞铺陈了怎样一幅画面，让海瑞九死而不悔？

少年时的生活经历深深地影响了朱元璋当国后的治国理念。朱元璋生来是一个赤贫者，是最接近社会底层的人，遭受过人间最为惨烈的困苦。他曾经不止一次地在大臣面前念叨，自己在乡下时，经常会看到官吏饮酒作乐、不务正业、欺压百姓，闹灾时下乡放赈的官员会公然把赈米贱价卖给大户。对佃户的租子，他们会千方百计搜刮盘剥，这些人这些事让人可恨。每每想到那一幕幕的过往岁月；朱元璋的心里就会升腾起愤怒之火，恨不得拔刀杀了那些人。

他曾经不止一次地总结元朝灭亡的原因，并且不止一次地重复过那两个字：贪腐。

贪官是一群寄生于皇权肌体上的软体动物，一群脑满肠肥的既得利益者，他们当然不想破坏现有的秩序和游戏规则。一个把利益看得太重的人是不敢承担风险的，他们没有那么大的能量和气魄，他们的大脑已经萎缩到只够算计好处和倾轧同僚。作为寄生物种，他们一般不具有独立性，只具备依附功能。他们寄生于主子无所不能的权位中，有时甚至寄生于主子的痛苦中谋取利益。

明朝开国初年，朱元璋定下了历代以来最低的俸禄。正所谓“存天理、灭人欲”。低薪制其实是基于儒家学说的一种政治传统，只不过其他朝代没有低到明朝的地步。一方面是官俸低得不足以维持正常开支，另一方面是各级官员权力不受约束，制定各种土政策，进行各种乱收费几乎没有任何障碍。官员们往自己口袋里放钱，就像吃饭夹菜一样轻轻松松。这种制度的荒悖，正如同“渴马守水，恶犬护肉”，导致官员们的整体腐化成为一种不可避免的趋势。

在这种制度下，只有两种选择。一种是做清官，不取一分一毫，结果就是忍受正常人无法忍受的贫穷。明代的著名清官轩倪“寒暑一青布袍，补缀殆遍，居常蔬食，妻子亲操井臼”；秦弘“廉介绝俗，妻孥菜羹麦饭常不饱”。另一种就是遵照官场惯例，通过土政策来维持开支，支撑关系网的建立。而一旦越限，人们的欲望往往一发不可收拾。贪污就像遇到了适合环境的细菌，不可抑止地疯狂生长。

身为开国之君的朱元璋想要自己的王朝传之久远，必须要建立起一支高效廉洁，最主要的是听话的、不给他添乱的官僚队伍。建国初期，朱元璋并没有想到要用滴血的屠刀为一个继往开来的清明世界开道。他首先想到的完善帝国的官僚制度，比如他制定了大量的官员考核办法。

在朱元璋看来，别的罪过都可以饶恕，唯有贪污，一个也不能放过。他常常感叹："我处乱世，不得不用重典。"

"国初至今，将二十载，无几时不变之法，无一日无过之人。"

"天下初定，民顽吏弊，虽朝有十人弃市，暮有百人而仍为之。"

对于制度性腐败，历代以来，对付的办法只有两个，一个是"杀"，从肉体上消灭贪官。另一个就是"教育"，通过树立典型，大力表彰，提倡正确的导向，来感动人、教育人、转化人。

这两种办法都如水中捞月，无济于事。历代以来，以明太祖朱元璋惩贪最为坚定，对官员要求最为严苛。朱元璋经常对大臣们说："'节俭'二字，不但为治天下者所当守，治家者亦宜守之。尔等岁禄有限，若日用无穷，费用过度，何从办集？侵牟公帑，剥削百姓，皆源于此。"

洪武十八年（1385 年）后，朱元璋先后颁布《大诰》《大诰续编》《大诰三编》和《大诰武臣》，分别记录了二百三十六条案例，惩治贪官污吏的案例多达一百五十条。

自洪武年以来，官员贪污案件不断发生，这让一心打造清明世界的朱元璋大失所望，也因此激活了他性格深处的暴虐基因。到洪武十九年（1386 年），全国十三个省从府到县的官员很少能够做到满任，大部分都被杀掉了。据统计，因贪污受贿被杀死的官员有几万人。可见在洪武年当官并不是值得庆幸的事，一个官员能平平安安地活到退休就已经是祖坟冒青烟了。

朱元璋真是搞不明白，这些读书人抱着"朝闻道，夕可死"的人生信条，耗尽心力挤进体制内，本以为就此可以光宗耀祖，结果是这边刚刚走马上任，那边就成了刀下之鬼，成了大明体制的祭品。

杀完一批，又上来一批，刀锋所向，非但没有止住大明官场的腐败，体制内的官员反倒越来越少。其实科举这玩意儿与才华不可画上等号，很多时候那些有幸敲开仕进之门的读书人，凭借的不过是一种组合技能：死记硬背的知识，迎合主流的立意，规范端丽的文本，再加上恰到好处的临场发挥，同时运气的成分也很重要。进入体制之后，他们想得最深的、琢磨得最多的还是升官的终南捷径与发财的门路。很多时候他们将这两大主题合二为一，互为因果。

在这样的严刑峻法下，大明王朝两浙、江西、两广和福建的地方官员，从洪武元年到洪武十九年，或者任中被杀，或者任中被罚，竟然没有一个官员能够平平安安任满到期的。有些衙门，因为官吏被杀太多，空空荡荡没有一个人办公。为了保障政府正常运转，朱元璋只好法外开恩，叫那些官员“戴死罪、徒流办事”，“戴斩、绞、徒、流刑在职”，叫他们死刑缓期执行，戴着镣铐在公堂办公。

治理了二十多年，到了晚年，朱元璋胡子都花白了，朱明王朝的贪污案件仍然层出不穷。朱元璋连声哀叹：“朝治而暮犯，暮治而晨亦如之，尸未移而人为继踵，治愈重而犯愈多。”前边的死尸还没有收走，后边的继任者又贪污上了。治理越重，贪污的反倒越来越多。“似这等愚下之徒，我这般年纪大了，说得口干了，气不相接，也说他不醒！”

其实“愚下之徒”不是别人，正是朱元璋自己。执迷不悟的，是几千年来的中国政治。几千年来，历代王朝无一不是被腐败击倒。虽然有无数的明君贤相，大儒哲人，从来没有人尝试过用其他办法来治理腐败，没有人考虑过制度的合理性。对于这个死结，海瑞与朱元璋不谋而合。两人的解决方案就是：加强皇权、严刑峻法。人们总是习惯于从儒学原理出发，把腐败定义为道德问题，解决的方法只有教化和屠杀。

他们考虑的都是皇帝和官员之间的利益博弈，天真地以为只要让贪腐的官员付出惨重代价，那些尚在局中之人就会抽身而出，准备入局者也会知难而退。王朝开创时，以前的小团体被暴力横扫一空。新生的官僚集团还是个雏儿，皇帝们往往能操纵它。但是随着时间推移，官僚集团独立性越来越强，也越来越腐坏，用当时的话来说，就是“朋比胶固，牢不可解”。皇帝可以诛杀其中的成员，但无法改变其运转模式。一般来说，到了王朝中期以后，这个集团就已牢不可破。

在这样一个封闭完足的文化体系包围下，一切都有现成的正统解释，人们已经丧失了建设性解决问题的能力，丧失了用自然的方式思考的能力，只能在恶性循环中越陷越深。

平心而论，朱元璋定下的祖制本身确实也有诸多行不通之处。例如，朱元璋的祖制禁止高利贷。海瑞当巡抚时也就按此执行。但是高利贷的根源是银根紧，老百姓借贷困难。不解决货币供应问题，光禁止了高利贷，老百姓又从哪里借钱呢？祖制拒绝考虑这个问题，海瑞也就跟着拒绝。

但是这些技术困难并非问题的重点所在。我们要理解海瑞的困境，还要考虑更大的时代背景。海瑞挂在嘴上的祖制，他的执行需要这样一系列配套条件：皇帝要具备朱元璋的大权独揽，要对官僚集团实行严刑峻法，要严格遵守规则，不敢侵害百姓。但是这套东西在海瑞时期已经无法操作。

首先，很多皇帝并不称职。嘉靖四十五年（1566 年）二月，嘉靖皇帝收到了一份奏疏。奏疏内容用白话文表述如下：

——陛下您修道炼丹，不就是为了长生不老吗？但您听哪位古代圣贤说过这套东西？又有哪个道士没死？

——陛下您以为自己总是不会犯错吗？只是大臣们都阿谀奉承，刻意逢迎而已，不要以为没人说您错您就没错了，您犯过的错误，那是数不胜数！

——您奢侈淫逸，大兴土木，滥用民力，二十多年不上朝，也不办事，导致朝政懈怠，法纪松弛，民不聊生！

——您听信谗言不见自己的儿子，不顾父子的情分，您天天在西苑炼丹修道，不回后宫，不理夫妻的情谊，这样做是不对的。

——最画龙点睛的两句：其一，嘉者，家也；靖者，净也；嘉靖，家家净也。其二，盖天下之人，不值陛下久矣。

我们能够想象得到，嘉靖皇帝读完这封奏疏后震怒的情状，面孔扭曲，身躯颤抖，用力把奏折往地上一摔，再狠狠地踏上一脚，然后声嘶力竭叫道："快抓住这个人，不要让他跑了！"

嘶吼的声音冲出去，并没有撞在墙上反弹回来。一个叫黄锦的宦官马上出来跪奏："万岁不必动怒，此人向来就是个疯子，他知道必死无疑，所以在递奏本之前就买好了一口棺材，跟家人做了诀别，仆从们也已经吓得统统逃散，他现在就在那里等死！"

这个将皇帝骂得狗血淋头的人，正是海瑞。海瑞之所以对嘉靖如此痛心疾首，其中一个重要原因就是：他对皇帝寄望过高。在这份著名的《治安疏》里，他充满信心地说：必世之仁，博厚高明悠远之业，不过在陛下一振作间尔。海瑞实在高估了嘉靖的力量。

嘉靖长叹一声，又从地上捡起奏本——身为一国之君，他应当冷静面对，切切实实想一些事情了。嘉靖没给海瑞任何惩罚，把奏章留了下来。他不能忘记奏疏中有那么多事实从来没有人敢在他面前提过，他很矛盾，他有时把海瑞比作古代的忠臣比干，有时又痛骂他为"那个咒骂我的畜生"。

嘉靖帝左思右想，咽不下这口恶气，还是将海瑞押到监狱禁锢起来。可是当海瑞听到他舍身怒骂的昏君驾崩的时候，在监狱里双膝跪地，放声号哭，把吃进去的东西全部呕吐了出来。

海瑞对道德教条的死忠，虽然受部分同僚暗中讥笑，却深深感召了一批像顾允成这样的有道德理想的士子。特别是嘉靖四十五年的冒死一疏，更使他"直声震天下"。纵不能说海瑞是精于计算之人，但那一次，他是稳赚不赔的。假如皇帝杀了他，他必然求仁得仁，名垂青史；如果皇帝不杀他，他的道德声名则将换来雄厚的政治资本。果然，隆庆皇帝即位后，海瑞立即官复原职，且步步高升，官至左右通政（相当于国务院办公厅副主任）。隆庆三年奉旨巡抚应天十府，从中央空降地方充当临时一把手。海瑞只是举人出身，却获此重任，堪称大明第一人。

3. 道德世界里的独孤求败

大明隆庆三年（1569 年），南京街头弥漫着一种异样的气氛，豪门权贵忙着把自家红色的宅门涂抹成黑色，平时在街上飞扬跋扈的地痞流氓也都不见了踪影，就连一向趾高气扬的江南监织造的官宦们也都低着头匆忙赶路，更有一些平常恶名昭彰的官吏更是主动请求免职。

究竟是谁能够拥有如此大的威慑力，让平日里繁华异常的南京城突然变得如此异常？老百姓心中狐疑，私底下纷纷猜测：是当今天子驾临，还是周边县城的土匪来袭？当谜底揭晓，他们无不额手称庆，原来是当朝著名廉吏海瑞大人要来巡视。

这时候海瑞的名声早已传遍全国。他初入官场就以雷霆万钧之势取消了自己辖区内官吏们捞取油水的“常例”；随后又在担任户部主事期间拿出誓死的决心（买上棺材）与嘉靖皇帝直接叫板。这些几近疯狂的举动让海瑞早已成为官场同僚们茶余饭后的谈资。

如今最让南京城的豪门权贵忌惮的还是海瑞的清廉，那种像是天生与富人贪官有仇的态度让他们忐忑不安。海瑞初入官场担任浙江淳安县令，上任不到十天就革除所有常例。常例是帝国官场上不成文的规例。明朝官员俸禄本来就低，这是官员为获得制度外的收入而形成的“灰界限”。虽然没有红头文件，但人人都心知肚明，人人都墨守这一成规。

海瑞一上来就在“常例”上动起了刀子，直接将地方官吏获取灰色收入的管道截断，把所有的“不合理收费”一刀切，不光是自己应得的那部分，还包括县丞、主簿、典吏、教谕、师爷、衙役、门子。也就是说，全县大小官吏的全部额外收入全都被取消。海瑞这种做法无异于给帝国官场来了一场强地震，权力系统内部从上到下都将目光聚焦到了海瑞这个人身上。

海瑞不光劳别人的筋骨，苦别人的心志，更重要的是他先将自己逼至苦的绝境。他靠着月薪五两银子，居然能够在当时养活一大家人。当然在这个奇迹背后，生活质量是无法保障的，既然不愿意拿俸禄之外的“常例”，那就要从其他地方想办法来贴补家用。

海瑞自己动手在官署后院开辟了一块菜地，里面种上黄瓜、豆角。每天在官府衙门忙完公务，他就会换上粗布衣服，像个农民似的扛上锄头在地里忙活。全家人每天吃的都是粗茶淡饭，一年到头也不沾荤腥。自从海瑞当了官，家庭生活水平反而直线下降。那身官服在海瑞身上穿了六年，四处补丁，看不出颜色。每天烧饭用的柴，都是家里的仆人上山砍的。有一天，海瑞发现仆人砍来的山柴枝叶枯干，不像是新砍的，就把仆人叫来讯问。仆人交代说是街上有人为了巴结他，替他打好背回来的。海瑞立刻叫他把送柴人找来，当场付了五十个铜钱，回头关上院门就把仆人狠狠教训了一顿。

淳安府的县丞、主簿们都不愿意与海瑞共事，纷纷要求调离此处。那些临时聘用的衙役、门子宁愿失业，也不愿意留在海瑞身边。本来胥吏就没有国家派发的正式工资，主要经济来源就是“常例”，如今海瑞将他们的收入渠道堵死，也就等于让他们失业。

身边共事的人能离开的都离开了，忙得海瑞焦头烂额，一年没有几天休息的时间。不光与同事之间出现僵局，就是在处理上下级关系上，海瑞也是左支右绌，不按规则来。比如说上司生日、红白喜事，别的官员都奉上成百上千两，他只送上一封贺信。上级官员来检查工作或者路过，海瑞在招待住宿上严格按照洪武年间定下的标准来执行。渐渐地，海瑞的淳安县成了官员们的回避之所，不到逼不得已，谁也不愿意上门找不痛快。此时的海瑞就这样成为帝国官场上的“怪物”。

有人说生活中的海瑞没有朋友，是道德世界里的独孤求败。一方面是因为他与整个官场为敌；另一方面能够放下利益与他同行者不多。海瑞骂嘉靖皇帝被逮捕后，户部司务何以尚上疏救援，结果被逮入监狱。海瑞在监狱里没怎么受刑，何以尚却被日夜拷打、遍体鳞伤。后来等海瑞出任吏部右侍郎时，何以尚正巧是他属下。两人相见，海瑞待以长官接见下属之礼。何以尚问：“咱们当年同生共死的交情，难道你不能以客礼相待？”海瑞坚持朝廷礼制就是如此。何以尚和他当场绝交说：“不及黄泉，无相见也。”

不需要朋友的海瑞，好像连家庭生活也不需要了。他的第一个太太过门刚一个月，和婆婆发生了矛盾，海瑞毫不犹豫地休了她。在海瑞五十三岁的时候，发生了更黑暗的事情。他的妾韩氏忽然上吊自尽。十一天后，结发妻子也跟着自杀了。这件事情透着可怕的气息，但没人知道是什么原因。海瑞对此也悲痛不已，他提到此事时，说自己“每一思及，百念灰矣”。

他的女儿也死得扑朔迷离。海瑞的政敌在奏疏里指责他“无故而缢其女”，说的真是惊心动魄。明人姚叔祥在《见只编》记载了另一个说法。据他说，海瑞的女儿只有五岁，从男僮那儿接了一个饼吃。海瑞看见了勃然大怒，说：“男女授受不亲，你不是我的女儿！你要是能饿死，才配是我的女儿！”于是女儿啼哭不止，不肯进食，家人怎么劝也没用，最后活活饿死。

一个官场上的道德模范，却断绝了朋友，伤害了亲人，把自己的生活弄得一塌糊涂，搞得自己万念俱灰。那这个道德到底有多可靠？也许这正如奥威尔之言：“追求圣人之境的人是可怕的。”

大明隆庆三年（1569 年）闰六月，李春芳为大明首辅，任命海瑞为右佥都御史（正四品），巡抚应天十府。消息传开，应天十府中的贪墨官吏，吓得纷纷自动离职。一些高门大族把红色大门自行涂黑，连在苏州府等地监督皇家织造的太监违规乘坐的八抬大轿也换成了四抬小轿。海瑞威慑力之大，由此可见一斑。

海瑞自己也踌躇满志。朝廷把国家赋税重地的治理权交到自己手中，他感受到的是更为深重的使命感和责任感；一路上地方百姓夹道欢迎，使他感动之余更坚定了信心。上不负天子，下不负万民，他决心以澄清天下为己任，在江南之地干出一番事业。也就是说，此时的海瑞是作为皇帝的代表，来南京地区巡视的。这次巡视的主要目的，一是察看地方的民情，二是看看地方官员的政绩官声如何。所以当海瑞来了以后，当地那些平日里违法乱纪的人，从内心深处感到胆怯。当时海瑞的主要职责是监察百官为政的操守，比如行政效率、行为作风等。在明、清时期，都察院的官员就相当于皇帝的耳目。如果让他们不满意，那就等于得罪了当朝天子。所以南京城里的达官贵人一听说海瑞来了，唯恐避之不及。

排列古往今来的官场精英人物，海瑞绝对算是清官中的典型。作为古代官员无法超越的道德标杆，海瑞符合民间对于一个清官的种种诉求。海瑞以一己之道德所长，试图补救帝国在官家制度上的漏洞。自洪武开国到海瑞出任巡抚，帝国的钟摆已经整整摇动了两百年，这时候，由朱元璋引领的以武治贪的酷烈之风已经渐渐趋于转向理性的道德面。帝国权力系统中的吏员早已将自己的权力触角伸展到各个角落。

洪武时期，全国上下只有八千名官员，现在已经滚雪球式得发展到了两万人。当年朱元璋为了防止胥吏和官员祸害百姓，规定胥吏们不许下乡。如今这项禁令早已经取消，曾经被取缔的那些常例陋规又渐渐成为官场上的显规则。

一个县令，其家中的生活费用、招待客人的酒食、馈送上司的礼物，也都在地方上摊派。对于貌似合法、实际非合法的收入，朝廷也是听之任之却又遮遮掩掩。在各地区之间，官员捞取的灰色收入根本就没有统一的标准，因为一个富裕的县税收上稍加几分，县令就可以大捞特捞；而在一个贫穷的县要征收同样的数字，则已是极为暴虐的苛政了。

帝国有一千多个县，而建立在县制之上的官僚系统基本上都是在常例的支持下运转。没有这些收入，官员们根本连最起码的生活都失去保障，更谈不上维系自己权力的运转和人情社会的关系网。所以说，这时候的常例已经成为国家机器运转的润滑剂。这种情形使得文官集团看重的操守，也变得毫无意义。

上至皇帝，为了自己的私人小金库加收矿税；下到地方的小衙役，通过权力垄断，坐拥上万家资。居官如同市场贸易，读书只为利益敲门。办一件事需要多少贿赂，有公开的明码标价。官吏上下其手，腐败已经渗透到帝国的细胞。

前面有一个细节：南京城里的人听说海青天来了，吓得把自家大门的红色涂成黑色，这是为什么呢？其实，古代的住宅跟我们现代人是不大一样的，现在只要有钱住什么样的房子都没人管你，过去就没有这么自由了。住宅是分等级的，只有那些豪门望族的人，才有资格拥有朱漆大门，平民老百姓只能用黑漆大门。好端端的大门要改成黑色，就是因为海瑞驾临。这些豪门望族怕被海瑞查出问题来，所以就把自家的大门给涂黑了。这就等于告诉海瑞，自己只是普通的小老百姓，你的眼睛就不要盯着我了。这些人自愿降低身份，就是为了躲开御史海瑞的注意，逃避检查。

海瑞在江南之地对官场的奢侈做了种种限制，颁布了一份《督抚条约》。这个条约可谓事无巨细，就连各地方官员参见巡抚时应该穿什么服饰，招待巡抚应该采用什么标准，巡抚临时的住宅应该如何装修都做了详细规定。他要求物价高的地方，在招待巡抚的时候，只准花银三钱；物价低的地方只准花银二钱，菜肴只能三菜一酒，严禁海吃海喝。甚至还规定公务用纸，不许用高价厚纸，只能用低价草纸等。一句话说到底，能省则省。

海瑞的清廉到了让同僚们无法忍受的地步，他平日里放着八抬大轿不坐，偏要骑个毛驴去上班。他这样的“省部级”高官都不坐轿子，其他官员谁还敢坐？应天府那些当差的“属吏惮其威，墨者自免去”。这就是说，海瑞清官的权威是树立起来了，可没有人愿意再替他干活儿了。有人以此来推断，海瑞不像是一个官员，更像是堂吉诃德式的精神斗士。堂吉诃德是一个人在战斗，可海瑞不是。

谁给了海瑞这么大的胆子？不是别人，正是开国皇帝朱元璋。海瑞所效忠的大明朝，是一个极度强调道德意识形态的朝代，尤其开国皇帝朱元璋为了维护农民利益，不惜牺牲官僚利益。他通过酷烈的手段打击地方豪族、限制官吏伤农以及事无巨细的道德教化，将大明王朝的权力系统打造成为扁平化结构。国家上层建筑方面，他除了动用酷烈的惩戒手段，更是通过高尚的道德标准和低水平的薪俸制向帝国官员进行道德批发。

然而事后官僚集团们发现，在这种高姿态里面其实充满了谎言。

随着时间的推移，官员们对一个特定时代的道德指令产生了厌弃，同时夹杂着对道德专制的逆反，进而容易变成对道德本身的怀疑与不信任。到了海瑞所生活的晚明时期，官场腐败，贪官横行，社会矛盾日趋紧张。

即便如此，这时候左右着帝国命运的文官集团，并没有完全摒弃儒家的道德观。从嘉靖朝的"大礼议"事件，再到万历朝群臣抗议张居正"夺情"风波，帝国的官员们可以为了一个虚无抽象的道德目标，不惜罢官流血，也要犯颜上书。

正是在这样的政治生态中，海瑞才会挥舞着道德的大棒与富户贪官一较高下，才会敢于和皇帝公开叫板。

他把朱元璋提倡的各项原则都奉为自己的金科玉律，对自己和身边的人要求近乎苛刻的节俭。他的道德大棒是从朱元璋手里接过来的，他和太祖皇帝都天真地认为只要官员都回到社会的道德规范中去，很多违法乱纪的行为就能避免。

比如贪污就是因为官员们道德败坏而产生，所以需要加强这个社会的道德建设。对于制度性的腐败，历朝以来可供借鉴的只有两个办法：一个是"杀"，也就是从肉体上消灭贪官；另一个就是"教育"，通过苦口婆心的说服教育，来感动人、转化人。而朱元璋希望两手抓两手都硬，他除了派发道德指令，还动用了残酷的整治手段。

在权力结构中，作为皇帝的朱元璋这么做可以做得百无禁忌；而作为官员的海瑞要想将朱元璋的这些金科玉律使用到位，就可能会处处受到掣肘，还有可能会被已经变灰甚至变黑的制度反咬上一口。

海瑞踏足江南地界，他想为老百姓多办些实事，但在整个过程中个人的刻板与偏执表露无遗。江南之地多乡宦，单是一个松江府，光进士就有二百四十多人，在全国都名列前茅。而进士又大多在朝为官，他们致仕后就成了地方上的官绅。

官绅致仕回乡，就成为富甲一方的富户。其实他们的财富也未必是侵占乡民得来的，这些人在为官时拿国家的俸禄，建功还有赏赐，赋税也有优惠，积累一定的财富也不足为奇。但是海瑞不那么看，在他看来普天之下“为富不仁，为仁不富”。这个世界没有干净的财富，干净的人就要像他那样过着清贫的日子。

海瑞完全把自己当成了老百姓的代言人，他要用自己手中的公权力来保障老百姓的利益。他不愿意用权力赋予自己的合法伤害权来伤害老百姓，他宁愿将自己置于应天十府的富户官绅的对立面。

海瑞担任南京吏部侍郎的时候，曾经处理过一种叫“应票”的东西。南京官员到商店里买东西，往往不付钱，而是直接给商家打白条。这个白条就叫“应票”。理论上说，日后政府有钱了要兑现应票。但实际上，它们从没被兑现过。

海瑞是个清官，名声在外。所以他一上任，商家就送来了300多张应票，希望海瑞主持公道。海瑞拿着一厚沓子白条，大吃一惊。但经过调查以后，海瑞更加吃惊了：各级政府开出的应票远远不止此数。商家曾经向政府缴上很多应票，要求兑现，结果不但没有兑现，干脆连应票都被没收了。这已经是明目张胆的抢劫了。

海瑞勃然大怒，发了一个告示，洋洋洒洒痛斥道：我收到了兵马司的应票89张，其他衙门的应票220张。这还都是漏下的，其他被收缴的应票还不知道有多少。“今兵马司官也小，也做了一个狼之贪、虎之猛，以小民膏血迎合上官。又做了一个过送赃私的积年！”他质问道：大明祖制和律法里，哪一条规定了官员可以开白条？

海瑞接着在告示里说了一句很有分量的话：“做百姓不可做刁顽不听法度的百姓，也不可做软弱听人打、听人杀而不言的百姓！”这句话，几百年后听来仍旧让人凛然。

海瑞对大明朝官僚集团的评价，就两个字：虎狼。对于海瑞来说，对付虎狼的武器，那就是祖制。按照朱元璋当年定下的制度，官员不能打白条、不能霸占民田、不能行贿受贿。但是在现实中，大明朝的官员就是在打白条，就是在霸占民田，就是在行贿受贿。在海瑞看来，祖制如此完美，而现实如此黑暗，其原因就是大家不遵守祖制。

接下来对积案的清理，更坚定了海瑞为民做主的决心。海瑞发现，所谓的积案，不过是百姓状告富户乡官之案。官府碍于富户乡官的情面，通常情况下，是将这些案子强行压下来，不予受理。海瑞公开放告，有冤的百姓纷纷前来抚院投状，一天之内，受理的案件就多达一两千。海瑞还制定了几条审理案件的标准，只要符合标准的案件全部实行"一刀切"。标准如下："凡讼之可疑者，与其屈兄，宁屈其弟；与其屈叔伯，宁屈其侄；与其屈贫民，宁屈富民；与其屈愚直，宁屈刁顽。事在争产，与其屈小民，宁屈乡宦，以救弊也；事在争言貌，与其屈乡宦，宁屈小民，以存体也。"

也就是说，当案子疑点重重，纠缠不清的时候（讼之可疑），就采用这一标准：兄弟相争，判弟输；叔侄相争，判侄输；贫富相争，判富输；尤其是有财产争议的案子，判乡宦输。为了凸显自己为民解困的决心，海瑞制定的判案标准完全符合道德的标杆，他概括出两条原则："以存体也（维护尊卑有序的封建秩序）"，"以救弊也（救济小民）"。海瑞似乎天生就与那些富人有着不共戴天的仇恨，穷人和富人之间打官司，不管对错，海瑞肯定会判富人输。

这样一位高举着"道德理想化"旗帜的清流人物，在一个地方为官一任，到底是误事还是成事呢？无论在哪个时代为官都要讲究方式方法，用现在的话说，既要总揽全局协调各方，还要讲究和谐安定的政治局面。

而海瑞的这个标准得到的社会反响是截然不同的两方面：平民老百姓拍手叫好，高呼"青天大老爷"；那些退休的乡绅们则举双手反对，大呼不公。有冤的百姓奋起告状，状纸越来越多。每月放告两次，每次受理三四千件。

海瑞的“一刀切”断案法带来的负面影响很大，那些与尊长纷争的小辈们，聚集在抚院门口高呼不公，明明是叔伯辈无理打伤了自己，自己反倒输了官司；富户官绅们更不满意，他们与贫民打官司，不问缘由就判退田产、出银子？

随着时间的推移，在海瑞掀起的这场运动中受到冲击的富户越来越多。这些人都是哑巴吃黄连，吃了亏也不敢站出来辩解申诉。要知道明朝的应天十府，社会结构非常复杂，并不是简单的穷人和富人之分。除了富户官绅、农民佃户，还有不少中间阶层。比如那些无所事事的游民，平日里就爱干些坑蒙拐骗的事。海瑞拿富人开刀，也让他们看到了捞取油水的机会。于是他们也冒充小民，跑去状告富户官绅。一时之间，社会局面陷入失控状态，告状的人越来越多。这大大出乎了海瑞意料，他没有想到仅松江一地“告乡官夺产者几（几乎）万人”。

就连致仕在家的前任首辅徐阶也被海瑞的应天新政推上了风口浪尖。管家徐成、徐远的劣迹被揭发，受徐府仆人欺压的乡民们就这样将徐家推上了被告席，最后以徐家退还房产、兑现乡民田产赔偿金而收场。一时间，松江一府的富户乡绅，人人都是被告。在乡民看来，种肥田不如告瘦状。

隆庆四年（公元 1570 年）春，刑部都给事中舒化、戴凤翔联合起来弹劾海瑞拘泥固执，理由是：“不谙吏事”，“庇奸民，鱼肉缙绅，沽名乱政”。也就是说海瑞不切实际，不通人情世故，不达政体，不适合处理地方事务，应该安排南京的清闲职务“养起来”。他们还拿海瑞的私生活来说事。海瑞的前两任妻子先后被休，七个月前，家中一妻一妾同时去世，疑似谋杀。明朝官员大多是文人出身，文人生来要有所担当，修身齐家治国平天下，连家都不齐，何以治国？

这帮同僚的弹劾之辞，激怒了海瑞。既然同僚们都不理解自己，没人为自己辩解，他只好上书自辩，称那些弹劾他的言论纯属虚构，“无一事是臣本心，无一事是臣所行事迹”。海瑞感到万分委屈，自己一心报国，两袖清风，结果却换来了弹劾。他把一腔怒火，烧向朝中众大臣，怒斥“今举朝皆妇人也”。首辅李春芳自我调侃说：“满朝都是女流，那我不就成老婆子了？”

事已至此，海瑞这个巡抚是没办法再干下去了。海瑞在离开江苏地界时，沿路百姓欢送，但南京的官吏、乡绅，却躲在人群中以手加额，弹冠相庆。

在颓风肆意、腐败横行的大环境下，像海瑞这样不参与逐利的官员真正成了异类。而他的同类们——那些饱读儒家典籍的士大夫们，早已认为圣贤之事不合时宜。即使那些口碑尚好的公卿大臣，也不过是手伸得不太远、钱捞得有节制而已。在他看来，举国上下，已经没有一个人称得上正人君子。那些特立独行的孤高之士，在他看来做得远远不够，而贤士大夫则都是些污秽之人。他恨这些摇摆不定首鼠两端之人甚于大奸大恶。因为他们盗用了圣人的名义，对圣人之道为害更大。

其实，海瑞所向往的世界，也并不是像我们想象得那样遥不可及。大明开国之际，太祖朱元璋已经为这个世界制定了一幅美好的蓝图，他制定了一系列夯基固本的祖训家规，对帝国生活的方方面面都做了详尽得无以复加的规定，可以说是为自己的子孙定下了万年之基。在海瑞看来，朱元璋的这些规定接近于完美。从某个角度来说，海瑞的心和朱元璋是相通的。海瑞对朱元璋的残酷惩贪措施完全赞成：“我太祖视民如伤，执《周书》‘如保赤子’之义，毫发侵渔者加惨刑。数十年民得安生乐业，千载一时之盛也。”

海瑞所到之处，总是把祖制挂在嘴上，要求大家一丝不苟地执行。他在南京当官时，有位御史在家里叫堂会，请了一群戏子演戏。这在当时是司空见惯的事。海瑞知道此事后，居然要当众杖责这位御史。官员们大惊失色，苦苦恳求。但是海瑞不为所动，理由是太祖皇帝定下的祖制就是如此。

此时距大明开国已经两百多年。而海瑞就像是一个从洪武年代穿越过来的人，怀揣着朱元璋给他的一道道祖制。祖制在明朝享有崇高地位，海瑞将其挂在嘴上，表现在行动上，也就等于占据了道德的制高点。别人没法还嘴，却可以孤立他。这也是海瑞在官场上人缘差的主要原因。一位叫黄锦的太监就对皇帝说过：“这个人脾气极端乖戾，朝臣没有不讨厌他的。我都看不到有人肯和他说话。”

在海瑞看来，所有的错误，所有的丑恶，都是因为人们不能严格遵守圣人和祖宗的教训、放任私欲蔓延所造成的。其实今天看来，如果我们用“一根筋”这个词来形容海瑞这个人，估计也没有多少人站出来持反对意见。如果换作褒义一点儿的词，那就是“执拗”。

和那些奉行“以德服人”的官僚不同，海瑞并不完全相信治国的根本大计是上层提倡的一个抽象而至善至美的道德标准。这个标准责成下面的人在可能的范围内照办，行不通就打折扣。而他尊重法律，乃是按照规定的最高限度执行，如果政府发给官吏的薪水微薄到不够吃饭，那也应该毫无怨言地接受。

这种信念有他自己的行动作为证明：他官至二品，死的时候也就仅仅留下几两银子，不够殓葬之资。当然由于海瑞的道德人格，他在社会的各个层面都拥有不少仰慕者。但是就连那些仰慕他的人也认为他那套行不通。有一位叫王弘的人在《山志》里说：海瑞品格高尚，确实无人可及。但他要是掌了大权，“吾不知其竟何如也”。一位叫何良俊的人也夸海瑞：“不怕死，不要钱，不吐刚茹素，真是铮铮一汉子！”然而话锋一转，又说海瑞执政，终究会坏了国家大事。

亡国者的困惑

——歪脖子树上的死结

“明末士大夫，问钱谷不知，问甲兵不知。”这些文官们一生所经营的是程朱理学，是苦苦修炼的八股文章。而帝国晚期任用官员的传统，要职非进士出身者不用，内阁非翰林进身者不用。这些进士翰林们虽然享有帝国官场特权，但是在非常时期并没有起到与君分忧、与国分忧的作用。崇祯皇帝在位期间，朝中阁臣、尚书要员走马灯似的来了又去。直到他魂飞煤山前一刻，他还是固执地认为自己绝对不是传说中的亡国之君，而那些在纷乱时局中和稀泥的官员个个是误国之臣、亡国之臣。

这种纠结得近乎变态的心理魔障无时无刻不在提醒着他：不是自己太无能，而是官员太狡猾。这种怀疑精神在他与官员之间筑起了一道无法逾越的鸿沟，将整个帝国一步步逼向绝境，而每一步都是他登上煤山的台阶，直接通向死亡殿堂。如果说煤山歪脖子树上吊死崇祯帝的地方有一个打不开的死结，那么在他本人看来，那个死结就是帝国文官们留给他这个皇帝的夺命结。

1. 崇祯年的“蝴蝶效应”

崇祯元年（1628 年）新年伊始，这是一个龙年的开启，是崇祯即位后的第一个新年。

在崇祯初年出版的一部著作中有这样一段文字：“当今皇帝登基，立即就削除了邪恶势力，正人君子得以复兴，乾坤宇宙为之一清，日月星辰为之重朗。否极泰来，万象更新。每一道圣旨下发，人人都在额手称庆；每一道上谕颁行，处处都在讴歌颂扬。”在这种气氛中，朱由检感到从未有过的舒畅，从未有过的信心百倍。或许在某一个清晨醒来，他端详着镜子里的自己，甚至心生崇拜之意。这是十七年帝王生涯中最让他身心愉悦的一段时光，他甚至相信，靠着自己的英明果决，他会将大明带向又一个巅峰。

半夜子时，新旧年相交的时候，崇祯在皇极殿接受了朝臣们的隆重朝拜。透过古朴的礼乐声和朝臣们的致贺声，他甚至能听到远远的宫墙外面传来的鞭炮声，百姓人家正用自己的喜乐方式迎接新年的到来。

崇祯的新政是从调整内阁班子开始的。

明代内阁由内阁大学士数人组成，设立于永乐年间，最初只是皇帝个人的秘书班子，职位并不高，只有五品，与翰林院学士的品级相同。但自宣德时期起，情况发生了变化。内阁不再是皇帝的私人秘书，而成为国家的一个特殊官僚机构。内阁在同皇帝分离的过程中带走了一部分原先属于皇帝的职能，主要体现在票拟圣旨这个方面。这帮人虽无宰相之名，却有宰相之实。在一个文官官僚的政治生涯中，如果他能够充任辅臣，那么也就实现了自己的最高人生理想。

为了避免走哥哥朱由校的老路，他不愿意按照老一套的程序陷入朝臣们设定的圈套。他既没有能力一眼就相中贤明之臣，又不愿让朝臣们代为选择。他居然想出了一个听天由命的办法，举行一场“枚卜”大典，就是通过抽签的方式来确定自己所需要的那个人才。

后来的事实证明，崇祯用了一套不靠谱的办法，选择了一帮不靠谱的人。在抽签的过程中还发生了一个小小的事故，有一个纸签已经被崇祯从瓶子里夹出来了，结果来了一阵风，把那个纸签吹到了不知什么地方。宫中的侍从太监们忙活半天也没有找到。直到大典结束，那纸签才从大学士施凤来背后的衣褶中翻出来。打开一看，上面写着“王祚远”三个字。这位王祚远好端端一个辅臣的命运，就这样被一阵风给吹得无影无踪。

在崇祯组建的新一届内阁中，大多是些庸碌之才。虽然有个别比较好的，也因为性格气质的原因很难融入新内阁，很快就被皇帝赶走了，也由此形成了内阁成员走马灯似的换来换去的不稳定格局。

在刚刚登基的那些时日里，崇祯也确实摆出了一副策御天下的明君姿态。他年轻气盛、刚毅果决，在调换朝臣、限制宦官等几项大政方面，都表现得果断、利落，丝毫没有拖泥带水的迹象。他在位十七年，循规蹈矩地参加了17年的日讲，寒暑不辍。日讲之外还有春、秋两季每月三次的“经筵”，那是仪式性更强、规模更大的理论学习活动。他要通过这些常年的学习，增进自己的修养，砥砺自己的情操。他有着足够强烈的进取意识。

崇祯很快就发现，自己就像是一个有心无力的拳师，虽然挥出的每一拳都实实在在，但都像是打在一堆棉花上，瞬间就被卸去了力道。不论是靠天命选出来的新内阁班子，还是按资历德才循例提拔上来的部院大臣，都像是患了懒散症的病人。或许是长期的政治混乱早已动摇了官员的政治信仰，一个个活得醉生梦死，能捞则捞，贪腐之风更是到了前所未有的程度。

崇祯满怀愁怨地埋首于枯燥繁复的政务，他将自己的全副身心都用在阅读和批改各类公文上。或许是责任心使然，他发现自己对于调查处理那些头绪不清、疑点较多的案件有一种特殊的爱好。皇帝事必躬亲，自然会压缩官员的生存空间，这让他们产生了极大的反抗情绪。崇祯是一个事业狂人，又加上自负、多疑等其他一些性格特点，使得他成为自洪武、永乐以来对政务操劳最多、关心最切，也是让朝臣们受不了的一位皇帝。

为了层层传导压力，崇祯向内阁等部门发布了一道上谕，其中讲述了自己登基以来夙夜焦劳、为国家民众呕心沥血的情状，进而责备朝臣“政事奉行不实，徒夸纸上虚言”。他希望能够唤醒那些已经睡着，或还在装睡的官员们，希望他们能够振作起来，共同创造一个崭新的未来。但每次平台召对，因为时间短促而不能把问题讨论清楚。所以他决定：今后除酷暑严寒之外，朕将每日御于文华殿中，所有奏章均同各位辅臣面商定议，务求处理精当。他要求群臣“一洗欺玩颓靡之习，共收奋庸熙绩之功”。

每天都同皇帝接触，实际上对阁臣本身也是一个极大的考验。有人说崇祯皇帝天生就是文官的克星，其实这是毫无道理可言的。因为这个世上从来就没有无缘无故的爱恨，所有的爱恨皆有果有因。

年轻的皇帝对待文官，就像是在翻版有情男女的交往史。双方在刚交往的时候，对未知的生活都抱有美好的幻想。可是等到庸常的日子消磨了激情，涌动的暗流就会浮出水面。魏忠贤倒台后，崇祯皇帝所面临的第一项工作就是拨乱反正，推行新政。在人事上要做重大的变革，抑制魏忠贤的党羽，重新起用清流，这是稳定全国、平复人心最重要的一项举措。

崇祯皇帝的起点其实并不低，也做得有板有眼，定阉党的“逆案”确实惩治了很多魏阉遗党。可是这种雷厉风行、有板有眼的治国状态并没有维持太长时间，崇祯很快就发现帝国文官是最不容易搞定的一群人。他从最初的雄心万丈到后来的焦头烂额只用了不到三年的时间，而最直接的原因就在于他在用人制度上自乱阵脚。

崇祯皇帝和他的那些前任执政者们并无本质性的区别，尤其是在和那些文官打交道的过程中，这种既倚仗又厌恶的情绪始终困扰着他。刚接手政权的他在很多方面急于求成，对有才能的人也愿意委以重任。可是还没等到屁股下面的皇位捂热，他又唯恐官员们抱团结党，反过来分肥自己的皇权。尤其是对那些和自己意见相左或比自己更高明的人，心存褊狭之念与防备之心。这种矛盾的情绪贯穿了他的整个执政时期。

对于一个和时间赛跑的帝王来说，朱由检需要做的就是在最短的时间里将朝中大权牢牢地掌控在手中，成为名副其实的帝国一把手。为了尽快缓解日趋紧张的社会矛盾，崇祯从前朝帝王那里活学活用“休养生息，发展社会经济”这一套政治流程。此一时彼一时，巨额的战争费用和臃肿的官僚体制所造成的耗费无度，使得任何具有“慈悲情怀”的政策在转眼之间就被具体执行者转化为帝国的“苛政”。本来所有的治国方略都是用来灭火的，结果却引得火上浇油。

崇祯二年（1629 年），开源节流的大明王朝开始裁减驿站经费，并由此引发了一场来势汹汹的“蝴蝶效应”，起因源于一个叫毛羽健的御史。此人向崇祯上书说“驿递一事，最为民害”，由此得出结论，驿递制度已经没有存在的必要。

接着，一个叫刘懋的给事中也站出来给崇祯上书，建议裁撤驿站。其理由是既可以制止官员揩皇家油的腐败问题，每年还可以为国家财政节省近百万银两的开支。

在风雨飘摇之际力图有所作为的崇祯看了这些报告后，觉得甚合朕意。于是一道圣旨从紫禁城飞出，命令在全国裁撤驿站。然而，伴随驿站的裁撤，出乎人们意料的事情发生了。

撤销驿站的命令改变了一个叫李自成的普通驿卒的人生道路。出身农民的李自成早年当过兵，退伍后找门路在家乡附近的驿站谋了个当驿卒的差使。驿卒虽然地位卑微，但是有固定薪水，迎来送往还有些小油水可捞，因此，李自成这样的贫苦农民要谋到当驿卒的饭碗，肯定不是易事。但是，崇祯一道圣旨便砸了李自成的饭碗，生计无着的李自成被逼走上了造反的道路。

古今中外的改革，最大的阻力莫过一个“利”字。因为改革必然要改变原有的利益分配格局，形成与一部分人争利的局面。在社会财富总量不变的情况下，李自成们要养家糊口，官吏们要吃拿挪用，崇祯则要用这些钱来缓解财政危机。无论采取什么样的配套措施，每年百万两白银的去向，都会在朝廷、官员与驿卒之间引发对立。有学者估算，在明朝的最后几年，国家俸禄册里列出的皇亲有 10 万人之多，而同时期的中央官员（京官）是 1.5 万人。1562 年，全国各地上交国家的田赋共有 400 万石，可朝廷支付各地亲王及皇亲的俸禄则为 800 万石。用现在的话说，皇亲们一年的消耗竟然等于两年的全国农业税。粗略估算，国家财富的 30% ～ 40% 都被皇亲所耗费。

财政出现困难，崇祯和他的大臣们想到的是裁员以摆脱危机，但有趣的是，裁员的对象不是消耗了国家巨大财富的皇亲，而是最基层的工作人员——驿站小吏。在汉、唐之时，驿站之间的距离多为30里。明朝裁撤之后，驿站数量减少，驿站之间的距离改为60里。后来，驿站越撤越少，驿站之间的距离也就越来越大，有的甚至到了200里以上。裁撤驿站确实节约了朝廷的财政开支，据测算，崇祯朝裁撤了三分之一的驿站之后，节省国库开支10万两白银。

裁撤驿站之后，驿站的服务质量严重缩水，很多官员也因忍受不了长距离的跋涉而放弃了必要的巡视检查工作，导致了惰政的进一步滋长。同时，被裁员的大批驿站小吏成为失业人员，他们中的很多人成了官路上的劫匪，严重地危害着社会稳定。

就在崇祯不得要领地努力励精图治的时候，各地的农民暴动已呈星火燎原之势。张献忠所部纵横于晋、陕、豫、皖、川、楚各地。八大王张献忠的名头已经响彻帝国上空。而李自成，更是一个缠绕于明朝君臣们心头的噩梦。

2. “罪己诏”成了一道魔咒

崇祯八年（1635年）正月十五上元节这一天，农民军以迅雷不及掩耳之势占领了凤阳，放火烧了皇陵享殿和朱元璋出家当和尚所居的龙兴寺，也把朱家祖坟掘出了一个大洞。祖坟被掘开的凶信传到紫禁城的这一天，正是新春重开经筵的日子，一切准备都已就绪，但突然而至的噩耗打乱了原来的安排。崇祯命暂停经筵，自己换上了黑色的袍服，从乾清宫搬到偏殿，以示哀痛和对自己的惩罚。根据我们的传统观念，国家有大灾变、大动乱，天子有着不可推卸的责任。

在那个时代，即使是一介草民让人挖了祖坟，也是既坏了风水又丢尽颜面的事情，更何况是天子。崇祯怎么也不会想到，皇室的尊严会在自己手中以如此不堪的方式折断，他陷入难以自拔的忧虑。朝臣们则认为这件事是“君受辱，臣当死”，为“古今未有之奇变”。

自从当了这个皇帝，崇祯没有睡过几天安稳觉。除了那些负责警卫和打更的太监，他应该是紫禁城里睡得最晚的那个人。大部分夜晚，他会睁着眼到天明，他想看着自己的宫殿一点点从黑暗中显现出来。

面对帝国上下如火如荼的沸腾局面，崇祯虽然不止一次下“罪己诏”，但是这种批评与自我批评的理想主义道德境界对于国计民生来说是没有任何意义的。面对在位八年以来国事日非的形势，崇祯一直认为是朝臣误国造成的，而他自己则是兢兢业业、朝乾夕惕，是本朝和历史上少有的英明之君。在他的内心深处，他从来没有承认过自己做错了什么事情，从来没有进行过自我批评。

所谓的“罪己诏”不过是一场缺乏诚意的个人秀，面对这“古今未有之奇变”，他必须给臣民们一个交代。两日后，崇祯皇帝身着素服亲自到太庙向祖先祭告，流着眼泪向列祖列宗汇报了祖陵罹难的不幸。如此不像样子的“罪己诏”，已经让崇祯皇帝相当脆弱的心理失去平衡了。在天下纷纷、政局大乱，几乎无法挽回颓局的形势下，崇祯帝不得不下诏罪己，勉强做一番自我批评。

数年的苦心经营，竟然会换来如此不堪的局面。崇祯感觉到，那个迟迟未行的罪己之举还是要进行的，不然不足以挽回上天的眷顾，也不足以振作臣民的精神。崇祯八年（1635 年）十月十八日，崇祯突然向兵部发出了一条上谕。从格式到内容，其实都是一份罪己诏书。让帝国官员们疑惑不解的是，这份“罪己诏”不是以诏书的名义颁发，而是以上谕发出。

时过境迁，那些老于世故的官员才恍然醒悟，他们的皇帝将颜面看得比自己的江山还要重要，以上谕的形式颁发一份“罪己诏”，不过是为了掩人耳目。通过邸报，这个上谕同样能传遍天下，又可以收到感动臣民的效果。这份特殊的上谕是由崇祯皇帝亲自撰写的，又长又空洞，其要点说：“朕自继承大统以来，希望与天下更新，不想倚任非人，遂致内外教哄。

国库空虚而征调不已，城乡凋残而加派难停。及至今年正月，皇陵被难，责任实在朕躬。”

崇祯十七年（1644 年）二月十三日，崇祯皇帝第四次下“罪己诏”。此时距离亡国之日只有一个月的时间，他的“罪己诏”风格仍然未变，空话连篇，文过饰非，名曰罪己，不知罪的是谁人。其中写道：“罪在朕躬，谁受其咎！”同时，他拐弯抹角地指责“大臣不法”“小臣不廉”“言官首鼠而议不清，武将骄懦而功不举”。总之，一切过错都应该归咎于文武百官。

这样一个又空洞又虚伪的“罪己诏”自然对于国事毫无补益。在崇祯的“罪己诏”颁发之后没几天，二月十六日，李自成率部从太原出发，而且在出发后也发布了一道诏书。诏书列举了明朝种种暴政：“狱中囚犯累累，士人不思忠义报国；赋役征敛重重，百姓期盼推翻暴政。苍天不仁，致万民辗转于灾难。”诏书要求明朝君臣“体念天地祖宗，审地度势”，及早投降，这样还可以保留一个爵位封号。

一个胜利者在向一个失败者发出最后的通牒。残局处处需要应付，却处处应付不过来。

朱由检在位期间先后六次向天下臣民颁布“罪己诏”。一个皇帝颁布“罪己诏”等于是在向天下臣民做自我检讨。普通人犯错误都不愿意低下头做检查，何况让君临天下的天子低下他那颗高傲的头颅。这无疑是一件极其尴尬的事情，尤其是对于崇祯这样一个刚愎自用、殚精竭虑、乾纲独断、励精图治的“中兴之君”（崇祯皇帝自诩）。然而，朱由检却是中国历史上颁布罪己诏最多的皇帝之一。

崇祯十年（1637 年）闰四月大旱，久祈不雨。崇祯颁布“罪己诏”自曝官场腐恶内幕：“出仕专为身谋，居官有同贸易。催钱粮先比火耗，完正额又欲羡余……又如勋戚不知厌足，纵贪横于京畿；乡宦灭弃防维，肆侵凌于闾里。纳无赖为爪牙，受奸民之投献。不肖官吏，畏势而曲承；积恶衙蠹，生端而勾引。嗟此小民，谁能安枕！”

帝王的“罪己诏”折射着中国古代政治文化传统的某些特点。国家危难，帝王“罪己”，借此消除民怨。“罪己诏”诚然有欺骗性的一面，但确也包含着帝王对自身过错的反省，其中不乏真诚的忏悔。崇祯这么做，折射出了帝国的社会矛盾和治理危机已经走到了分崩离析的边缘地带，不然一国之君何至于此？

崇祯皇帝下定决心颁布“罪己诏”，以图消弭天怒人怨，挽回世道人心，匡扶江山社稷于风雨飘摇。

当然，对于一个刚刚登上政治舞台的男主角，崇祯皇帝的表演并没有让他的臣民们失望，他通过一系列的雷霆手段展现了一个演技派皇帝的实力。他先是以令人钦佩的魄力，夺回了把持朝政的阉党魏忠贤一伙窃取的权力，同时又罢免了一大批阉党分子的官职，起用了一批官员到中央权力机构任职。

对于一个政治新人来说，这份答卷可以算是接近于完美，当然这也是崇祯皇帝在位十七年最为耀眼的时刻。事与愿违，帝国的人事调整并没有给大明王朝带来任何复苏的迹象。随着时间的推移，国内基本情况不仅没有得到好转，相反各地平民的反抗运动反而愈演愈烈，对后金的战争也是节节败退，权力集团内部的相互倾轧也没有随着魏忠贤集团的败亡而烟消云散。

这也是为什么崇祯会在生命的最后一刻发出那句“文臣人人可杀”的恶毒诅咒。在他看来，帝国政权之所以走向穷途末路，责任不在自己这个皇帝身上，全在那些误国误民误己的官员身上。当然这种认识并不是后来才有的，从崇祯皇帝接过皇权的那一刻起，他就对那些帝国军政机构要员产生了种种疑虑。

在崇祯皇帝当国的十七年时间里，权力集团内部党争始终就没有好转过，反而一路狂飙。尤其是到了崇祯末年，帝国权力运转走进了一条死胡同。就连新年朝贺、祭拜祖庙这样重要的国家典礼，官员们都敢不参加。崇祯皇帝一个人坐在偌大的宫殿之上，除了极度的愤怒，还有对眼前如火烹油的时局的无力感。

朱由检本来就不是一个脾气柔和的人，可这时候他的一腔怒火除了能够点着自己，还能点着谁呢？

崇祯十二年（1639年）三月，崇祯皇帝先后以失地之罪，一次性就斩杀了三十六名地方高级官员。在后来的日子里，崇祯皇帝又开帝国三百年未有之先例，带着年幼的皇子们在殿堂上亲自主持审问官员，并且主持行刑。在行刑中不惜动用重刑，以夹棍夹断朝官的双腿，当头棒打那些不听话的朝臣。

朱由检在位的十七年里，先后诛杀两位首辅大臣，撤换五十位内阁大学士，另外又撤换了十四名兵部尚书、十七名刑部尚书。在被撤换的十四名兵部尚书中，有九人被治了重罪，其中斩首者一人、治死者一人、自杀三人、下狱两人、革职查办两人。处死或被逼自杀的督师、总督，包括袁崇焕在内达到十一人之多，其中有蓟辽总督刘策，漕运总督杨一鹏，督师熊文灿，陕西三边总督郑崇俭，蓟州总督范志完、赵光抃等。

由于少年皇帝的喜怒无常、淫威滥施，那些阁臣、尚书的下场大多极其悲惨。这种情况不仅在明朝，就是放在中国历代帝王中都是一件罕见的事。一个频频使用酷烈手段践踏朝臣肉体与尊严的皇帝，不可能让群臣死心塌地为他效劳尽忠。

崇祯皇帝在他的幼年和少年时期亲历了红丸案和移宫案等骇人听闻的政治阴谋，那些连环套似的政治阴谋和他长年与世隔绝而又亲情寡淡的深宫生活就像是一条条噬心的蛇，撕咬着他的精神，扭曲着他的灵魂。在这种命运的无常与超乎寻常的冷漠中，朱由检渐渐形成了分裂式的双重性格。

一方面，急躁而刻薄，使他对手下人薄情寡义而又自以为是；另一方面，这种打小就形成的孤僻冷漠和难以主宰自己命运的无奈又使他生性敏感而多疑，从而因内心深处的过分软弱和自恋造成极度的自尊，一意孤行而完全听不进别人的任何意见和建议。

崇祯身上的性格特征，为帝国的天空涂抹上了一层怪异的色彩。在一些关键时刻，他往往会表现得首鼠两端，既怨天尤人又怀疑自我，最后则是毫无主见地把一切交给完全不靠谱的命运来安排。这种纠结的性格对普通人来说都是灾难性的，何况是一个帝王呢？

崇祯皇帝的软弱很多时候看起来是无底线的，甚至连一些事关朝廷纲纪和皇帝颜面的事，在他那里也能够做到船过水无痕。譬如崇祯十六年的元旦朝贺，按时到场的就只有两位官员；崇祯十七年的新年朝贺，更是连一个大臣都没有出现。官员们连续两年都放了皇帝鸽子，坏脾气的朱由检居然都能够做到宽容以待，在事后没有向任何官员举起他的鞭子，实在让人摸不透他心里究竟是怎么想的。

崇祯十六年元旦那天到场的两位官员，一位是皇亲国戚，另一位则是崇祯皇帝身边的大红人，鼎鼎大名的首辅大臣、内阁大学士周延儒。周延儒在这件事后，只是婉转地兜了几句圆场话，就把崇祯皇帝的怒火平息下去。本来是有伤国体政体的大事件，居然就这样大事化小，小事化无，毫无半点儿原则性可言。

如果从国家治理的角度审视，崇祯皇帝是一位有着太多小聪明而缺乏全局考虑和管理的皇帝，他身上有着太多少年人的习性，在心智和行为上的表现都像是一个“问题青年”，很多时候表现得过于急功近利、情绪上容易大起大落，待人处事喜怒无常。

很多时候，他会按照自己的套路出牌。他的套路就是在很多时候，他会轻易去否定一个人或者一拨人，当然也会轻易相信一个人或者一拨人。这种做法，根本不利于他对帝国权力的掌控。

3. 此消彼长的制衡游戏

崇祯十七年（1644 年）正月初一的清晨，崇祯皇帝朱由检自寝宫向皇极殿快步行去。按照大明王朝的惯例，他将在这一天接受臣子们的新年朝贺。当朱由检迈步走进殿门时，他才发现偌大的宫殿里空荡荡的，竟然连一个前来朝贺的臣子都没有看见。

早已过了朝贺的时间，崇祯皇帝朱由检犹如一尊泥塑的菩萨般高高地端坐于龙椅上，耐心地等待着他的那些官员们，等待着眼前缺失的那些“国之栋梁”们来给他这个帝国的一把手做新年朝贺。

时间一分一秒地滑过，朱由检在这一刻算是真正地体验到了孤家寡人是一种怎样的滋味。偌大的皇城透着荒凉，身为主人的他就像是被整个世界抛弃在这座孤岛之上。

新年朝贺，满朝文武大臣竟然没有一个人出现，这在从前是不可想象的。不知道是大小官员们沉溺于新年的氛围不愿前来，还是全然没把给他这个皇帝拜年当回事；又或者是人人都以为自己只是皇帝眼里的小角色，多一个自己或者少一个自己，没人会注意到，尤其是在皇帝的眼里。不管有着怎样的原因，朝贺时一个官员都没有到场，这实在是令人匪夷所思的一件事。情势已经危急到无以复加，而惯于无事生非的朝臣们却还在私底下酝酿新的是非。

崇祯当政以来，先后任用了五十位首辅大臣，平均算下来一年要更换三个人，数字可谓惊人。尽管如此，在他人生的最后阶段，他还是道出了那句经典的亡国言论：君非亡国之君，臣是亡国之臣。由此可见，崇祯皇帝对帝国官员的成见和敌意有多么深刻。

意思相同的话，崇祯皇帝不止一次地在人前表露过。

第一次是在崇祯十七年（1644 年）三月初四，朱由检面对满朝文武劝说他“南迁”时，说了一句黯然神伤的话：“国君死社稷，朕想往哪里去！”然后，他又恨恨地补充了一句：“朕非亡国之君，诸臣尽亡国之臣尔！”拂袖而去。

第二次是三月十七日早朝时分，崇祯皇帝看着下面哭天抹泪的大臣，陷入无言的境地。他用手指在桌案上狠狠地写下了“文臣个个可杀”的字句，让身边的司礼太监看了看，然后随手抹去。

第三次是三月十九日凌晨，崇祯皇帝在登上煤山之前写下的那封血书里，再次提到“朕误听文官言，致失天下”。在这里，崇祯皇帝两次提到“文官（文臣）”，一次是在自己痛下殉国决心时对在朝诸臣愤愤而发。崇祯皇帝并没有提到那些在外征战、给自己带来无数战败消息的督师武将们。哪怕是对左良玉、吴三桂那几个端着架子的地方军阀，他也没有恨到要杀了他们的地步。到底是什么样的原因，让崇祯皇帝在生命的最后时刻，还对帝国文官们恨意不绝？

崇祯帝多年来居于深宫，阴郁的宫廷生活让一个心智尚未完全成熟的少年人在精神上备受压抑。对朱由检来说，继位是一件遥远得近乎渺茫的事。如果他的哥哥天启皇帝的命能够再长一些，如果天启皇帝膝下有子嗣，皇位怎么也不会轮到他来坐。

如果只是如果，并没有成为现实的可能。当皇位犹如天上的馅儿饼落下来砸在朱由检的头上，他没有任何心理准备。不要说政治上是否成熟，就连最起码的心理调整都来不及完成。可是时间从来就不会等人，这就像是一场旷日持久的接力赛，当棒子交到手上的时候，接棒人还没有意识到自己接的是最后一棒。朱由检是被强行拉入赛道的，这种突然降临的压力可想而知。

将近三百年的漫长接力赛，从朱元璋开始，到朱由检接棒，如果说第一棒或者前几棒带有统治者的个人色彩，那么经过时间的冲刷，统治者的性格缺陷已经不是最重要的，帝国的病变已经渗进制度体系的肌理。遗憾的是，崇祯作为赛道上的最后一个接棒人，他在病变四起的制度体系下将自己的性格缺陷暴露无遗。当两者结合，帝国的死穴因此被点中，并最终成为历史的一道无解之题。

对于十七岁就除掉魏忠贤的崇祯来说，他在人事管理与调控上的表现却糟糕至极。极其自负的崇祯在内心深处大概还有很大的不自信成分，对于身边所有人都怀着一种深刻的怀疑和猜忌。与此同时，朝中的形势也发生了根本性的转变。东林党人在朝中的实力正在迅速壮大起来，他们中的不少人得到了平反，回朝上任，正好补上了被罢官落职的阉党分子。一度蛰伏星散的东林君子们又开始把持朝政，排斥异己，俨然成了朝中的主流派。

由于缺乏对世情人情的认识，由于自身眼界的狭窄和内心的不自信，崇祯皇帝在用人上犯下了致命错误，那就是他用了不该用的两个人。于是在短短的一年时间里，本应走出困境的帝国被带入新一轮的党争漩涡中。

这两个人，是继魏忠贤倒台后，在相当长的时间内担负起内阁首辅职务的温体仁和周延儒。按照惯例，像温体仁、周延儒这样翰林出身的礼部高级官员是应该被推为内阁候选人的，但这两个人都是魏忠贤统治时期做着高官平平安安过来的。尽管他们与东林党人没有什么积怨，却也让那些曾经备受迫害才刚刚翻过身的东林党人在感情上有一种非我同类的感觉。

在魏忠贤被清洗后，“阉党”暂时性地受到了压制。可是这种此消彼长的权力制衡游戏，就像是小孩子玩的跷跷板；一方势弱，另一方必然势强，均衡也因此被反复打破。这时候东林党人已经布列朝堂，一批东林党的老人进入内阁掌握实权。伴随着东林党势力的崛起，帝国权力集团内部的人事斗争也随之风生水起。由于东林党人进入权力核心层，非东林党人士就面临着被排挤的危险。阉党成员自不必说，一批新生代无党派人士也同时遭到了对手的大力排挤，其中的代表人物就是温体仁和周延儒。

非东林党人士并不甘心落败，他们也就此卷入了这场你死我活的权力争斗，就像是几方联手为帝国的盛大谢幕酝酿一场好戏。为了给内阁注入新鲜血液，也为了进一步寻找能臣良吏，崇祯举行了一次会推阁臣的活动。此时不少东林党人得到了平反，回朝上任，正好补上了被清查出来罢官落职的阉党分子。

这次会推显示了东林党人在朝中的实力。在报上来的候选人名单中，钱谦益、孙慎行、曹于汴都是东林党的骨干分子，而其中名气最大的是吏部侍郎钱谦益。此人是东林党的核心人物，而且诗名卓著，是全国闻名的大才子。由于钱谦益的名望和才干都非常突出，东林党人对他入阁主政、扩大东林党的势力抱有极大的期望。

当年天启皇帝清理东林党时，钱谦益被罢官回乡。等到崇祯皇帝上台，他又被重新启用，担任礼部侍郎。东林党的老一辈人物已经被天启皇帝打击殆尽，复出后的钱谦益成为东林党的领袖级人物。

当时很有希望入阁的温体仁和周延儒却没有被列入候选人名单。周延儒是文官中的翘楚。早在万历四十一年（1613 年），刚满二十岁的周延儒参加京城会试、殿试，均中第一，集会元、状元于一身。这个成绩还是相当显赫的。要知道明朝三百年连中三元者，只有洪武年间的黄观和正统年间的商辂二人。周延儒的仕途还是较为平坦的，崇祯初年，官居礼部右侍郎，成为部级高官，而此时的周延儒还是一名三十五岁的少壮派。

温体仁比周延儒大二十岁，也是学而优则仕的传统文人。虽然他的名气比不上周延儒，但是混迹官场的时间很长。崇祯初年他任礼部尚书，是周延儒和钱谦益的顶头上司。

朱由检一直都想有所作为。作为非东林党人士的温体仁、周延儒二人就这样成为新皇有意仰仗的势力。如果就名望、才学、资历而言，作为东林党“带头大哥”的钱谦益进入内阁应该是没有任何问题的。可问题是他不仅要确保自己进入名单，还要确保他的竞争者不能进入名单。也就是说他要挤掉别人，才能成全自己。

在权力场上，温体仁的资历比钱谦益老，职务比钱谦益高，是阁臣最有力的竞争者。

作为东林党的领袖级人物，钱谦益的人脉资源无处不在。在其同乡、门生和东林党人士的运作下，钱谦益顺利进入候选名单。在这份名单中，礼部有三位侍郎入选，而作为礼部尚书的温体仁被排除在外。同样是礼部侍郎，被皇帝眷顾的周延儒也没有进入这份候选人名单。

东林人士大概以为，稍稍压抑一下在魏忠贤体制下得志的人是合情合理的，也是很公平的，因此在会推中排挤掉温体仁和周延儒后根本就没有想到会遭遇抵抗。这种做法不仅引起了温体仁和周延儒的强烈不满，更为关键的是也引起了崇祯皇帝对官员结党的怀疑。在这次会推中，崇祯心目中要入选内阁的就是周延儒。可是会推结果出来，没有周延儒的名字。一向多疑的崇祯皇帝怀疑有人在捣鬼。

结党，在任何一个朝代里，都是皇帝最为痛恨和恐惧的字眼。温体仁和周延儒当然不愿意就这样在现实面前低头，在共同的利益面前，两人决定联手。他们抓住崇祯皇帝疑心重的性格软肋，向钱谦益及其同党展开疯狂反扑。

周延儒到处散布流言蜚语，指责钱谦益及其同党在这次会推中暗箱操作。温体仁还专门呈上一本《直发盖世神奸疏》，直接攻击钱谦益在天启元年以翰林院编修之职主试浙江时，接受考生钱千秋贿赂。为朝廷选拔人才都敢徇私舞弊，这样的人根本就没有资格当阁臣。

这场会推之战，最终以钱谦益被革职听勘，钱千秋被重新提审而画上一个牵强的句点。事后，钱谦益及其同党分别受到处分。在此战中，温体仁、周延儒虽然取得胜利，但他们从此与东林党人结下了梁子。崇祯皇帝对于“党争”一向是持否定甚至深恶痛绝的态度，而温体仁和周延儒等非东林党人士以“不组党羽”“忧国思民”的姿态出现，因此占得先机。

不久，东林党官员卷土重来，向温体仁和周延儒展开攻击。东林党的攻击波也是一浪高过一浪，他们甚至将温、周二人直接定性为“阉党”分子。可是在痛恨结党的崇祯皇帝看来，这时候弹劾温体仁和周延儒的人越多，就越说明二人没有结党营私，否则他们不会陷入孤立无援的状态。受到的攻击越猛烈，崇祯皇帝对他们的信任度就越高。

不过温、周二人比那些所谓的“党人”更加可怕。东林党人失势后，先前结盟的二人挑起了新一轮的“温周”党争。周延儒与温体仁组成内阁后，各自组党。温体仁与东林党人本来就没有交情，又加上先前与钱谦益交恶，于是开始有意将东林党敌对的阉党残余势力转变为自己的政治势力，以对抗东林党人。

在对待东林党和阉党残余势力的态度上，周延儒与温体仁之间产生了重大的分歧。周延儒深知东林党人在帝国权力集团中的影响力，整走了钱谦益，已报了自己的一箭之仇。如果从长远角度考虑，得罪东林党人不是明智之举，只有拉拢东林党人，为自己培植更多的政治支持者才真正可靠。而温体仁的想法却是团结权力集团中的其他党派，继续打压东林党。

温体仁几次起用阉党官员，周延儒都投了反对票。当然，周延儒这么做的真正想法也是怕温体仁结党后势力太大，不好挟制。这时候，两人的关系已经呈现出微妙的状态，表面上还是合作关系，但内里关系已经势同水火。

温体仁整倒周延儒的手段算不上多么高明，无非是利用宦官，大打“辽东牌”。这也为崇祯一朝重蹈前朝覆辙开了个头。在他刚刚即位时，因为不信任武将，也是为了遵循帝国文官带兵的旧制，尽撤镇守中官。他就像是一个春播秋收的农夫，将那些文官像豆子一样撒在辽东这块肥沃且危险的黑土地上。这时候辽东战事屡遭失败，粮饷无着，而廷臣根本没有能力解决。就是在这种情况下，崇祯皇帝还能不管不顾地做他的甩手掌柜，派遣内廷的太监监察各镇。结果可想而知，不但没有起到任何作用，反而使太监专权的风气重新形成。

温体仁看到了这个问题背后暗藏的杀机，他私下重金贿赂太监，以“辽东视察不力”为题，将周延儒一脚踢出内阁。太监之祸本来就是帝国的第一祸端，而辽东战事更是帝国的一个死穴。如果谁能够将两者结合起来做一篇文章，那无疑是一把插进帝国心脏的利器。

温体仁接任周延儒成为内阁首辅，“同官非病免物故，即以他事去”。这种不按规则出牌的做法，无异于在千疮百孔的帝国躯体上又捅了刀子。

温体仁与周延儒之间的斗争完全是出于个人权力私欲的争夺，对于帝国人事制度的破坏性极大。之后，权力集团内部的党争进入不可控制的阶段。

崇祯皇帝不是聋子和哑巴，更不是一个傻子，他对官员弄权之事也有耳闻。崇祯深知党争之害，也备受宦官弄权之苦，所以他从接手政权的那一刻起，这根弦就一直紧紧地绷着。他不是一个弹琴高手，却一直要绷着这根弦，他始终没有找到更合理或是更铁腕的方法解决这个问题。当问题得不到解决的时候，他只有被问题牵着鼻子走，被那些忙着瓜分权力的人牵着鼻子走。

周延儒失势后，视温体仁为自己的头号死敌。正因为如此，他才会想到联合东林党人。三方势力斗法，很难做到强者恒强，弱者恒弱。当一方势力过大，其他两方必然会联手以抗。周延儒并不甘心就此退出权力角逐，虽然久居乡里，但是一颗心从没离开过他眷恋的朝堂。

他动员各方面的力量，策划重新起用之事，同时还暗中指使人上奏指出温体仁的十二大罪，凑集了六万两黄金打点那些宫廷朝贵，终于成功地收买了司礼太监曹化淳。由曹化淳出面告密，指称温体仁自有党羽。对温体仁专权已有警惕之心的崇祯皇帝如梦方醒，革去了温体仁的阁辅之职。周延儒靠东林党人扶持，再次成为继任首辅。

这场温周党争之乱，至此持续了整整十年之久。对于一个江河日下的帝国而言，这可以说是最为要命的十年。

温体仁出任内阁大学士之后，攻击他的事件发生过几十次，攻击他的人上自大臣，下至庶民，攻击的内容也是五花八门。温体仁一直被东林人视为仇敌，但他不断受到恶毒攻击甚至在朝野间遭到普遍恶评，却与他受到崇祯帝的宠眷有关。

在崇祯十七年的统治中，没有一个内阁福臣能像温体仁那样任职长久。在其他四十九位阁臣中，除周延儒先后两次入阁总共五年多时间，其他人多则两三年，少则几个月，很少能多年安居于相位。

周延儒重新上台后，他的用人政策其实并没有什么新意。可以说，与温体仁相比，他只能算是一个政治上的老油条，绝对不是治世能臣。崇祯年间，后金势力越来越大，辽东败绩连连，可是周延儒在这时候关起门来玩党争。内廷（权力集团内部）党争不断，辽东战事吃紧，大明王朝这座大厦摇摇欲坠。

对首辅之臣的表现，崇祯皇帝也渐渐失去了耐心。在这个关头上，周延儒犯了一个不该犯的错误：他自恃已经取得皇帝的信任和各派政治势力的支持，于是奏请削弱厂卫缉事之权。厂卫是明朝特殊的特务组织，与内阁不同，厂卫直接听命于皇帝，所以削弱厂卫，无疑是太岁头上动土。

于是，与厂卫关系恶化后，锦衣卫和东厂太监“尽发所刺军中事”，开始暗中监视周延儒，并将他巡视辽东时稽延不战和谎报战功的实情报告皇帝。此时周延儒毫无察觉，反而又树强敌。这个敌人是前任首辅薛国观的门生阁臣魏藻德。

其实这个梁子结得有些牵强，真正得罪魏藻德的人并不是周延儒，而是他的学生吴昌时。因为吴昌时在魏藻德老师薛国观赐死一事上颇起作用，又对魏藻德多方打压。魏自然痛恨吴昌时，时时寻找替座师报仇的机会，也因此牵连到周延儒。

党争的一个特点就是，门生之间的仇恨会扩大化到老师的层面。魏藻德清楚，只要周延儒在现在的位置上多待一天，他就别想站到更高的位子上。因为他们不是一个派系的，所以除了斗下去，没有别的选择。另一位想要扳倒周延儒的是他内阁的同事陈演。周延儒不喜欢陈演的为人，对他十分冷淡。如此一来，陈演与魏藻德就走到了一起，与厂卫合谋攻击周延儒。崇祯十六年十二月，崇祯下令，吴昌时弃市，遂勒令周延儒自尽，并籍其家。与上一任温体仁相比，周延儒的下场要凄惨许多。

温、周斗法，前前后后持续了十几年，相继牵连进东林党人、阁臣、宦官、厂卫等多方组织，对大明王朝的官僚体制产生了极大的损害，而最可怕的是，导致崇祯的心态发生了变化。这位本来一直充满理想化的少年，在他很信任的温体仁和周延儒的身上，发现了以前他所没有见过的丑恶的一面。而且在温周二人相继执政的十几年间，崇祯皇帝发现，他接过来的那些巨债并没有还清。相反，更为严峻的现实问题又摆在了他的面前。流民没有扫清，边境并不平安，财政依然是赤字连连，朝臣们却忙于内斗，不断出现的是各种谎言和欺骗，以及各种信任危机。崇祯开始由不信宦官信大臣改成了对大臣的怀疑和对厂卫宦官的信任，也持续产生了对大臣道德水准的怀疑。对于他来说，这是一个重要的转变。由此，崇祯皇帝对整个文官制度由将信将疑转为对立，从一个“明君”开始一步步转化为偏执狂、迫害狂。

就是到了帝国垮台的最后日子里，崇祯还忘不了最后一次调整内阁班子。当时以陈演为首的内阁班子庸庸碌碌，又赶上最危险、最紧急的局势，既拿不出任何可行的办法，又不敢担当责任。眼看京城就要不保，他居然提出退休养病，令崇祯帝大失所望，所以立即就批准了陈演的辞呈。向皇帝辞行的时候，陈演自己也承认没有辅佐好皇帝，致使国难当头。崇祯也很气恼，说：“你就是死了也抵不了误国之罪！”

在明朝的最后十来天，崇祯所任用的首辅是魏藻德，此人是崇祯十三年（1640年）的进士，是崇祯亲自面试所取的门生，又是他一手迅速提拔起来的。由这样一位皇帝亲手培养的首辅伴随着他终结自己的王朝，也是一种耐人寻味的巧合。

4. 血光冲天的时代更替

崇祯二年（1629年）后金军包围北京城，崇祯帝第一次感受到了王朝覆灭的恐惧。

在明朝与后金十几年的军事对抗中，尽管明军一再失利，君臣将士在心理上也对这个强敌极为恐惧，但在口头上还是一直强撑着。在各种明朝的公文以及私家著述中，提到后金，一律用“虏”、用“奴”，甚至用“幺麽小丑”之类侮辱性的用语。但实际情况是，后金在崇祯登上宝座的时候已经发展成为极其强盛的一支力量。

就在崇祯登基的前一年，后金的第二代大汗（清太宗）皇太极继位，定年号为“天聪”。这位正值盛年的大汗统治的疆土没有崇祯帝那样辽阔，治下的人口更远远比不上明王朝那样众多，但他的政权正处于一个上升时期。皇太极的目标非常明确，就是要不断掠夺大明的国土。

与此同时，那些一度被魏忠贤逆党排挤罢官的大臣又重新回到了帝国权力场中，其中包括袁崇焕。崇祯皇帝极为认可袁崇焕的存在价值，也将其视为撑起帝国大厦的最后一根擎天柱。袁崇焕被任命为兵部尚书兼右副都御史，督师蓟辽，兼督登、莱、天津军务。

崇祯元年（1628 年）七月十四日，崇祯皇帝在紫禁城第一次召见了袁崇焕。君臣初次见面，崇祯直接问道："女真跳梁十载，封疆沦陷。卿万里赴召，有何方略？"

袁崇焕慨然道："如果皇上给臣方便，五年之内，东患可平，全辽可复。"新君刚刚上位，就如此看重自己，这让袁崇焕感到受宠若惊的同时，也让他的内心有所膨胀。或许是因为与生俱来的轻狂自傲，又加上宁远、宁锦两大战役的胜利，让他以为战无不胜的后金铁骑也不过如此。

如此大鸣大放的话最容易博得君王的欢心，崇祯也就信了袁崇焕的话，内阁辅臣们也大受鼓舞。情绪昂扬的袁崇焕又滔滔不绝地在皇帝面前发表自己的施政演说，作为旁听者的帝国官员已经很久没有听到这么振奋人心的豪言壮语。

袁崇焕并没有迷失于眼前的幻象，他为此还专门上了一道奏章。事后看，这道奏章就像是袁崇焕对自己下一步人生命运的预言。在奏章中，他提出了自己经营辽东有可能遇到的困难，一是皇帝和朝中大臣对他不信任，二是敌人挑拨离间，散布谣言。为此，他声明在先，军队中稀奇古怪之事多得很，不可能事事都查究明白。他自知有一股蛮劲儿，干事不依常规，要他一切都做得四平八稳、面面俱到，几乎是不可能的。

崇祯几乎满足了他的一切要求，也在不知不觉中将其逼至命运的死角。金庸先生曾经就崇祯皇帝与袁崇焕君臣相见欢的场景评价道："这使我想起文徵明的一首词来。他见到宋高宗亲笔写给岳飞的敕书，书中言辞亲切无比，有感而做了一首《满江红》，其中有一句：'慨当初倚飞何重？后来何酷？'崇祯对待袁崇焕，实也令人'慨当初倚之何重，后来何酷'。"

崇祯二年（1629 年），漠南蒙古东部闹饥荒，后金也遭遇了粮荒。明末处于小冰河期，大旱几乎连年不断，赤地千里，川竭井涸，蝗灾和瘟疫乘势而起，几乎席卷了整个帝国。

三月初，边境各地流言四起，说蒙古人正在储备南下的军粮。

宁远外边有一个前屯卫，前屯卫附近有个南台堡。袁崇焕在那里跟蒙古人做起了粮食生意。虽然崇祯皇帝对袁崇焕向蒙古开市卖粮持反对意见，但是他最后还是勉强同意。

开市以后，蒙古人不断来买粮。这些粮食很大一部分都是替后金买的。明与蒙古部落之间，并不是你死我活的关系。但后金对蒙古的威胁就大多了，后金可以完全征服蒙古，将所有的蒙古部落和草原纳入后金的统治——事实上最终也是如此。袁崇焕这样做不排除是为了拉拢蒙古人，但朝廷一旦追究起来，他实在是有口莫辩。

袁崇焕的议和、开市卖粮引起了轩然大波，他头上高悬的那把利刃也正在缓缓落下。身为局中人的袁崇焕对这一切浑然不觉，依旧按照自己的方式在命运的泥沼中高歌猛进。其中最令崇祯皇帝耿耿于怀的，就是杀死毛文龙。

毛文龙占据皮岛，拥兵自重。袁崇焕一直视其为祸害。

崇祯元年(1628年)，袁崇焕离京前夕，大学士钱龙锡亲自到袁崇焕寓所，咨询袁崇焕“五年复辽”的方略。

袁崇焕说：“当自东江始。文龙用则用之，不可则处之，易易耳。”袁崇焕十分清楚，擅杀主帅的做法太过冒险。因此，他尽了最大的努力以流血方式以外的手段争取毛文龙能够为己所用。毛文龙本人也很清楚袁崇焕到任之后采取的种种举措意在迫使自己为其所用，无条件地支持他。

在袁崇焕看来，只有拔掉毛文龙这个钉子户，他才能成为实至名归的辽东主帅，并且是唯一的主帅，更主要的是能够借此解决辽东的“人事问题”。为了逼毛文龙就范，袁崇焕先是断绝东江粮饷八个月，饿死东江镇军民无数，然后又拿出尚方宝剑，来一次先斩后奏。他罗列了毛文龙的“十二大罪”，然后假借皇帝的名义将其杀死。

斩杀毛文龙时，袁崇焕的亲信中军何可纲对他说：“生文龙，国不幸；

用文龙，朝廷不幸；杀文龙，公不幸。”事后看来，这样的话不免令人深省。

沉浸于复兴帝国大业迷梦中的崇祯皇帝倾全国之力支持袁崇焕“五年复辽”。身处紫禁城中的他有自己能够接受的心理底线，那就是后金军不能跨越长城一步。越怕的事越要来，这就是现实与梦想的差距。崇祯二年（1629年）十月二日，皇太极率领他的军队与蒙古兵约十万之众，避开了袁崇焕苦心经营的防线，绕道辽西，选择大明边防最薄弱的环节，突破喜峰口以西的长城边隘，大举入侵。后金部队几乎没遇到任何抵抗就攻下遵化。

按《大明律》，封疆失守，“情罪深重，国法难容”。也就是说，皇太极跨过长城之时，就是袁崇焕死期临近之日。让人无法理解的是，袁崇焕在皇太极出兵二十八天之后的十月二十九日，从宁远往山海关，途经中后所才获知皇太极的军队已经跨过长城的消息。一直以来，他以为只要在宁远、锦州一带把防御工事筑得牢牢的，意图南犯的后金部队即使插翅也闯不进来。

山雨欲来风满楼，袁崇焕从宁远经山海关、中后所日夜兼程，回京勤王。两日两夜急行军三百余里，比清军早到了两天，驻军于北京广渠门外。一切就像是一场梦，那个口口声声要拒敌于长城之外的袁崇焕却将战场摆到了皇帝的眼皮子底下。两军在德胜门和广渠门展开殊死相搏。袁崇焕来援北京时，因十万火急，只带了马军五千做先头部队，其后又到了骑兵四千，是以九千对十余万大军。

这样一场实力悬殊的较量，让崇祯皇帝和他的官员、百姓看得心惊肉跳。这场血战，清军劲旅阿巴泰、阿济格、思格尔三部都被击溃，袁崇焕也中箭受伤。皇太极在诸贝勒面前说：“十五年来，尝有此劲敌也！”于是不敢再逼近北京，驻兵在海子、采囿之间。一切都太晚了，袁崇焕的英勇形象并没有改变自己的命运走向。崇祯见清兵没有远退，不断催促袁崇焕出战。袁崇焕并没有执行皇帝的命令，他的理由是，保卫京师的军队人数太少，等关宁步兵赶到，再出城和清兵决一死战。

此时皇太极的军队蹂躏京城的行为已引起全城怨怒，百姓风传袁崇焕通敌、召敌也不是空穴来风。从“毛公死，世所冤；袁公死，人不怜”寥寥数语可以看出这首民谣的背后体现出来的社会舆论是极为不利于袁崇焕的。在这种情况下，袁崇焕不可能有自我辩护的机会，因为没有人会选择在这时候再相信他。

有御史上疏，称袁崇焕通敌。被愚弄的北京老百姓感到十分愤怒。民间谣言不仅破坏了袁崇焕军队的战斗力，更撕裂了京城军民同关宁军队的血肉联系，导致了“声声口口只说辽将、辽人都是奸细”的恶劣后果。其实早在袁崇焕与后金军队决胜关外之时，明朝境内就开始流传大量有关袁崇焕投敌的谣言。

谣言来自两方面，一是后金所制造，二是阉党残余分子的攻击。在崇祯皇帝上台后不久，以魏忠贤为首的阉党遭到了清算，但是官僚集团内部并不平静。由于种种原因，部分同阉党人物有联系的大明官员试图通过各种手段打击在朝的亲东林党人士，不断对以袁崇焕为代表的大明官僚发动进攻。

城外是敌人，城内也视自己为敌人，袁崇焕就这样成了全民公敌。一年前他在写给崇祯皇帝的奏疏里，预言过眼前的一幕。可是他没想到，现实要比自己想象得要糟糕一百倍。他所有的付出和努力都在证明那些山呼海啸的指控都是真实存在的，他欲辩无言。

谣言可以让真相更像谣言，让谣言更像真相。当真相混杂于谣言之中，人们自以为了解了真相，可他们又不完全相信真相，从而彻底丧失对真相的辨别能力。崇祯就像是一个输得急红了眼的赌徒，将自己乃至整个帝国的命运都押在了袁崇焕一个人的身上。对于袁崇焕来说，这无上的荣耀背后蕴含着巨大的风险。

崇祯皇帝见袁崇焕迟迟不肯将所有援兵调来守卫北京，更加疑虑难安。皇太极的十万铁骑在德胜门和广渠门日夜攻城，皇帝早已吓得魂飞魄散。这时候的他恨不得帝国的一兵一卒都赶来勤王，可袁崇焕总是以兵力悬殊为借口，始终不愿与其决胜于城外。崇祯真的愤怒了，他将大兵压境带来

的恐惧感和江山危急产生的挫败感全部发泄到袁崇焕身上，

崇祯二年（1629 年）十二月初一，崇祯皇帝再次于紫禁城召见袁崇焕、祖大寿、满桂等将领。崇祯逼问袁崇焕：“以前杀毛文龙，今逗留何也？”言下之意，你袁崇焕不是早就与皇太极勾结好了吗？既然以前杀了毛文龙，那么事到如今还犹豫什么？

“五年复辽”的誓言成了愚弄君王的戏言，“必不令越蓟西一步”的承诺也成了巨大的讽刺。帝国已岌岌乎大厦将倾，崇祯当然要惩治元凶。这个责任人除了袁崇焕，还有谁能担得起？

十二月初二，袁崇焕蒙冤下狱，朝中群臣大都知他冤枉。内阁大学士周延儒和成基命、吏部尚书王来光都上疏解救。总兵祖大寿上书，愿削职为民，为皇帝死战尽力，以官阶赠荫请赎袁崇焕之“罪”。袁崇焕的部属何之壁率同全家四十余口，到宫外申请，愿意全家入狱，代替袁崇焕出来。这时关外的将吏士民不断到总督孙承宗的衙门去号哭，为袁崇焕呼冤，愿以身代。崇祯一概不准。

尽管身陷囹圄，皇帝还是一次次地派出众大臣前去劝说袁崇焕写信给他的部下，要他们前来抵御皇太极。袁崇焕悲愤至极，但心念苍生，仍然写了一封封信。

崇祯三年八月，崇祯对群臣说：“袁崇焕付托不效，专恃欺隐，以市米则资盗，以谋款则斩帅，纵敌长驱，顿兵不战，援兵四集尽行遣散，及兵薄城下，又潜携喇嘛，坚请入城，种种罪恶——”

崇祯见官员们没有任何表态，便宣布他的决定：“依律磔之！”也就是对这位卫国功臣处以凌迟之刑。对于如此重大事件，早已失魂落魄的帝国官员都不敢造次，只能听凭皇帝发落。

凌迟，俗称“千刀万剐”，是在处决犯人时，将犯人身上的肉一刀刀割去，使受刑人在极度痛苦中慢慢死去。祸害国家的大太监刘瑾享受到了这一待遇，而为国效忠的大英雄袁崇焕也同样领到了这一奖赏。大太监刘瑾的凌迟，总共持续了三天，共 4700 刀。而一个英雄究竟能够承受多少刀，史料没有记载，或者说不忍记载，但根据明朝的凌迟风格，应在 3000 刀以上。

大兵压境，伴随着的是近乎疯狂的烧杀抢掠。那种人间地狱式的战争气氛，失去家园和亲人的痛苦回忆，漫天飞舞的飞短流长，终于汇合成了人们的恐慌、愤怒、焦虑、无助等混合的激情。袁崇焕被绑上刑场，刽子手一刀刀地将他身上的肉割下来。众百姓围在旁边，出钱买他的肉，一钱银子只能买到一片，买到后咬一口，骂一声。因为北京城的百姓认定，去年清兵围城是袁崇焕故意引来的。

当时共用了半天时间，剐了 3700 多刀，袁崇焕的皮肉已经刮尽，人还没死。这位刽子手回忆说，他分明听见袁崇焕的心肺之间，发出了一种声音，久久不绝……

这位职业刽子手承认，自己一生中杀人无数，但从来没有听过这种声音。他自己也不知道该如何解释这种现象。这个民族从来就不缺少英雄，可英雄也救不了一个走向速朽的帝国。袁崇焕死后，骸骨弃在地下，无人敢去收葬。他有一个姓佘的仆人，顺德马江人，半夜里去偷了骸骨，收葬在广渠门内的广东义园。隔一道城墙，广渠门外的一片广场之上、城壕之中，便是八个半月之前袁崇焕率领将士大呼酣战的地方。他拼了性命击退来犯的十倍敌军，保卫了皇帝和北京城中百姓的性命。皇帝和北京城的百姓则将他割成了碎块。

那姓佘的义仆终身守墓不去，死后就葬在袁崇焕的坟墓旁边。佘君的子孙世世代代都在袁崇焕墓旁看守。直到民国五年，看守袁墓的仍是佘君的子孙，他们说是为了遵守祖宗的遗训。

事实上，从崇祯三年（1630 年）开始，就预示了这位亡国之君根本就不配享有更好的命运。袁崇焕是大明帝国唯一一位连续两次重创清军的将领。如果崇祯皇帝能够给予他足够的信任，袁崇焕完全有可能成为力挽狂澜的历史人物。

可惜历史从来没有如果，面对这摇摇欲坠的江山，固执己见的崇祯很容易就走进皇太极为他量身定制的那场并不高明的局。而袁崇焕之死，也不仅仅是他个人的悲剧。这个王朝在将袁崇焕送上祭坛的同时，也将自己送上了死亡之路。袁崇焕死后，旧部祖大寿、何可纲率军驻守锦州、宁远、大凌河要塞，清军始终不能越雷池一步。崇祯四年八月，皇太极以倾国之师，在大凌河将祖大寿紧紧包围，十月间祖大寿不支投降。

明崇祯十七年（1644 年）四月二十二日，己卯时分，山海关总兵吴三桂剃发降清。山海关的大门轰然打开，清军如潮水般涌进来。

爱国者的视野

——钦差大臣与西方世界的交锋

作为一名晚清官员，他们更多是从道德与器物的层面看待这个世界。这不是某一个人的问题，而是长久置身于密封的环境里的人面对突然打开的大门，他们的第一反应。他们好奇地探出头来，迟疑着、犹豫着，他们甚至将迈出去的脚步又收了回来，他们还没准备好去做一个坚定的现实主义者。对于中国人来说，道德与器物是老祖宗留下的宝贵遗产。器物从来不是孤立存在，它们无一不是道德与观念的载体。而外国人的器物，在皇帝和大臣们看来，更像是魔术师手里把弄的小玩意儿，算不得真正的器物。

英国学者柏纳德说，林则徐是一个大胆的、不妥协的和佯装老实的人。他试图去安慰皇帝，使他放心，说在北方沿岸一带，疾病和寒冷将夺去所有夷人的兵力，即使食物的缺乏和弹药的耗尽，还没有使他们陷于绝境。他从来没有一次提到在公平的战斗中击退夷人的可能性。

1. 需要能够解决麻烦的人

1838 年，林则徐五十四岁，在官场奔走了将近三十年的他和他所服务的王朝这时候进入老之将至的年月，或者说是一个要命的历史拐点。就在这时，林则徐突然接到了吏部“来京陛见”的通知，而此时的他正在湖广总督的任上忙得昏天黑地。

农历十一月中旬，北京已经很冷了，寅时三刻（凌晨四时）上朝是相当早的。外面的世界虽然黑沉沉的，但是紫禁城内灯火通明。从天安门到中门站着仪卫，他们也是刚刚换过班。

当不顾长途劳顿的林则徐出现在灯火通明的紫禁城，就像舞台剧的主角突然登场，舞台上的那束追光也随之将其笼罩于内。华丽的场面让林则徐本人也觉得有些夸张：打着杏黄伞（盖伞）和青扇飞虎旗，带旗枪六根，青旗八杆，前引二人，后从八人，马身上还装饰着明艳的缨子。在当时的政治体制下，一个汉臣能够在大清国享受到这般荣耀也是极为罕见的。由此可见，紫禁城的主人对于此人的看重和期待。

道光皇帝给予林则徐这么多破例的待遇，也不过是想在朝臣们面前强化一种印象：林则徐是一个拥有特别权限的人物。赐骑和坐椅子轿入宫参见的消息会插上翅膀，很快传遍北京城内外。道光皇帝这么做还有一个目的，他要向京城的官民们显示林则徐的权威。

林则徐出生在中国东南部一个由于供养子弟参加科举考试而逐渐衰落的知识分子家庭。在他出生之前，林氏家族已经四代没有人谋到过一官半职了。每每回忆当年和家族子弟一起读书的场景，林则徐都会为之动容。他回忆道："每际天寒夜永，破屋三椽，朔风怒号，一灯在壁，长幼以次列坐，诵读于斯，女红于斯，肤栗手皴，恒至漏尽。"

林则徐的启蒙之学，是从他的父亲那里得来的。在林则徐四岁那年，他的父亲参加乡试而弄坏了眼睛，他将人生的全部期望都寄托于林则徐。林则徐没有辜负父亲的期望，十四岁中秀才。现在可以看到的林则徐最早的文章，便是此次应试之作《仁亲以为宝》。其中有云："表里山河，天下有失而复得之国；墓门拱木，自古无失而复得之亲。"

林则徐刚刚懂事，看见母亲和姐妹们忙于做活儿，"往往漏尽鸡号，尚未假寐"。这一幕让林则徐深感不安。于是，他主动申请承担一份劳苦，或推让饮食。母亲当然不会同意儿子替自己干这些粗重的活计，她说："男儿务为大者、远者，岂以是琐琐为孝耶？读书显扬眉，始不负吾苦心矣。”

这是中国传统家庭里最为心照不宣的母慈子孝和谐图。在帝国官场上，像林则徐这样的出身和经历应该算是根正苗红的精英。二十岁时中举人，在第一次会试落榜后，他并没有将自己关在书房里日夜苦闷，而是辗转于厦门海防同知、汀漳龙道道台、福建巡抚等大小官员门下。

1811年，二十七岁的林则徐会试及第，及后来殿试第五名，赐进士出身。身居天子脚下的林则徐，只是一个政治地位不高的小京官，身份不过是翰林院庶吉士，在国家的最高学府继续他的学业，并在不久后晋升为正七品的翰林院编修。

美国著名汉学家费正清对林则徐的京城生活有过描述：“他的经历清白无瑕，他有着一个从未犯错误的人的强烈信心。他为人处世讲道德，有强烈责任感。这部分是因为他受了当时与他过往甚密的清帝国一些最严肃的知识分子的激励。在京城，他和著名政治理论家魏源及其他一些深受儒家‘今文’学派影响的学者组织过一个学社……龚自珍是林则徐的挚友，也是该学社中的成员之一。这些学者在当时开始意识到正统的程朱理学对清帝国是一种致命的压力。”

在进入翰林院之前，林则徐在福建老家度过了他人生的前二十七年。福建侯官（福州），一座多雨的南方城市，闽江支流穿城而过。在这里，青少年时代的林则徐肯定目睹过福州通商口岸喧闹繁忙的景象。以后的事实也将证明，当他后来有机会到东部沿海任职时，这一切都将对他产生重要的影响。

林则徐经过七年京官的锻炼，旋即青云直上，步步高升，从江南淮海道、江苏按察使、陕西布政使、江宁布政使、湖北布政使、河南布政使、江苏巡抚乃至湖广总督的高位，成为一位掌握地方政权、独当一面的封疆大吏。他能够在短短的十余年时间里，就由从五品升至一品大员，成为汉大臣中最为耀眼的政治明星、权倾一方的封疆大吏，除了君王的格外恩宠，也得益于他在翰林院打下的根基。

在任命林则徐为河东河道总督时，道光皇帝说：“朕因林则徐由翰林出身，曾任御史，出应外任，已历十年，品学俱优，办事细心可靠，特畀以总河重任。”大学士、两江总督孙玉庭把林则徐推荐给道光的时候评价说：“唯江苏臬司林则徐，器识远大、处事精详，任杭嘉湖道及淮海道，浙西地方，均为熟悉，水利亦夙所究心，实堪胜任。”浙江巡抚刘韵珂说，林则徐之心思能力，他等自叹弗如。

在美籍华人学者张馨保眼中，林则徐是一位能帮清王朝解决麻烦的人。“在整个道光年间，每当在治水、海运、盐政、军务等方面出现麻烦，需要派员前往处理时，皇帝考虑到的人选往往是林则徐。”

在当时满汉二元政治架构下，作为汉人的林则徐能够走得如此通达顺畅，与道光皇帝的赏识器重是分不开的。1822年，林则徐在召对中第一次见到道光皇帝，便获得君王褒奖：“汝在浙身虽为日未久，而官声颇好，办事都没有毛病，朕早有所闻，所以叫汝再去浙江，遇有道缺都给汝补，汝升缺后，好好察吏安民罢。”

林则徐又请求给予工作指示，道光皇帝也只是说：“照从前那样做就好。”

这位五十四岁的老练政治家与那位生性多疑的爱新觉罗·旻宁的八次会面，到底谈了什么？没有人知道。如今空荡荡的乾清宫，再现不了君臣之间的对话。但这一年皇帝关心的话题，似乎只有银子、鸦片。我们可以推断的是，道光皇帝此时给林则徐的训令中肯定会有这样一句话：鸦片务须杜绝。

在杜绝鸦片这件事上，君臣二人此时是同心同德的。为了表明朝廷禁绝鸦片的决心，道光皇帝更是将钦差大印交到林则徐的手上。这只大印的权力仅次于至高无上的皇帝。道光皇帝规定凡是林则徐在广州禁烟所在之地，当地官兵全部交由林则徐节制。林则徐被皇帝的禁烟决心以及皇帝对自己的信任感动了。

当时英国国内许多有识之士一直在谴责并呼吁取缔鸦片贸易，如沙夫茨伯里伯爵就曾说过：“这个国家怂恿这种罪恶的交易是极坏的，也许比怂恿奴隶贸易更歹毒。”就连东印度公司鸦片代理处经理赛蒙也深有感触地说：“鸦片产品摧垮了人民的健康，使其道德沦丧。”

输入中国的鸦片在近五十年中迅猛增长——1790年是4000箱，1835年至1839年剧增到每年近4万箱，每箱平均耗银约四百两。以此推算，中国光鸦片一项就外流近1600万两白银。而这些鸦片走私导致的白银外流情况，并没有出现在行商的贸易出入货簿，危害巨大而又隐蔽。

对于受害国的中国而言，鸦片走私可能就没有英国议会里进行辩论的绅士们那么轻松。御史袁玉麟就说过，百姓要是仍旧沉湎于鸦片的话，那么“夫无以训妻，主无以使仆，师无以教学子”，民心也将毁于一旦。面对越来越猖獗的毒品入侵，大清国内部也展开了一场激烈的辩论。

据魏源在《道光洋艘征抚记》里记载，道光十八年（1838年）四月，鸿胪寺卿黄爵滋上奏道光帝：“窃见近年银价递增，每银一两，易制钱一千六百有零，非耗银于内地，实漏银于外洋也。盖自鸦片流入中国，道光三年以前，每岁漏银数百万两，其初不过纨袴子弟习为浮靡。嗣后上自官府缙绅，下至工商优隶，以及妇女僧道，随在吸食。粤省奸商沟通兵弁，用扒龙、快蟹等船，运银出洋，运烟入口。故自道光三年至十一年，岁漏银一千七八百万两；十一年至十四年，岁漏银二千余万两；十四年至今，渐漏至三千万之多；福建、浙江、山东、天津各海口合之亦数千万两。以中土有用之财，填海外无穷之壑，易此害人之物，渐成病国之忧，年复一年，不知伊于胡底。”

在这份奏折中，鸿胪寺卿黄爵滋认为，鸦片之所以屡禁不止，其原因在于禁烟方法不当。于是他提出了一个新方法，制定一项新的法律，限期一年，尔后查获吸食者一律处死。黄爵滋的这份奏折，要求改变以往重海口、重“夷商”、重查办烟贩和查办烟馆的老方法，而是将禁烟的目标，直接指向那些吸食鸦片的瘾君子。

正为白银外流弄得心烦意乱的道光皇帝，看到这个颇为新奇的建议，内心产生了摇晃。可是他并没有立即做出决定，而是将这份奏折下发各地将军督抚，征求他们的意见。现如今，鸦片越禁越多已是不争的事实，各种方法几乎都用了一遍，却没有收到任何效果。终于有一天，太常寺少卿许乃济上奏道光皇帝，他说，还是不要禁止鸦片了。

许乃济曾在广东当过按察使（分管民生的副省长），他对鸦片走私情况非常清楚。他说，鸦片这种东西，本来是药材，是用来治疗拉肚子的。吸的时间长了，就会上瘾，吸鸦片的人很难克制，所以禁令都不管用。自从鸦片走私盛行之后，洋人不需要拿银子买货了，国家的银子有出没进，所以物价越来越离谱。太平了二百多年，百姓休养生息，但银子越来越少，生活越来越苦。原因就是拿了中国的银子去填了洋人的无底洞……

许乃济的这一道奏折，让本就忧患不已的道光皇帝陷入更深沉的忧患当中。这些年鸦片越禁越多是事实，但要说任其泛滥，似乎于国于民也说不过去，问题究竟出在哪里？弛禁论在广州引起了强烈反响，从行商到洋人，无不欢喜雀跃。特别是洋人，纷纷回国融资，准备来年大干一场。行商们的心情也随之大好，这么多年来，鸦片暴利，他们不但没有分享，反而替别人担风险，现在终于轮到他们赚钱了。

但是还有一些人，坚决反对弛禁鸦片。他们认为，多年以来，鸦片之所以屡禁不止，原因只有一个，那就是大清国的法度还不够严格；应该用更严厉的方法去禁烟。

道光皇帝将黄爵滋那份对瘾君子处以极刑的奏折发往各地的将军督抚，也是无奈之举。没用多久，道光皇帝收到了 29 份各将军督抚议复的奏折。同意黄爵滋吸烟者诛的主张的，只有 8 份。其中就有湖广总督林则徐、两江总督陶澍、四川总督苏廷玉、湖南总督钱宝琛、河南巡抚桂良等人。

值得注意的是，在这 29 份奏折中，竟有 19 份是主张将禁烟的重点放在查禁海口。就在道光皇帝举棋不定的时候，发生了两件事情：一是道光皇帝得到报告，庄亲王和辅国公溥喜暗中吸食鸦片，烟毒已经侵蚀到皇室成员；二是琦善在天津拿获鸦片 13 万两，这是大清国禁烟以来，一次查获烟土最多的大案。而且琦善还特别交代，这些鸦片是广东商人在广东购买从广东运到京城来的。

这辆左摇右晃的大车终于脱出寻常的辙道，奔着一个坚定的方向而去。从黄爵滋严禁吸食的建议，到皇帝最后拍板，事情似乎在空中转了一圈，又回到了严禁海口的老位置上。所不同的是，朝廷不再依赖广东的职官，而打算在他们之上另派一名钦差大臣。为了展示自己禁烟的决心，同时为了全力支持林则徐，让他全力禁烟，道光皇帝不顾太后的反对，下令捉拿了庄亲王等吸食鸦片的皇亲国戚，并将这些人发配黑河，充当苦役。

1839 年 1 月 8 日，林则徐的行辕前人喧马嘶，打破了清晨的静谧。华丽的轿子和马车停在门前，即将要出行的人们紧张地忙碌着，只待林则徐一声令下，大家就可以登车揽辔，浩浩荡荡南下奔广州而去。

那些前来送行的同僚师友，觉得林则徐这个钦差大人的排场似乎小了点儿。那么大群人中，有 12 个是轮流抬轿的脚夫，9 个是厨子，没有官兵随行，前面也没有鸣锣开道的人，让人放心不下。前来送行的人群中，以宣南诗社的故人较多。在广东一省有学海堂和越华书院闻名于江南一带。而北京城内也有一个京城知名文士组成的小圈子。那个圈子，叫宣南诗社，知名文士多在里面进行交游唱酬活动，少不了也要议论时政。湖广总督林则徐也是成员之一。林则徐就职湖广总督后，黄爵滋就成为这群文士的领头人。此外较知名的还有龚自珍、魏源等人，在北京城内悉为路人皆知的人物。

道光皇帝的一道圣旨，就让林则徐成了钦差大臣。伴随着林则徐这个钦差大臣去往广州的，还有一道诏令。这是道光皇帝继位以来，颁发的最为严厉的禁烟措施：吸食鸦片者在 18 个月之内必须戒除烟瘾，否则将受到惩处；从事鸦片贸易的外国人将以杀头论处；中国商人则处以绞刑，而那些接受贿赂的腐败官员也同样处死，同时将“吸毒用具”一并缴没。道光皇帝还定了一个调子——上不可以失国体，下不可以开边衅。不打仗又不能失天朝威仪，这本就是一个无法执行的悖论。

没有人知道接下来会发生什么，这个平平淡淡的年份很快就要过去了。出京时，林则徐拉着自己的座师、工部左侍郎沈鼎甫的手，两人相视而泣。林则徐对老师说："死生命也，成败天也，苟利社稷，敢不竭股肱以为门墙辱？"他知道，君王的恩宠不会随便给予他，皇恩越浩荡，责任也就越大，前路也就越危险，而他根本就没有任何选择的余地。

著名思想家和诗人、礼部主事龚自珍在写给好友林则徐的信里提出了三条"决定义"、三条"旁义"、三条"答难义"及一条"归墟义"。第一条决定义认为大清国再也经不起白银外流了。第二条决定义认为吸鸦片是"食妖"，它不仅伤害人们的体魄，而且颠倒了白天和黑夜。因此，平民百姓有抽鸦片者应处以绞刑，军职人员中的抽鸦片者及所有生产、销售这种毒品者都应被斩首。第三条决定义认为不能根除这种罪恶的毒品交易，担心这样做会引起洋人及有牵连的中国人的反叛。龚自珍还建议好友，不要孤身前往，应该带些军队南下，这样才能起到震慑的效果。

龚自珍告诫好友，等到了广州，一定会有人试图劝他宽厚为怀，这些人也许是僚吏、幕客、商贾或者地方绅士。他请林则徐一定不要为这些人所动。对于好友的告诫，林则徐也只有无奈地苦笑。他吐露了内心的忧虑：他最担心的是这类说客不在广州，而在北京，在皇帝的身边。

"苟利国家生死以，岂因祸福趋避之。"这句话是林则徐后来被流放的时候说的，但又何尝不是他一直以来的想法。他不想去，他又不能不去。皇帝的恩宠逼着他非去不可，全国上下亿万双期待的眼神逼着他去。

离开京城，林则徐途经山东、安徽、江西等地，在路上马不停蹄地花去两个月时间。在一种假想的英雄主义情怀的刺激之下，还没有进入广州地界，林则徐就已经开始谋篇布局。他下令缉拿了不少鸦片走私者，震动了广州政商两界，尤其是让那些在鸦片问题上骑墙的官员、民众和鸦片商人陷入紧张焦虑的状态。

2. 冲突，或者文明的吊诡

1839 年 3 月 9 日，林则徐一行抵达广州天字码头。春节过去也才只有十几天，北方的冰雪世界此时还没有完全解封，而南方的天气已暖和了许多。英雄花开得漫山遍野，远远望去像是大自然在山野间点灯放火。英雄花，这个花的名字倒是让人生出无限遐思。

天字码头是广州东堤一座气派非凡的码头，是一座官方码头，但凡官员从水路到广州或是离开广州，都在此上落。林则徐登岸时，两广总督邓廷桢、广东巡抚怡良、广东水师提督关天培等广东高级官员已在此恭候多时，欢迎仪式庄严隆重。

美国商人威廉、亨特在珠江的一条帆船上目睹了这一切，他描述了这个新到任的钦差大臣的模样：气度庄重，表情相当严厉，身材肥胖，上唇浓密的黑短髭，看来有六十岁左右。而这一年林则徐实际只有五十五岁。

作为大清国唯一开放的港口，码头上装卸货物的繁忙景象似乎表明商人们正在进行正常的贸易活动。在诸多的外国商船中，英国的商船最多。林则徐十分清楚，这些商船夹带进中国的贵重商品不是奇巧的机械，而是吞噬人的鸦片。置身于广州，林则徐像是回到了自己的故乡——福建侯官。同样是处于弥漫着湿热暑气和灾害性台风袭击的亚热带，同样是弯弯曲曲的海岸线伸向天边，不同的是，侯官的山要比广州多。如果没有鸦片，没有乌烟瘴气的商业熏陶，这里真是颐养性情的好地方。春天，美妙的花地是游玩的好去处，官员们和商人们会包上一艘花船在这里泡上一天。

对于钦差大人林则徐来说，他根本无暇享受这南国的风光，因为他把自己的全部心思都放在了禁烟这件事上。也正是因为林则徐的到来，外国商人们的聚会被搅黄了，尤其是英国商人的聚会。

早在一百一十年前（即 1729 年），雍正皇帝就颁布了中国第一个，同时也是世界上第一个禁烟法令——《兴贩鸦片及开设烟馆之条例》。在这一法令中，首次提出了用刑罚手段来惩治贩卖、教唆或引诱他人吸食鸦片的行为，并加重了管理官吏的责任。

禁烟的重点不是在海口，就是在广州。一百多年来，捉拿烟贩、关闭“窑口”、驱逐趸船，已经算不得什么新鲜事。道光皇帝此次选派钦差大臣，事前并不为大多数人看好。令人蹊跷的是，他为什么会选中并没有在奏折中力主严禁海口的林则徐？而不是其他位高权重的满大臣？在道光皇帝的心目中，各地大员中最得其心意的有四个人，可谓是各有所长。一是两江总督陶澍，此人为政老练宽达；二是直隶总督琦善，办事果敢锐捷；三是湖广总督林则徐，理政细密周到；四是云贵总督伊里布，善于镇抚边务。其中陶澍在海口，又年老多病，此时已几次给假调理，就在林则徐到达广州后不久，他就去世了；琦善在天津查禁鸦片事件未完；伊里布的长处是处理与少数民族的关系。如此一来，林则徐自然是道光皇帝心目中的第一人选。

在林则徐抵达广州之前，这时候的两广总督邓廷桢接道光皇帝严旨，已经进行了雷厉风行的禁烟活动，虽然取得一定效果，但还不能让大清国的君臣们满意。1836 年，广州地方政府发布的一项告示中写道：“鸦片烟有如鸩毒。”美国人办的《中国丛报》与此意见相同，说吸食鸦片“结果只有死路一条”，“与鸦片瘾君子的奴役相比，世界上其他的奴役就算不上是奴役了”。

按照儒家传统美德，老百姓千呼万唤始出来的能吏干臣就应该出现在帝国最需要的地方。以林则徐湖广总督兼左都御史、从一品大员的官衔来看，全天下除了皇帝，还有谁是他不敢惩治的？

可偏偏需要惩治的不是别人，正是道光皇帝本人。此时大清国的可用财力极为有限，粤海关的正税要解交到内务府，而规费，也叫陋规，就直接由皇家收取，甚至连内务府都不能沾手。

这种垄断性的贸易优惠，使行商们大发其财，成为中国最富有的一群人。

也正因为如此，皇帝才会抱着粤海关这棵摇钱树不撒手。特殊情况下，比如天灾人祸、公主出嫁、太后过寿、皇子娶妻，皇帝会直接向粤海关索要，这些费用自然也就转嫁到了十三行商人的头上。所以粤海关才被称为“天子南库”。

广州十三行为此专门成立了一个公所基金，用来应对紫禁城里伸出的贪欲之手。从 1807 年到 1813 年短短的六年时间里，公所基金总共支出了将近 500 万两银子，而这其中还不包括直接向商人们勒索的银子。十三行不仅仅受到政府和官吏的盘剥，很多时候，他们还要看外国大商人的脸色。伍氏家族如果没有和英国东印度公司的密切关系，就不可能获得最大的贸易份额，也成不了世界首富。而那些小的行商们，在官吏的盘剥之后，经常缺少周转的现金，这个时候就只能向外商们借款才能勉强维持。

在这种情形下，十三行的行商们无时无刻不处于风险之中。十三行的带头大哥伍秉鉴也多次申请退休，却并没有得到官府的许可。1826 年，他以 50 万两的代价将怡和行行务交与第四子伍元华掌管，但政府仍然要他为所有行商作担保。他甚至表示愿意把百分之八十的财产捐给政府，只求政府允许他结束怡和行，安享他剩余百分之二十的财产，仍然未被允许。

林则徐抵达广州后，立即传讯十三行商人，要他们给洋人传话。《谕洋商责令夷人呈缴烟土稿》和《谕各国夷人呈缴烟土稿》的主要内容，一是要求洋商造册收缴鸦片；二是要求夷商写保证书，不再夹带鸦片来华，如有带来，一经查出，货尽没官，人即正法；三是劝告英国与中国进行合法贸易；四是表达自己禁烟决心，鸦片一日不绝，林则徐一日不回。同时林则徐利用民情公愤警告英国，为禁鸦片，不惜武力。

十三行总商伍绍荣（伍秉鉴之子）为了能够脱身，在林则徐面前表态：“愿以家资报销”。林则徐没有给他留丝毫颜面，当堂拍案而起：“本大臣不要钱，要你脑袋尔！”

十三行商和各国商人在接到林则徐的口谕后，召开了一次碰头会。学者张馨保在《林钦差与鸦片战争》中记录了这次会议的情形：

问：你们今天见到钦差大臣时发生了什么事情？

答：当钦差大臣听他念完信后，他说，你们在对行商耍花招，但对他耍花招可不行。他宣布如果不交出鸦片，明天上午十点他要到公所叫大家看他如何下手。

问：你们要多少箱？

答：大约一千箱。

问：你们能保证这个数就够了？

答：不能。不过我们想如果交出了鸦片，他会因他的命令得到服从而感到满意。但是他是否会要求交出更多，我们没法回答……

问：公告是不是要字字照办？

答：钦差大臣这样说，他就会这样办。

问：你们老老实实说真话，你们真有性命危险吗？

行商们被逐个问到这个问题，他们都回答说有。

在林则徐的重压之下，外商与十三行商议后，上缴了1037箱鸦片。这显然无法令林则徐感到满意。他决定拿下被禁烟派视为眼中钉的鸦片商人颠地来杀鸡儆猴，但未能遂愿。颠地后来上缴了1700箱鸦片。从另一个大鸦片商查顿处，缴获高达7000箱鸦片。而查顿本人在林则徐抵达广州前便逃回了英国老家。

广州英国商馆的前面便是珠江，可以看到各式各样大大小小的船艇在不停地来往穿梭，几乎将整个江面都覆盖了。

那些忙碌的人们并不关心自己搬来运去的是什么货物，他们只关心到手的工钱。林则徐的到来，打破了这里忙碌的节奏。

此时的英国驻华商务监督是义律，此人来到中国已经有好几年，也慢慢懂得了一些跟中国人交往的方式和方法。他是跟随律劳卑来到中国的，并被任命为船务管理员，亲身经历了律劳卑事件。律劳卑死后，大量的工作人员辞职，反而使义律得到了升迁的机会。等到罗治臣任商务监督时，他已经连跳数级，升任为第二监督了。

他想要有所作为，但是这个切入点很不好找。机会很快就来了，两广总督卢坤突然病逝于任上，紧接着，朝廷又派来一位新总督——邓廷桢。这位年届六旬的老人已在官场混迹四十余年，他是江苏南京人，身上有着江南人的精明与儒雅。邓廷桢是一位诗人，创作了整整十二部文集。其中六卷是笔记，二卷古代音韵学，十六卷诗集。有人做过统计，他的整整十二部文集，只有两首诗说到鸦片，这还是他和林则徐并肩作战的时候，写了送给林则徐的。在他的文集里几乎看不到政治内容。

这个学者型官员碰到的对手——英国人义律也同样是一个圆滑老到的人。

林则徐进城之前，就已经派了两名精通粤语的人，偷偷进城搞摸底工作。所以他进城的时候手里就有了一份黑名单，这个名单里一共有 62 人，包括 17 名鸦片贩子和 45 名低级官员。林则徐指示邓廷桢把这些人全部抓进大牢，等候发落。这也等于是给广州城的官员敲响了警钟。

紧接着，林则徐把广州两所书院里的六百四十五名学生组织起来，搞了一次考试，名称叫“观风试”，考试题目是“你认为广州城里谁在走私鸦片，应该如何查禁鸦片”。这是一场不记名，也不算成绩的考试，不像是考试，更像是匿名投诉。谁也不会料到，这些参加考试的学生会将矛头指向水师副将韩肇庆，以及两广总督邓廷桢。

韩肇庆被林则徐抓起来审讯，这次可急坏了邓廷桢。他赶紧找着林则徐，跟林则徐商量了很久。林则徐最后同意把韩肇庆革职查办，给邓廷桢一次改过自新的机会。林则徐完全打破了先前邓廷桢绵柔求稳的做派，他将外国人置于贪婪的行商、枉法的官吏大体相同的压力之下。

在给维多利亚女王的信中，林则徐写道：“向闻贵国王存心仁厚，自不肯以己所不欲者，施之于人。并闻来粤之船，皆经颁给条约，有不许携带禁物之语。是贵国王之政令本属严明。只因商船众多，前此或未加察。”

林则徐在犀利的言辞之中也夹杂了一些得体周到的客套，他承认一个多世纪以来客居在中国的英国商人大体上是规矩的。他说，中国只向英国提供有益而必需的商品，英国怎能忍心以害人之物来满足自己的无厌之求？假如别国人携带鸦片到英国，诱骗英国人吸食鸦片，难道你身为英国君主不会对此感到愤怒，不会出于义愤禁除鸦片吗？我们常常听说阁下宽厚仁慈，你断不会将己所不欲之事施加于人。

林则徐最后明确提出自己的要求："凡在一年六个月之内，误带，但能自首全缴者，免其治罪。若过此限期，仍有带来，则是明知故犯，即行正法，断不宽宥。可谓仁之至义之尽矣。我天朝君临万国，尽有不测神威，然不忍不教而诛。故特明宣定例。该国夷商欲图长久贸易，必当懔遵宪典，将永断来源，切勿以身试法。"

林则徐在这件事上的表现还是较为审慎的，将这封信附在奏折后面呈递道光皇帝。他见到皇帝朱批"得体周到"四个字，心里才算踏实。

在接见英国海员时，林则徐又将翻译为英文的信件交给他们看。其中一个叫作喜尔的医生这样描述："我读了禁不住要发笑。林则徐立刻注意到了，问我信是否得体。我们说我们只是为了几个错误而微笑，他于是要我们拿着信到隔壁房间，把我们所看到的错误一一改正，然后送茶和点心给我们。"

这样一封还算得体的信，林则徐采取了颇为现代的邮寄方式，他居然鬼使神差地将这封信交给一家美国邮局发送。不知道为什么，这封信在从中国到英国的漫漫旅途中消失了。维多利亚女王没有看到这封信，但是这个世界更多的人看到了它。因为不久后，这封信的内容就刊载在了英国《伦敦时报》的显著位置。

林则徐发现自己对外国情况缺乏了解，一进入广州城就开始搜集广州、澳门外国人出版的新闻纸，如《澳门新闻纸》《澳门新闻录》《中国丛报》等，以及英文书籍，包括商业情报和传教小册子，物色聘用翻译人才，"借以探访夷情"。有一次他问一位翻译："颠地和查顿哪一个是最大的鸦片商？

查顿值300万元，是这样吗？”

翻译回答：“不，可能还要多100万。”

据美籍华人学者张馨保的考证，林则徐每次提出的问题都很深刻，往往能够切中要害。他了解情况之广、之细，往往令其他人为之震惊。但我们还是十分遗憾地看到，作为封疆重臣，林则徐的心智、精力过多地被体制内的传统事务紧紧地裹住，而当时中国最为迫切的要务却好像被他们放在一边。不是他们故意那么做，实在是他们并没有真正意识到，在那样一种时局下，他们对于未来中国的走向并没有任何建设性的想法。面对外来势力，面对一种异质文明，大清国该何去何从，像他这样的知识分子该何去何从，这是他们最应该考虑的，可他们考虑的也只是在旧体制平衡的框架下做一名能吏。

林则徐提出的期限很快就到了，他将位于广州城外西北角的商馆区，变成一个大拘留所，其中约有350名外国商人被关了禁闭，而且一关就是47天。美国商人威廉·亨德记录了当天的情景：空荡荡的十三行区就像是一块巨大的“墓地”一样。中国仆人、厨子、苦力和买办大约在下午8点就接到离开的命令，不一会儿，中国人携带他们的铺盖和行李箱，“像逃避瘟疫一般”离开了商行。

林则徐认为，这帮外国商人只是象征性地交出一批鸦片，并不表明他的禁烟行动取得了实质性的进展。广州有颠地和查顿两大鸦片商。查顿在林则徐进入广州地界五天前就回到了英国。并不甘心的林则徐只有将注意力转移到颠地的身上，只有打开颠地这一缺口，才能将广州城的禁烟行动向前推进。

有许多美国商人已经愿意交出他们的鸦片，但是被颠地拦了下来。颠地拥有的鸦片最多，他的名字早就写在林则徐所要打击的违法者名单上。林则徐下令，让颠地进入广州城，就鸦片之事进行说明。颠地不愿出面与官方交涉，急坏了那些在广州府衙给他们打了包票的行商。年迈的伍秉鉴被套上枷锁，伍的儿子伍绍荣也被投入大牢。

伍秉鉴来到颠地的住处苦苦哀求，说如果颠地不服从钦差大臣的命令，他在天黑之前就要被杀头。颠地仍然没有做出让步的姿态，他宣称没有安全往返的保证，绝对不会进城，除非用武力迫使他离开住所。广州地方官员和行商们出于无奈，只得用好言好语和安全返回的保证说服颠地。

在到达广州之前，身为英国驻华商务监督的义律给外交大臣巴麦尊伯爵写了一封信。他在信中说："我毫不怀疑我们应该采取一种强硬的语气和态度，看看此地官方到底能鲁莽到什么地步。"他乘坐一条并不起眼但速度很快的船沿着珠江向英国商馆进发。唯一惹人眼的是插在船头的那面迎风飘扬的英国国旗。对于那些被困在商馆里的商人们而言，这条不显眼的小船并不能给他们带来摆脱困境的信心。

义律到达商馆后的第一件事，就是命人立刻升起国旗。接着，他又来到颠地的商馆，紧紧地抓住对方的胳膊，陪着他来到附近的办公地点。义律的出现不过是向外界，或者说向中国官方和民间社会传递一个信息：这个商人，甚至所有外国商人，都在英国女王陛下的庇护之下。

义律和颠地向总监的临时住所走去的时候，商馆里的人们都大声欢呼起来。义律出面，他开出的条件是："让颠地和我一道进城，并要有盖上钦差大臣官印的条子，写明他一刻也不能离开我的眼睛。"他过高地预估了自己的能力，他认为像他这种级别的官员在场就能保护英国商人的生命财产不受侵犯，但他的到来并没有改变林则徐的禁烟决心和计划。

林则徐与他的前任们不同，毫无疑问他是一个坚定的，且难以受到任何腐蚀的禁烟斗士。碰到这样一个难缠的对手，义律也只能硬着头皮往上冲。他在写给英国外交大臣巴麦尊的信里慷慨激昂地说："我决心赶到商馆，否则就牺牲在路上。"而一周后他就意识到这将是一场硬仗，他在日记里写道："在我们与这个帝国的交往中，它的政府无端地发起侵害英国人的生命、自由、财产和冒犯英国政府尊严的行动，这是第一次……他们剥夺了我们的自由，我们的生命掌握在他们手中。"

虽然许多外国商人担心事件的最后结局，但他们不舒服的另一个主要原因是单调的囚禁生活和闷热的气候。对他们来说，这是一段备受屈辱、担惊受怕的日子。如果不能答应林则徐提出的要求，他们将被处死。行商们像是离开了水的鱼在陆地上挣扎着，他们日夜坐在东印度公司阳台下面，以防颠地逃走。

林则徐要的是全部的鸦片，英国商人却只想交出2000箱走走过场。英国商馆被围困的第三天，义律同意交出20283箱鸦片。同时，他向那些处于慌乱状态的英国商人做出承诺，大英帝国将对他们被没收的财政负责。义律将个人的纠纷直接变成了国与国之间的纠纷。既然是两国之间，那么就需要英国女王与中国皇帝之间的谈判才能解决。

3. 用“天朝”的逻辑思考对策

林则徐的监视并没有阻止零星情报在黄埔和澳门之间偷偷传递，这些情报大多是由进出的中国人藏在身上带出来的。刚刚被拘禁的义律就有两封信通过这种方式送出来。信是递送给停泊在黄埔的英国军舰舰长庇力的，信的内容是“一切平静，静观勿动，没有侵犯个人的危险”。

就在义律交出鸦片9天后，林则徐提醒他还有第二项要求：英国人签一份具结（字据），保证以后不再往中国运送鸦片，否则处死。当义律从行商手中接过这份字据时，他愤怒地将它撕得粉碎。有人描述说，义律发了一通与维多利亚时代的英国人相符的脾气。他激动地咆哮着：“要取我性命，现在拿走便是，再拿具结的事纠缠我和他们自己，实在是徒然的。”

义律顶着压力也要扮演好他的商务监督角色，他的愤怒就带有明显的表演成分。他在写给外交大臣巴麦尊的信件里出现了火药味的词，他要将自己的女王和国家绑上这架已经启动的战车。他坚持认为，避免中国海岸发生战争的唯一办法，就是英国政府“采取迅速而强有力的干预”，“对所有罪过做公正的惩罚，一劳永逸地商定防止犯罪和恶劣行为的有效办法”。他归结道：“双方政府均无安全与荣誉可言，除非女王陛下的旗帜在这些海岸的可靠位置上飘扬。”

商馆被围的消息传到伦敦后，颠地和马地臣的说客们开始搅乱公共舆论，他们散发了大量小册子，夸大了“忍饥挨饿、终日囚禁”的商人的遭遇，还说他们很快就要遭到嗜血成性的中国施加的极刑。

4月11日，两万箱鸦片被陆续运抵虎门。来自各个国家的记者们争相报道。这是震惊世界的大事件。热闹的码头上，人们议论着林则徐此次禁烟举动与以往阵势不同，猜测着这位钦差大人究竟何方神圣，能够禁绝鸦片。

从1839年3月19日海关通知外国人在鸦片问题解决之前他们不得离开算起，已过了四十七天。直到林则徐和他的同僚认定鸦片已如期全部交出，才恢复交通船航行，撤出对十三行区的封锁。一个外国人称被围困的十三行区是“舒适的监牢”，而另一个人则宣称他“夜夜都睡得很香”。

义律被困于商馆期间，他就不停地向英国外交大臣巴麦尊写报告，呼唤武力报复。而他交出鸦片，或许是希望激起英国外交大臣某种明确反应。林则徐和他的同僚们显然低估了事态的发展走向，他在给道光皇帝的奏折中说，广州的英国人不过是商人，并非出自英国贵胄之家，他们输入鸦片是为了牟利，并非遵国家之命。

林则徐这时候至少拥有4名翻译人员，终日为他翻译英文书报，他本人也将这些情报整理成册。“当他在穿鼻港时，他指挥他的幕僚、随员和许多聪明的人，搜集英国的情报，将英方商业政策、各部门的详情，特别是他所执行的政策可能的后果，如何赔偿鸦片所有者的损失，都一一记录。他们尤其关心英、俄是否正在作战。等到他们被告诉：英俄之间极和平时，他们好像深为诧异。这些情报，每日都先交钦差阅览，当他离去广州时，已搜集了一厚帙了。”

林则徐这时候密切地关注西方，与广州禁烟有关。尽管林则徐在其奏折中顺大流地使用了“夷人”和“夷国”，可是从他的重视程度看，林则徐并没有将英国真的视为完全没有“王法”的蛮荒之地。从现存的林则徐所翻译的资料来看，他对英国人士反对鸦片贸易的言论格外用心，而对英国国王要求商人尊重中国法律的规定特别看重。因此，他才会一厢情愿地以为：鸦片走私贸易是远离本土的英国商人违反法令而进行的罪恶勾当；义律等人的抗拒，他们的国王“未必周知情状”，他们的行动一定得不到英国国王的支持。

林则徐从其翻译的资料中，了解到的无非是英国的地理方位、国土面积、人口、军队，甚至于运送鸦片的舰船数目等。单纯从数字上看，林则徐所认识的英国，远不如中国这般强大。他甚至在写给道光皇帝的奏折中分析，相对较弱的英国若派军队远征，越万里重洋而来，光是补给就难以实现，因而他们也绝对不会为了鸦片而发动战争。

林则徐还从他所翻译的资料中，了解到英国对中国茶叶贸易获利也不小，即便鸦片贸易断绝，他们为了茶叶，也不会与中国翻脸，更不会走到战争的地步。在虎门收缴鸦片时，林则徐对形势的发展曾做出一个判断，并向道光皇帝报告：“到省后察看夷情，外似桀骜，内实唯怯。向来恐开边衅，遂致养痈之患日积日深。”他给出的结论是：“虽其中不无波折，而大局均尚恭顺，非竟不可范围者。”

与林则徐一样，紫禁城里的道光皇帝也浑然没有觉察到与英国发生冲突的潜在可能性。帝制时代晚期的文官政治文化并不能帮助皇帝保持清醒的头脑。道光皇帝在林则徐报告收缴两万箱鸦片的奏折上，朱笔批道：“所办可嘉之至！”他坐在宫殿里那张面南背北的龙椅上，向着中国南方给出最高指示：对英国人要“先威后恩”，“断不敢轻率”，“断不敢轻率偾事，亦不致畏葸无能也”。

在此之后，道光皇帝对广东事务的关注度有所下降。他将自己的视野更多地投向了帝国内部的各种传统事务，不再像从前那样，眼睛只盯着广东“夷情”不放。林则徐传回来的奏折，也大多是一些老生常谈之语。在一片静谧安宁之中，整个帝国从上到下都在用“天朝”的逻辑思考对策，谁也没有嗅到战争来临前的气味。

道光十九年（1839 年）的春夏之交，整个北京城没有人比道光皇帝更坐立难安了，或兴奋得睡不着，或忧患得坐不住。林则徐在广州的消息，总是会在二十天的时间差里传到北京，传入紫禁城。一天早朝，道光皇帝问了这样一个问题："如果我们与英国开战，胜算几何？"

这个问题与道光皇帝一直以来所强调的"禁烟，不要挑起边衅"的总基调是相违背的。当他抛出这个问题时，大臣们面面相觑，不知该如何应对。他们希望一切都维持现状，这样也就能确保既得利益者的地位。他们甚至荒唐地认为，干脆让百姓都沉溺于鸦片之中，这样就不会有人出来叛乱或者反对他们。

面对踌躇满志的皇上，他们也不表达不宜动武、弛禁的主张，只是无奈地看着情势的发展。更何况连续好几天，广州方面不断传来振奋人心的消息：

——已经把夷人悉数包围起来。

——英国驻华商务总监义律已经屈服，同意缴出鸦片。

——收缴的鸦片，原箱解京。

林则徐的捷报一封又一封，就像是春天的候鸟，从中国的南方飞向北方。这几日，不仅是广州传来好消息，别的省也接二连三地上奏，各报佳绩：山西省缴烟多少斤，浙江省收了多少支烟枪……

5 月 18 日，正是英国趸船鸦片全部缴清的日子。也就在这一天，林则徐接到调任两江总督的谕旨。按照当时官场的普遍看法，两江总督仅在直隶总督之后，位列第二。由湖广调两江，虽为同品，仍是迁右，也算是朝廷重用。君王隆恩，怎不让林则徐感戴于心。

1839 年 6 月 3 日午后，刚下过一场雨，闷热的天气透入几丝清凉。虎门，广州城的东南，是珠江与南海相勾连之地。虎门乃是珠江之水必经之处，江左为大虎山，江右为小虎山，两山对峙，炯炯相向。珠江口口外的水面，则为伶仃洋。南宋末年时文天祥曾作《过零丁洋》一诗，所指的就是此地。

林则徐把销烟定在这里，一则便于就地处置，二则为扬大清之威。

这时的虎门海滩上，又是一番热烈繁忙景象。在林则徐看好的一片平整高地上，早已挖掘好销烟坑塘，建造好卫护地区的棚场。

林则徐站在虎门口外临时搭建的高台上，青缎的官袍在风中抖动着，略显肥胖的身躯使整个人看上去格外威严。吉时已到，林则徐高声诵读一篇祭告海神的文章。他在这篇祭文里痛斥英国烟贩的罪行："毒起鸩枭，渐致蛮烟之城市；丸泥脱手，任脑箧以探囊，爝火熏心，竞嗜痂而甘带。"接着，他又以极为喜悦的心情宣告，今已"飞盅全收，已倍万箱之贮；与其畀诸炎火，或拾残膏，何如投之深渊……"

这是中国东南沿海的传统民俗，是由于担心烟毒流入海中伤及水中族类。出生在福州的林则徐对这一套仪式并不陌生，他完成得谦恭而又充分热情。此时他的表情无论怎样故作平静，也掩饰不了内心的波涛翻腾。虎门腾起的烟雾让这个被疝气病和头晕病折磨已久的钦差大臣感到无限的满足。当潮水将稀释、粉碎的鸦片卷入茫茫大海的那一刻，他仰天长叹一声。从这一天起，用了二十三天时间，共销毁鸦片 237 万斤，只剩下八箱鸦片作为样品，送往京城。

那些到场观看的外国人对于眼前所发生的一切感到不可思议。当一箱箱鸦片化为腥臭的泥水，他们不得不佩服中国人办事的认真态度。美国传教士裨治文在参观后的日记里写道:"我们曾反复考察过销烟的每一个过程，他们在整个工作进行时细心和忠实的程度，远出于我们的臆想，我不能想象再有任何事情会比执行这一工作更忠实的了。"

虎门销烟之后，局势并没有如林则徐所愿，逐渐趋于和缓，反而山雨欲来。林则徐从虎门返抵广州，本以为大局已经粗定，他只要将留存的一些具体事务料理扫尾，一切尽可循归常态。可接踵而来的事项一件件翻卷而来，他感到前所未有的压力。外人看来处变不惊的林则徐，在写给友人的一封信里流露了内心的苦闷："仆立志要断此根株，然收缴若不准行，此根如何能断？踌躇踯躅，滋切焦口。"

当中国禁烟的消息传到英国时，鸦片贩子和对华利益集团立刻叫嚣着掀起战争。据《澳门新闻纸》报道：六月二十一日（1839年7月31日）早晨，当命令禁烟的消息到达伦敦时，“天色昏暗愁惨”，米价、银价飞涨，英国国会也由此开启长达数月的辩论。国会最关心的是，那些被大清国销毁的鸦片的赔偿金从哪里来。

八十九岁的陆军大臣、著名历史学家托马斯·麦考雷提出解决办法，让中国支付这场战争的费用，这些钱将在打败中国后获得。外交大臣巴麦尊也向国会保证，不会用英国纳税人的钱赔偿鸦片商人的损失，军费将从中国获得赔偿。媒体也在鼓吹：“想想看，太阳和月亮的儿子（中国皇帝）将成为我们政府的资助人，每年给我们50万，而只要一位英国大臣处理他的事情就可以了。”“如果说印度是英国的金矿，那么许多人希望中国成为英国的白金矿床。”

马地臣、颠地等12位英国商人以及24名印度人联名向英国国会递交了一封信，抱怨林则徐缴没鸦片使他们蒙受了巨大的损失，要求英国政府派遣军队，迫使中国人赔偿损失。这也正是义律所希望的，他自然会毫不犹豫地站到商人一边，请求外交大臣巴麦尊从印度派遣军舰来广州，给中国一定的军事威胁。

随后不久，一桩突发事件，将中英两国本就紧张的关系推向了破裂。英国水手在九龙尖沙咀酗酒滋事，殴伤村民林维喜，次日林死去。林则徐谕令义律交出凶手。义律予以拒绝，并在英国船上自立法庭，判处5名滋事行凶者监禁3～6个月，罚金15～20英镑。

林则徐以义律拒不交出凶手为由，禁绝澳门英国人的生活必需品，并派兵分布各要口，迫使英国人离开澳门。义律安慰那些离开的人说，只要耐心等待，等着从印度派来的英国军队到来，一切又将恢复原样。

不论是道光皇帝，还是林则徐，都没有对中英两国关系给予足够的重视。当英国海军军舰从印度和英国全速向中国海域逼近的时候，道光皇帝还在养心殿西暖阁里处理日常政务，虎门销烟带给他的愉悦梦境还没有完全消解。他坐在这里，他的感觉从未如此之好，他甚至觉得大清皇帝这个职业还是大有可为的。

英国外交大臣巴麦尊给义律送来了一份密件，通知他英国政府已决定将英国同中国关系置于一个适当的基础上。

英方要求中国官员供应食物，未达到目的后，下令开火。中英之间的对抗开始诉诸武力。从军事的角度来看，将近四个小时的战斗，双方并未分出胜负。这是一场各自报喜不报忧的遭遇战，林则徐奏称，清军重创“窝拉疑”号，英人多有中炮落海者，战后“捞获夷帽二十一顶”；己方有三艘师船进水，战死士兵15名。

义律则称，清军3艘师船被击沉，一艘击中火药舱而爆炸，还有几艘进水。“窝拉疑”号仅受了轻微损伤，没有人员伤亡。

在中英各自的报告中，都提到了清军的指挥官水师提督关天培。林则徐的奏折中写道：“该提督亲身挺立桅前，自拔腰刀，执持督阵，厉声喝称：敢退后者立斩！适有夷船炮子飞过桅边，剥落桅木一片，由该提督手面擦过，皮破见红。关天培奋不顾身，仍复持刃屹立……”这不是小说片段，而是林则徐在奏折里的原话。

在林则徐笔下，除了小说笔法，还有科普知识：“查夷船制度与内地不同，其为船主宰者，转不在船尾而在船头，粤人呼为头鼻，船身转动，得此乃灵。”继而，他又回归写实：“是日士密（史密斯）船头拨鼻拉索者，约有数十夷人，关天培督令弁兵，对准连轰数炮，将其头鼻打断，船头之人纷纷滚跌入海。”

如此绘声绘影，让人有身临其境之感。估计道光皇帝读完，内心也是大呼过瘾。不然他不会朱批“可嘉之至”，赐关天培以“法福灵阿巴图鲁”（满语英雄之意）的荣誉称号。

就在穿鼻之战爆发的第二天，巴麦尊勋爵，一个自由贸易的提倡者，一个放荡不羁的人，像往常一样衣冠楚楚地出现在英国外交部。他在自己的办公桌上发现女王的利益代言人、驻华商务监督查理·义律的快信。这封信将英国商人在钦差大臣到来后所受的种种苦楚添油加醋地说了出来。在信的结尾，他给出建议："我认为，我的勋爵，对于所有者一切不可饶恕的暴行的反应，应该是出之以迅速而沉重的打击，实现连一个字的照会都不用给。"

或许是因为这封信的缘故，或许是英国商人游说团的推波助澜，又或许是英国资本主义扩张的需要。巴麦尊放下这封信不久，就将 1840 年 4 月发动侵华战争的计划通知了海军部，并发出第 16 号训令，指示义律尽量搜集军事情报，等待远征军的到来，必要时可以"先揍它（清政府）一顿，然后再作解释"。

1840 年 4 月 10 日，英国国会召开会议。内阁将一份侵略战争的拟议以"军费协助案"的含蓄名义提交讨论，那些西方文明养育的以利益为目标的绅士们言词激烈地进行了整整三天的辩论。辩论后举手表决，主战派以 271 票对 262 票的微弱优势取得胜利，并为将要进行的战争通过了一份决议："对于中国人之侵害行为，必须得到满足与赔偿，以此目的，捕获中国船舶及货物，自属正当。如中国政府承认赔偿，并行让步，则英政府亦不为复仇而战争。"

道光二十年（1840 年）6 月，一支庞大的英国舰队出现在澳门海面上。

4. 来自海洋世界的入侵者

林则徐在毫无防备的情况下与这场战争迎面相撞。这个精明清醒又从来不失勇气的封疆大吏突然感到留给他的时间不多了，他好像突然站在一个制高点上，把正在发生和即将发生的，都清晰地看在眼里。

在定海失守的消息传来时，林则徐正在翻阅一本他刚刚弄到手的英文书《外国关税策略和习俗文摘》，正为里面所谈到的难以理解的名词和拗口的外国人名而头疼不已。尽管如此，他还是硬着头皮读下去。

作为一名封疆大吏、钦差大臣，林则徐从未放松对英国人的警惕。他花高薪雇用的四名翻译每天会为他翻译英文书报，把那些搜集来的情报整理编辑成册，以供随时阅读参考。林则徐是一个太平盛世的能臣。此人经历非常复杂，什么都干过：考官、刑名、钱粮、盐政、治河、用兵、兴修水利、勘荒、剿夷、平暴。他的履职经历可谓成绩斐然，为自己赢得了良好的口碑。他是其他官员学习的楷模，他不是一个混吃等死的官油子。他勤于钻研，履新职后便立即开始恶补，靠自学成才，不管干哪一行都是如此。

在对西方世界了解极其模糊的大清朝，林则徐的做法可谓用心良苦。他从翻译过来的情报中大致勾勒出英国的国家形象：它的地理位置、大小、军队和舰船数量等。从这些字面数字的比较上，他自以为是地得出了英国远远比不上大清朝。正因为如此，他们不敢开战，只是虚张声势，顶多也就玩一玩军事讹诈的把戏。

英国人做了长期的打算。林则徐只能接二连三地给紫禁城里的道光皇帝打报告，请示下一步该怎么办。皇帝也不知道怎么办。这一期间道光皇帝给林则徐的批示多是“严密防范，以逸待劳”。

林则徐一厢情愿地认为，英军只会打海战，陆战则腰腿僵硬，跌倒就爬不起来；一个清兵就可以手刃数敌，甚至平民老百姓也能杀敌制胜。在林则徐的翻译资料中，有“孟呀拉土番，脚长无腿肚，红毛选其身材高大者充伍，谓之叙跛兵”的记载。这里说的仅是印度兵。林则徐在澳门检阅过葡萄牙兵，他认为洋人“腿足裹缠”，“屈伸不便”。他见到的外国军人穿着紧身裤和绑腿，又采用踢腿迈步的行进方式，加上他们不愿行跪拜礼。于是他推断出洋人离开海洋就不会打仗了，到了陆地只有挨打的份儿。道光皇帝居然相信了林则徐毫无根据的推论。

在林则徐看来，英国距离大清万里之遥，如果英国人劳师远征，主客之势、众寡之数实在过于悬殊。英国是以贸易为立国之本的，对华茶叶贸易利益尤大。即使断绝了英国鸦片贸易的利益，仅仅为了正当的贸易能够继续进行，英国也要慎重考虑，不会轻易开启战端。而贸易不过是一些不法商人勾结英国驻印度等地的地方官员所做的非法勾当，并非英国的官方意思。

定海失陷的消息传来，林则徐有些不相信自己的耳朵。这个消息让他措手不及，也完全打破了他对英国政府“万不敢以侵凌他国之术窥视中华”的幻想。

或许，那一刻，林则徐的脑子里在不断闪回一年半前，他骑着高头大马进入紫禁城的情形。对于一个效忠帝国的官员而言，那一刻的荣耀让他一生都难以忘记。道光皇帝在他面前说的每一句话都音犹在耳，尤其是那句：“上不可以失国体，下不可以开边衅。”

林则徐生在南方，按说他早就习惯了潮湿的海洋性季风气候。可是这一年多，他的疝气病愈发严重。然而，比起身体上的疼痛，更让他难以适应的是时局带来的不确定性。官场上的林则徐似乎特别勤勉，也从不回避自己的责任，不遗余力地为自己的设想努力着。

他就这样坚守在瞬息万变的时代最前沿，无论是思想上，还是行动上，他对自己充满了信心。他以为自己预见了方向，也坚定地以为自己是走在一条无比正确的道路上。美国学者马士在《中华帝国对外关系史》中这样描述：“林则徐是一位具有非凡能力的行政官员，是（道光）皇帝的化身。他的整个经历明净如水晶。他的动机是禁止鸦片的输入和消费，为了达到此目的，他准备采用一切手段，但是他的任务是毫无希望的。”

定海失陷的消息像是一记重锤砸在林则徐的心头上，他不由埋怨起浙江巡抚乌尔恭额。他不止一次地提醒对方“严加防范”，可人家根本不予理会。他下意识地感觉到，北京城里那些反对禁烟的官员很快就会炸开了锅，他们一定会在皇帝面前大肆诋毁，他们一定会将定海失陷的罪责全部推到他身上。

形势继续恶化。定海失守后，英国军舰分兵北上，逼近天津。在官场驰驱了半辈子的林则徐陡然感到焦虑和疲惫，深感力不从心。置身于大时代背景下的林则徐虽然睁开了他的眼睛，但是他看世界的角度并没有发生根本性的变化，更不具备宏阔的视域和顺应世界的潮流。

他在给道光皇帝的奏折中建议道："与其交镝于海洋，未必即有把握。莫若诱擒于陆地，逆夷更为无能。或将兵勇扮作乡民，或将乡民练为壮勇，陆续回至该处，诈伪赴招而返，愿为久居。一经聚有多人，约期动手，杀之将如鸡狗，行见异种无疑。"

这是 1840 年 8 月下旬的一天，道光皇帝并没有像往常一样来到太和殿接受朝臣们的叩拜。他昨天晚上连两个时辰的觉都没有睡到，不是没有时间，而是他睡不着。他前半夜批阅了各地官员传来的奏折，看到了英国外交大臣巴麦尊的照会。

巴麦尊并没有奢望这封照会能够传递到大清国皇帝的手里，而是直接写给中国宰相。其中的主要内容是：被扣的货物（即鸦片）应按价偿还；凌辱大英领事威仪，应给予精神补偿；将派官员驻中国，管理英国人民贸易；割让沿海个别岛屿给英国，所欠洋行款项，赔还英国债主。

道光皇帝似乎并没有将赔钱、割地和派驻领事此类要求放在心里，他的目光落在了照会中对林则徐的指控。他感到既喜且忧，喜的是英国人并没有提出动摇大清统治的非分要求，忧的是他们认为两国关系恶化是因为林则徐的存在。

既然英国人指定林则徐是破坏两国外交的罪魁祸首，那么接下来，他这个皇帝需要做的事不言自明。这时候道光皇帝与林则徐的矛盾并没有激化。前者不过是动摇了对后者的信心。而这种动摇更多是来自时局的催迫，是一种被动的变化。

此时的林则徐显然还没有意识到这种变化，他关注的依然是禁烟，以及禁烟带来的战争可能性。他甚至想到了，在海洋上与英国人展开正面交锋。要在凶险未测的海洋上战胜英国侵略者，就必须敌得过英军所恃的船坚炮利，使其长技亦为中国之长技。

林则徐试图说服道光皇帝，筹建一支船坚炮利的水师。他奏称："以船炮而言，本为防海必需之物，虽一时难一猝办，而为长久计，亦不得不先事筹维。”他甚至提出：“若以粤海关的关税十分之一制炮造船，则制夷已可裕如，何至尚形棘手？”不想道光皇帝读到此处，竟然勃然大怒，朱批道：“一片胡言！”完全否定了林则徐的建议。后来，他在致友人的书信里无奈道：“船炮水军万不可少，闻当局多有诋此议者，然则枝枝节节，防之不可胜防，不知何以了事！”

此时朝中并没有几个人能够理解林则徐这一计划的重要性，那些主和派连仗都不愿意打，又怎会想到去建立一支船坚炮利的水师。这个缓慢的、腐朽的古老帝国有着超出我们想象的承受力。人们见得太多，也习惯了从容而麻木地对待突如其来的变故。从官方的态度来看，定海的失陷，也只不过是在一场与西方野蛮人的小冲突中输了一点儿颜面。不要指望这个行将就木的王朝能够从这样的失利中猛然警醒，改变自己的立场、态度以及传统的思维方式。

他们不但不会支持林则徐提出的“外海战船，宜分别筹办”的计划，反而提出了种种的谬说来打击林则徐。他们为此抛出了两个观点：一曰封海；一曰专于陆守，毋须造船。这时候的林则徐完全没有料到时局的走向会如此艰难，他也只能在南方的天空下发出悠长的叹息：“今之事势全然翻倒，诚不解天意如何？”对此，他感到无法理解，但又无可奈何，不仅切愤殷忧，发出了“时事艰如此，凭谁议海防”的慨叹。

英国人伯纳德这样评价林则徐，“他不考虑后果如何，只要能不受控制地实现他的意愿。他是刚强的，但不自私；他灵活，但老是坚持他原来的观点。”像林则徐这样的帝国官僚，他们坚信能够以武力来统治他的政府管辖下的人民，和对付那些与他的政府接触的外国人。他们的长处也正是他们的短板，那就是对自己的事业有着不切实际的赤诚。

而此时远在千里之外的紫禁城，道光皇帝也陷入了前所未有的纠结之中。在看完英国外交大臣巴麦尊的那封照会后，道光皇帝彻底失眠了。这封照会用了五分之三的篇幅对林则徐广东禁烟发出严厉的指控，后面才提出赔偿的五项要求。

一个新时代已经开始了，而紫禁城里的皇帝和大臣们还蒙在鼓里。在做出调遣军队增援沿海的决定后，道光皇帝开始感到放松，并且生出盲目的乐观。他反过来安慰那些一天到晚在他面前愁眉苦脸的大臣，他说，英吉利逆夷滋事，攻陷定海，现已调兵合剿，不难即时扑灭。

正是因为有了这份疑惑，道光皇帝在一场半梦半醒的囫囵觉后做出了一个扭转时局的囫囵决策。向来谨慎的皇帝居然做出了一项破例的决定，谕令直隶总督琦善："倘有投递禀帖情事，无论夷字汉字，即将原禀进呈。"在天津接受外国人的投诉，本就不符合大清国体制，更何况投书者已有发动战争的行迹。

道光皇帝这么做也是病急乱投医，他已经厌倦了那些地方大员们五花八门的奏折。当他接到福建高级官员联名写来的奏折，建议采取措施，以获得更多的枪炮和武器装备时，前几日还"打字当头"的皇帝拒绝了这一合理要求。道光谕令代理两江总督裕谦，对于那些可能在他管辖地带沿海出现的夷人要多加防范，弄清楚他们是来递交请愿书的，还是来进攻的。只有确认了他们的侵扰行为之后，才能给予武力回击。

对于一个守成之君来说，在这个时候，突然用打破祖制这种非常规手段，自然会让那些立场本就不坚定的朝中大臣有了首鼠两端的借口。

道光皇帝急于想要了解英国人不宣而战的真实意图，就算是打，也要打得明明白白。难道仅仅是为了鸦片？好像又不完全是。道光皇帝对于英国人的态度就这样完全地、令人不解地发生了巨大的变化，尤其是对待林则徐的态度，他用前所未有的严厉话语斥责林则徐："外而断绝通商，并未断绝；内而查拿犯法，亦不能净，无非空言搪塞，不但终无实济，反生出许多波澜，思之曷胜愤懑，看汝以何词对朕也？"

此时的大清国竭力以"天朝尽善尽美"的幻想来欺骗自己。在广东禁烟活动的初期，道光皇帝表现得较为谨慎，几次提醒林则徐"不至肇事边衅"，但后期的态度却日趋强硬，甚至给出"朕不患卿等孟浪，但诫卿等不可畏葸，先威后德，控制之良法也”这样强有力的最高指示。

1840年的夏天，南方的暑气火力全开，午后的沉闷像是被人活活憋死在心里的怨气，被时间无限拉长。一贯以沉稳练达示人的林则徐穿着粗布的蓝色袍子，略显肥胖的身躯看上去更添几分威严。大多数时候，他的嘴角挂着谦和的微笑，表明他对身边的一切算是满意的。

可是这几日以来，向来沉稳有余的林则徐显得焦躁不安，就连最拿手的一遍即过的奏折也要字斟句酌，反复修改。比如今日这句“倘所递之词有涉臣等之处，唯求钦派大臣来粤查办”，他也是犹豫了半天才写上去。

林则徐知道，他已经无法兑现当初对道光皇帝的承诺，禁烟不止，边衅已开。那个曾经给予他无上荣光的君王，这时候在紫禁城内早就气得跳脚了；而他这个钦差大臣在广州城里大刀阔斧的好日子就要结束了。他倒不是害怕皇帝追究责任，他在广州城里的所作所为无一不是请旨或是奉旨的结果，皆有案可查。如果说，他此时还有什么可担心的，莫过于道光皇帝偏信英方公告中诸如“粤东大宪林、邓捏词假奏请奉皇帝停止英国贸易”的一面之词，或是君王的耳朵里只能听进去那帮“主和”大臣对他的攻讦之词。

他无法左右别人，只能做好自己该做的，其他的就留给上天裁定。为了表明自己的清白，他主动要求朝廷派钦差大臣来广东查办。道光皇帝接到林则徐这份奏折没过几天，就接到了巴麦尊的那封照会。于是，他没做过多犹豫就答应英国人将对林则徐“逐细查明，重治其罪”。与此同时，他连续向直隶总督琦善发去两道决意主“抚”的谕旨。

1840年8月30日早上，以直隶总督琦善为首的地方官员，以懿律和义律为首的英国军人和部分商人集聚在天津大沽口，这是中英双方谈判的现场。热情好客的中国人再次用仪式化的礼节、优雅的环境和丰盛的食物款待来自海洋世界的客人，准确说是来自海洋世界的入侵者。

在义律看来，琦善应该是他见过最谦卑的清国高官。在此之前，他所面对的那些清国官员都是用一种居高临下的姿态面对他们这些“夷人”。

琦善实在是一个圆滑老道之人，一整天的谈判就在他的左闪右躲中进行，并未达成任何结论。某个时刻，义律甚至产生了谈判根本没有必要进行下去的感觉。

或许是为了迎合英国人的强硬姿态，琦善以一番委婉的表达，缓和他拒绝赔偿的态度。在琦善躲闪的某个瞬间，义律还是捕捉到了对方的心意，那就是：广东发生的事情还是回到广东解决。琦善还给出一个重要的信息：道光皇帝打算撤掉林则徐，并对此人过分的行动进行惩罚。这句话显然让义律和在场的英国人感到震惊。林则徐在朝廷中已经失宠的事实让他们明白，大清国皇帝对他们这帮鸦片贩子的态度有了180度的大转变。

卖国者的无奈

——替罪羊的攻守之道

历史行进的步伐经常会受到一些偶然事件的左右，它不以人的意志为转移。这使得洋务运动更像是“脚踩西瓜皮”，滑到哪里是哪里。李鸿章在追随曾国藩那一代精神领袖的时候，确实发自内心相信中国文明的永恒，也坚定地认为中国文明并不会因为暂时落伍而失去光泽。在他们这一代知识分子看来，中西之间的差异并不是先进与落后之别，而是一方已经准备好先上路，另一方只是随后拍马赶到。时间的先后，并不是一件要命的事。

1. 一为刀俎，一为鱼肉

1895 年 4 月，一艘邮轮缓缓驶向日本的马关，船上搭乘的是以李鸿章为首席谈判代表的中方和谈代表团。马关，又称下关，是日本本州的尽头。这里本是日本地图上一个不起眼儿的小地方，而此时却成为大清国和日本，甚至包括西方列强关注的焦点。

这个时节，也正是日本人赏樱花的美好时节，沁人肺腑的芳香弥漫了整个岛国。这么多年来，这个飘摇于海洋中的岛屿国家很久没发生什么振奋人心的事，他们终日仰人鼻息，委曲求全；而现在，他们终于以一场大胜让举国上下为之沸腾。

日本报纸甚至将这场战争的胜利比作两千多年前越王勾践对吴王夫差“卧薪尝胆”的复仇，极尽渲染之能事。日本人对中国文化和历史的熟悉程度甚至超过对自己的了解。在中国人的眼中，这片叫作扶桑的海洋尽头的地方，与那些蛮荒之所并无区别。讽刺的是，即使是在清国陷入欧洲列强的危难之后，大清国的上上下下对这个为虎作伥的岛国也没有正眼相对。

太平洋依然平静得无风无浪，可对于此时的李鸿章来说，那寥廓无边的太平洋深处，是深不可测的耻辱。而李鸿章此行的目的，是要与那“蕞尔小国”签订城下之盟。刚刚结束的甲午战争，对这位七十三岁的老者，对大清朝廷中的改革力量，乃至对这个在同光中兴之后重新燃起复兴希望的王朝，都是一场毁灭性的打击。

长夜漫漫，遥望故国方向，李鸿章将自己满腹苍凉的心境化为一首诗：

劳劳车马未离鞍，临事方知一死难。
三百年来伤国步，八千里路吊民残。
秋风宝剑孤臣泪，落日征旗大将坛。
寰海尘氛纷未已，诸君莫作等闲看。

李鸿章觉得自己与那些混迹于市井的小商小贩并没有多大区别，无非是讨价还价的营生。从一个谈判桌，走向另一个谈判桌，而他手里根本就没有底牌可用。他连为自己国家争取最基本利益的资格都没有，明知道要去做一单赔本的买卖，可他还是要上路。

他突然发现，脚下所踩的是一座冰山，即便他一步一个脚印踩踏实了，也难以阻止前方道路的缓慢消融和一场早晚要来的毁灭性结局。面对比自己小十七岁的伊藤博文，他甚至觉得，自己倚老卖老的做派显得过于滑稽和可笑。

梁启超说：“伊有优于李者一事焉，则曾游学欧洲，知政治之本原是也。”伊藤博文长期担任日本总理大臣，有着较为高明的政治手段，懂得如何运用妥协之术，来减少改革的成本。李鸿章真的羡慕他，对方能够驾驭着日本这艘航船乘风破浪，而他自己却只能随着千疮百孔的巨轮风雨飘摇。他也不得不承认，对方的知识结构和理解力显然要比自己更为开阔和新颖，他们眼里的世界或许是不同的色彩。伊藤博文对于西方的政治体制的架构和理论有着深入的了解，对于本国的国情也同样有着更为深入的思考。

世事流云，人生飞絮，李鸿章与伊藤博文在十年前曾经有过一面之缘，那是1885年在天津会谈朝鲜问题。一个是中国的首辅大臣，一个是日本的第一任首相，他们的地位相当，所处的时代和大环境也是相同的。面对同样的“千年未有之变局”，在中日近代化大比拼的这条赛道上，洋务运动与明治维新几乎是同时起跑，最后的结局却大相径庭。十年前与今时不可同日而言，那时的李鸿章又怎会将伊藤博文这个小字辈放在眼里？

伊藤博文在李鸿章面前表现得异常谦恭，就像是一个在课堂上聆听老师教诲的学生。或许是伊藤刻意表现出来的低调与内敛，让李鸿章失去了应有的警惕，于不知不觉中上了对方的套。在朝鲜的宗主国问题上，李鸿章居然承认日本对于朝鲜的优先监管权，并签订下《中日天津条约》。

也是在那次会面后，李鸿章专程向总理衙门提交一份秘密报告——《密陈伊藤有治国之才》。可见他对这个来自日本国的政治新秀的赏识。他指出伊藤博文“实有治国之才”，并预测“大约十年之外，日本富强，必有可观”。

距离二人第一次会面，刚好过去十年时间，时局也刚好应验了李鸿章当初的预判。对于这个孜孜不倦推进古老帝国改革的老人，伊藤博文发自心底地崇敬。十年，让双方的地位和情况发生了重大转变。一张谈判桌，分开了截然不同的两种命运，一为刀俎，一为鱼肉。

李鸿章是战败国的代表，也是一个风烛残年的老人；而伊藤博文是战胜国的总理大臣，正值一个政治家的黄金时期。李鸿章是为赔款乞和而来，一个七十三岁的老人，已远没有当年那份大国自居者的傲慢，有的只是满心的屈辱和悲愤。生逢大清国最黑暗、最动荡的年代，李鸿章的每一次出场无不是在帝国“存亡危急”之时，帝国要他承担的无不是“人情所最难堪”之事。他没有选择的余地，更没有闪转腾挪的空间。

甲午战争就像是李鸿章与伊藤博文彼此倡导本国近代化的一块试金石，伊藤博文大获全胜，而一败涂地的李鸿章却身陷各种各样的矛盾泥淖中无法自拔。这场战争不仅输光了他的全部家当，也让他心中的帝国中兴之梦彻底破灭。

有人认为，大清国的失败是因为李鸿章等人决策、指挥失误所致，而日本国的成功，则是伊藤博文、陆奥宗光等人的侥幸。历史不能如此轻率地下结论，更不能将一个时代的成败归咎于个人英雄主义的只手擎天，这似乎太不负责任。

不主战的是李鸿章，被逼出战，战之不胜，最后站出来背黑锅的还是他。大清国投入这场战争的兵力，几乎全部是他的淮军嫡系。那段时间，溃败的消息像一个又一个在他耳边炸响的晴天霹雳。他比谁都要痛苦，比谁都要委屈，也比谁都要愤懑。他的朋友吴汝纶曾经回忆说：“平壤之败，李相国痛哭流涕，彻夜不寐……及旅顺失守，愤不欲生。”甲午战争结束，李鸿章就像一个身败名裂的赌徒，将自己所有的家当和名声输得干干净净。

黄海战后，翁同龢曾经受慈禧之命，前往天津的直隶总督衙门，给李鸿章带去了慈禧和光绪的谕旨：拔去三眼花翎，褫去黄马褂，以示惩罚。那一刻，他只能忍受命运的无情嘲弄。面对气势逼人的翁同龢，他除了“缓不济急，寡不敌众”八个字外，就再也说不出一句话。

梁启超曾言：“若以中国之失政而尽归于李鸿章一人，李鸿章一人不足惜，而彼执政误国之枢臣，反得有所诿以辞斧钺，而我四万万人放弃国民之责任者，亦且不复自知其罪也。西报有论者，曰日本非与中国战，实与李鸿章一人战耳。其言虽稍过，然亦近之。”

很显然的是，梁启超不同意将甲午战败的责任全部推到李鸿章一个人身上，那样太不公平。伊藤博文在不同的场合表达过同一个意思，他说：“李鸿章是中国唯一有能耐与列强一争长短的人。”伊藤博文算是一个思想领时代先锋、视野开天地之阔的东方政治家，他与中国旧知识系统培养出来的李鸿章不在同一个认知平面。

真正的战争，永远发生在战争开始之前。当无所适从的大清国半推半就地撩开西洋的神秘面纱时，日本国上上上下下已经喊响了“脱亚入欧”的口号，继而掀起一浪高过一浪的“文明开化”的狂潮。柏杨先生打过一个形象的比喻，大清朝就像一个被晚期癌症击败的老拳师，在观察强大对手的优点时，不归功于对手的强壮如牛，反而归功于对手有一副好的拳击手套，认为自己只要也有这么一副漂亮手套，就可发生同等威力。

对于破门而入的外来文化，李鸿章并没有表现出排斥；相反，他所持的态度更像是一种主动迎合。虽然士大夫的主流意识仍然牢牢地控制着他的精神，但是此时的他已经有了更多的选择空间，外国文化成了这潭死水的搅动棒。在大清国的高级官僚中，李鸿章应该算是睁眼看世界的先驱者。在繁忙的事务当中，李鸿章一直坚持着对于西方文化的了解和学习，对于像他这样的高级官僚，能够做到这一点是很不容易的。

这期间，李鸿章有意识地阅读了大量的西方著作，以便做到知己知彼。对于西方社会的变革，他有着自己的独到见解和思考。他深有感触地说：“阿（亚里士多德）氏以前人之说为无可疑，即据之以推新理，故其学不及贝（培根）氏。”褒扬培根，贬抑亚里士多德，无非是他反对泥古、渴望从实际出发研究新事物的求变心理的折射。

置身于这个风云巨变的大时代，李鸿章无法平心静气地面对两种文明的碰撞。虽然他坚信中华文化的尊者地位，但是面对西洋文明的巨大威力，他始终无法做一个袖手旁观的第三者。

2. 弱国外交的生存之道

曾国藩曾经问过李鸿章一个问题，他问对方如何与洋人打交道。

李鸿章给出的答案是，与洋人打交道，首先要懂得用“痞子腔”。

曾国藩不解道：“‘痞子腔’是个如何打法，你倒打给我瞧瞧？”

李鸿章觉得老师不太满意自己的答案，只好言道：“门生信口胡说，望老师指教。”

曾国藩考虑良久，才一脸严肃地回答：“我认为与洋人打交道，关键在于‘诚’。洋人也是人，只要以诚相待，一定会令其感化。”

李鸿章未置可否，他在老师曾国藩面前保留了自己的意见。由此可见，曾、李二人在外交策略上存在着很大不同。曾国藩的外交思想来自中国儒家以和为贵的传统智慧，不过他沿用汉唐以来礼遇外邦的手法去面对工业化的欧美列强，显然是不合时宜的。在弱国无外交的年代，痞之有道，本来就是一种生存智慧。

历史学家唐德刚说，近百年中国只出了两个半外交家，周恩来和李鸿章之外，顾维钧算是半个。比较而言，李鸿章又是其中最倒霉的那个，身处于一个外国人不讲理、中国人不明势的困顿年代。他艰难地向前迈出一步，总要付出两步的代价。

野心必须用野心来对抗，这是均势外交的精义所在。而一旦陷入弱国外交，也就失去了回旋的余地。李鸿章难就难在自己的谈判桌，自己做不了主。他要顺应天下民心，他要顾全慈禧太后的面子，他要糊弄列强的贪欲，他还要顾及自己的名节。有人说他就像是站在四个鸡蛋上的舞者，踩破哪一个都不行。在这种情势下，他最终只能选择牺牲自己的名节，顶着滚滚骂名去维持着一个帝国的完整。

李鸿章和他的老师曾国藩有所不同，虽然出身翰林，但是李鸿章为人机变圆熟。在他看来，老师的那一套过于“儒缓”“迂拙”。他目睹了曾国藩是怎样从舞台的中央一步步退到边缘地带，还要做出一副谨小慎微的姿态。李鸿章明白，他的发迹史完全生搬硬套自己的老师，不可能不被朝廷忌惮。

大清国一直有任用汉族官员的传统，用归用，却始终无法让汉族官员产生精神上的归属感。虽身居庙堂，但处境尴尬。他们既希望能通过建功立业实现儒家士子的人生理想，又要时时受到朝廷的猜忌和节制。兵者，不祥之器，对于兵权的掌控，朝廷更是防汉人如防贼。

不用汉官无以治天下，用了汉官又心有不甘；汉官有心报效，却又无法得到重用。与知难而退的曾国藩相比，李鸿章的责任感显然更重。诚如梁启超所说，曾国藩“深守知止知足之戒，常以急流勇退为心”，李鸿章则“血气甚强，无论若何大难，皆挺然以一身当之，未曾有畏难退避之色”。

李鸿章对于今时今日的自己还是相当满意的，如果没有发生这场战争，他完全可以像自己的老师那样，功德圆满地收场。他本是来自江南的一介儒生，道光二十七年的进士，三十六岁入曾国藩幕府。若不是因为那场剿灭太平天国的战争，他这辈子或许只能混迹于官场低层。他追随老师曾国藩创立湘军的脚步，创立了淮军。上海一役，他领着这帮脚穿草鞋、头裹破布、满嘴合肥土话的“大裤脚蛮子兵”像一群饿极了的野兽似的冲向太平军的阵营，7000敌10万而胜。一场经典战役成就了李鸿章的半世功名。四十二岁被任命为江苏巡抚，封肃毅侯、一等伯爵，戴双眼花翎。四十八岁接替老师曾国藩，任直隶总督，后兼任北洋大臣。朝廷赐他三眼花翎，这是一个汉族官员前所未有的崇高荣誉，七十二岁高龄的李鸿章抵达了一生事业的巅峰时刻。

美国驻华外交官何天爵在其所著的《中国人本色》一书中如此描述李鸿章：“他的仪态举止和思维方式更像一名战士，而不是政治家。他的身材要比一般的中国人高大，声音粗哑而充满饱满的精神，给人感觉非常平民化，易于接近。”

曾经以《泰晤士报》记者的身份采访过李鸿章的英国人布兰德，在他所著的《李鸿章传》里，以一个西方人的视角记载了老年李鸿章的形象：“当我走出下院时，我忽然迎面遇见了李鸿章，他急匆匆地走进去听一场辩论。他个头极高，一脸和善的表情，作为一个来自另一世界的陌生人，穿着一身蓝色的袍子，显得光彩夺目，步态与风度颇有尊严，嘴角挂着谦和的微笑，表明他对见到的一切都很欣赏。就外表特征而言，很难想象这一代或上一代的任何人能够亲近李鸿章，并不是因为他给了你功勋卓著或大权在握的印象，而是因为他的风采中散发出一种高贵的人品，如同半神半人的自我满足和超然物外，而又老于世故，向劳苦大众屈尊降贵。”

李鸿章一生急于事功，凡事先论利害，再论是非。无论是困守于朝堂，还是放眼于国际，他都要尽可能地做到左右逢源。在大多数时间里，他更像是一个变色龙，披着各式华美的锦袍抛头露面，而他的身体一直隐藏在这袭华美的衣服里面。

一个优秀的政客，大多时候看上去，更像是善于钻营的投机分子。对于弱国而言，处于列强环伺的危局之中，必然要学会一套实用的外交技巧，以保证本国的基本生存。在这种情形之下，利用各国之间的矛盾来互相牵制，从而保证自身独立和生存，就成为一种必要的方法和手段。

李鸿章利用各国在华“野心”的不同，使各国的相互牵制成为一种现实的可能。当初建立淮军时，李鸿章就强调“利益”二字的重要性。为了壮大淮军力量，他并不拿“保家卫国”之类的大话来说事，而是出人意料地抛出“人以利聚，鸟为食来”“非名利，无以鼓舞俊杰”这样赤裸裸的动员口号。与那些所谓的道德家们相比，李鸿章更像是一个不知道珍惜自己名节的浑人。他公然以子女玉帛诱集将弁，用人时广收杂揽，并不严格筛选。或许是种因得果的缘故，淮军的军纪不如湘军，从一开始就陷入“俱在贪图利禄，以骚扰民间为能事”的泥沼。风纪如此，当然会受到社会的抨击。对于指责，李鸿章总是会站出来替他的部下挡箭，说这些“乡井子弟为国家杀贼保疆土”，既然于国有功，一切小过，能宽恕则宽恕。

在李鸿章看来，西方世界除了船坚炮利之外，好像并无多少可取之处。中国落后于西方，归根结底是科技手段的落后。贤者以其昭昭使人昭昭，今以其昏昏使人昭昭。作为一个相对务实的政治家，李鸿章并不喜欢坐而论道、夸夸其谈。他希望能够通过自己的身体力行，在有生之年为国家和个人踏踏实实地做点儿实事，以自己的力量推动庞大的中国有所改变。

1860 年以后，李鸿章开始有计划地推行他的洋务运动。

1861 年咸丰皇帝逝世，同治皇帝即位，慈禧太后垂帘听政后，开始了自强运动。

从 1862 到 1875 年，朝廷颁布了一系列诏书，要求各地学习西方科学技术。虽然朝廷发出倡议，但大多数地方也只是观望，并没有立即做出响应。即使他们想要做出呼应，也不知道从何下手。他们没有理解力，更没有行动力，仓促为之，也只是做做样子。

只有李鸿章、张之洞、左宗棠等极少数地方大臣摸到门道，做了一些实实在在的事情。他们想通过洋务运动，切实地学习洋人先进的科学技术，并以此补齐大清军事力量的短板。

战争的阴云笼罩在东亚的上空，李鸿章真的不想打这场仗，他一心想要“避战求和”。他真的不明白，朝堂上那帮像是打了鸡血的主战派们，他们膨胀的自信心到底来自哪里？他们似乎瞧不起日本这个对手，开口闭口“蕞尔小国”，认为大清国必定一战而胜。

李鸿章的内心充满了忧患意识，他太了解自己的家底。那轰隆隆开动的机器、升入云霄的烟囱就像给他服下了一粒春药，虽然能够让他心跳加速，却无法改变窘迫的现实。此时的大清国虽然对外号称有百万大军，并大体换上了新造的枪械火炮，但可用兵力却并不乐观。他不止一次地算过账，如果抛去 60 万完全不中用的八旗、绿营，湘淮勇营加上部分由绿营改编而来的练军，可用兵力不会超过 40 万人，其中他所掌握的淮军精锐只有区区 5 万人。如此一来，与日本 25 万的可用兵力相比，清军并不占优势，更何况在营制、训练、指挥、参谋、后勤等诸多方面都落后于日军。

至于国人引以为傲的北洋舰队，此时也早已是外强中干。北洋舰队在1888年成军时，确实是樯橹如云、旌旗当空，被国外军事年鉴排为“世界前八”。但从这一年开始，北洋舰队再未添过一舰一炮，而同时期的日本却以每年增加一艘新军舰的速度扩大规模。至甲午战争爆发前，日本海军实力已经超越了北洋舰队。

这笔账只能烂在李鸿章的肚子里，他无法向那帮不明实情的主战派们一一说明。就连外方评论对中方也大多持消极态度，如上海《德国新报》称日军与德国劲旅无殊，与中国交兵必操胜算。英国海军情报处也认为，“不管从哪个角度而言，中国军队都是前途未卜的”，“日本军队之与中国军队，就像19世纪的文明军队之与中世纪军队一样”，“中日如果交战，只能有一种结果”。

这时候的李鸿章只能寄希望于朝鲜半岛的利益第三方，希望他们能够再次发挥作用，站出来调停这场冲突，以维持朝鲜半岛的和平局势。早在1882年，朝鲜发生“壬午兵变”，日本使馆及人员被毁被杀，驻朝公使乘英舰逃回国内。事后，日方出兵朝鲜。与此同时，清廷一改此前的拖沓而果断下令派军队入朝平乱，结果清军在北洋兵舰的护送下抢先进入韩京。在兵力远少于中方的情况下，日方只得知难而退。

事后，清军六营全部留驻朝鲜并帮助其训练新军，朝鲜的外交事务与海关也掌握在清廷委派官员手中。由此，日本在朝势力被大大压制而朝鲜王室对中国的向心力大为增强。两年后，心有不甘的日本人勾结亲日的朝鲜“开化党人”发动“甲申政变”，大肆杀害亲华的朝鲜重臣并控制了局势。危急关头，清军营务处总理袁世凯挺身而出，一举挫败了日方及“开化党人”。由此，袁世凯崭露头角，继而成为“朝鲜监国”，一代枭雄就此起步。

李鸿章自觉地继承和发展林则徐、魏源师夷长技的思想，以“外须和戎，内须变法”为洋务自强运动的根本指导思想。“和戎”是为了创造一个有利于改良和建设的国际环境，以外部环境的平静来自强不息。

德不孤，必有邻；道不孤，也同样有结伴而行者。或许是在中国历史上，改革会遇到种种阻力和困难，需要付出代价甚至流血牺牲，所以那些砥砺前行的改革者总是习惯于将自己的行动，想象成一场个人英雄主义的大梦。李鸿章想要从古代来找寻相应的历史经验："自秦政变法而败亡，后世人君遂以守法为心传。自商鞅、王安石变法而诛绝，后世人臣遂以守法取容悦。今各国一变再变而蒸蒸日上，独中土以守法为兢，即败亡灭绝而不悔！天耶？人耶？恶得知其故耶？"

李鸿章的洋务运动声势很大，大有风卷残云之势。现在看起来，他的那些行动大都是大包大揽，也似东一榔头西一棒槌，缺乏系统性的梳理。他当时所想的，就是力所能及地多做一点事，至于效果如何，能不能做好，已经顾不了太多。即使有着周密的计划，也无法保证这趟列车开往既定的方向。

或许是不相信别人的缘故，李鸿章凡事亲力亲为。在他看来，自己真正的敌人并不是冲到家门口的西方列强，而是大清国的这个烂摊子。它附着于一个执行力非常羸弱的制度，一个越来越让他感觉到束手绊脚的制度。在当时的那种状况下，以一般人的理解力，是肯定无法完成一些事情的。也正因为如此，大量烦琐的事务压在了李鸿章的身上。

作为晚清最为显赫的汉臣，李鸿章的最大悲剧不在于时局的多舛，也不在于个人命运的坎坷，而在于他作为一个个体，没有办法、也没有意识去表达自己真正的内心。他无法使自己成为独立的个体，也无法做到真正去面对自己。

李鸿章曾经与日本驻北京公使森有礼有过一次对话。那是 1875 年 12 月的一天。森有礼到河北保定直隶总督府拜会直隶总督李鸿章，双方就朝鲜局势交换意见。席间二人谈起日本明治维新，谈及了各自国家对于西方文化的态度。

森有礼说："西国所学十分有用，中国学问只有三分可取，其余七分仍系旧样，已无用。"

李鸿章道："日本西学有七分否？"

森有礼回答道："五分尚没有。"

李鸿章又问："日本衣冠都变了，怎说没有五分？"

郑有宁（日本使馆代办）代为回答："这是外貌，其实本领尚未会。"

李鸿章笑着摇摇头，然后道："对于近来贵国所举，很为赞赏。独有对贵国改变旧有服装、模仿欧风一事感到不解。"

森有礼道："其实原因很简单，只需稍加解释。我国旧有的服制，诚如阁下所见，宽阔爽快，极适于无事安逸之人，但对于多事勤劳之人则不完全合适。所以它能适应过去的情况，而于今日时势之下，甚感不便。今改旧制为新式，对我国裨益不少。"

李鸿章说："衣服旧制体现对祖宗遗志的追怀之一，其子孙应该珍重，万世保存才是。"

森有礼说："如果我们的祖先至今尚在的话，无疑也会做与我们同样的事情。距今一千年前，我们的祖先看到贵国的服装优点就加以采用。不论何事，善于学习别国的长处是我国的好传统。"

李鸿章继续道："贵国祖先采用我们服装是最贤明的。我们的服装织造方便，用贵国原料即能制作。现今模仿欧服，要付出莫大的冗费。"

森有礼说："虽然如此，依我等观之，要比贵国的衣服精美而便利，像贵国头发长垂，鞋大且粗，不太适合我们人民，其他还有很多事不能适应。关于欧服，从不了解经济常识的人看来，虽费一点儿，但勤劳是富裕之基，怠慢是贫枯之原。正如阁下所知，我国旧服宽大但不方便，适应怠慢而不适应勤劳。然而我国不愿意怠慢致贫，而想要勤劳致富，所以舍旧就新。现在所费，将来可期得到无限报偿。"

李鸿章又问："阁下对贵国舍旧服仿欧俗，抛弃独立精神而受欧洲支配，难道一点儿也不感到羞耻吗？"

森有礼道："毫无可耻之处，我们还以这些变革感到骄傲。这些变革绝不是受外力强迫的，完全是我国自己决定的。正如我们自古以来，对亚洲、美国和其他任何国家，只要发现其长处就要取之用于我国。"

李鸿章说："我们决不会进行这样的变革，只是军器、铁路、电信及其他器械是必要之物和西方最长之处，才不得不采之外国。"

森有礼说："凡是将来之事，谁也不能确定其好坏，正如贵国四百年前（指清军入关前）也没有人喜欢这种服制。"

李鸿章道："这是我国国内的变革，绝不是用欧俗。"

这是一场互有攻守的精彩对话，他们从服装入手，谈到了古今之变的根本。李鸿章的思想在这场对话中表露无遗，也代表了中国大部分旧知识分子的心声。他们所承认的西方世界的进步，也仅限于军器、铁路、电信以及其他器械。至于西方其他的东西，就连服装，他们也认为自己的织造成本低，不浪费原材料。思想容易改变，习惯却很难根除。而在很多时候，习惯与思想是联系在一起的。

李鸿章等人在借洋枪队镇压太平天国运动中领略了铁甲洋炮的厉害，也同时看到了世界在变。"欧洲诸国，百十年来，由印度而南洋，由南洋而中国，闯入边界腹地，凡前史所未载，亘古所未通，无不款关而求互市……此三千余年的大变局也。"

早在鸦片战争时期，马克思、恩格斯就曾预言，中国"竭力以天朝尽善尽美的幻想来欺骗自己，这样一个帝国，终于要在这样一场殊死的决斗中死去"。（《马克思恩格斯全集》第 12 卷）

甲午战争开战初期，恩格斯又适时地做出判断："在中国进行的战争给古老的中国以致命的打击。闭关自守已经不可能了，即使是为了军事防御的目的，也必须敷设铁路，使用蒸汽机和电力以及创办大工业……整个陈旧的社会制度也都在逐渐瓦解。"（《马克思恩格斯全集》第 36 卷）

在李鸿章的思想深处，依然盘踞着东方大国的尊者意识。这种意识更像是一面哈哈镜，让它难以还原世界的真实面目。在他看来，西洋的文化与制度，和他们造出来的枪炮并没有必然的联系。他说：“西人专恃其枪炮轮船之精利，故能横行于中土。中国向用之器械，不敌彼等，是以受制于西人。”

大清国没有其他更好的选择，唯有变，才能通。如何变，变到什么程度？这才是问题的关键所在。大清国毕竟不同于日本，像日本明治维新那样“全盘西化”，显然是不现实的。彼时的大清，倘能循序渐进，已难能可贵。否则，再宏伟的改革蓝图，都会半途夭折。这一点，已经在后来的戊戌变法中得到充分的证明。戊戌变法的激进，带来的不只是改革的停滞，更是大幅度的倒退。

一个改革家生在彼时的中国，与生在彼时的日本，面临的境况是不可同日而语的。与前者相比，后者的命运显然要幸运得多。日本著名思想家福泽谕吉提出要学习西方的文明精神，他认为“从国民的一般智德，可以看出一个国家的文明状况”。这样的观点颇有几分“改造国民性”的味道。

口号喊得震天响，最后还是要落在“中学为体，西学为用”的理念上。另一位洋务大臣张之洞在他的专著《劝学篇》里论述了“中学为体，西学为用”的观点，但是“中体西用”的观点并不是他直接提出来的，而是江苏的一个候补道吴之榛在苏州办学时提出的办学宗旨。

“中学为体，西学为用”这句话有着夹生饭意味，也有着投机的因素。洋务派们不承认自己的“体”出现了问题，更不想在政体上动大手术。在他们眼里，腐朽落后的政体与近代化所创造的“器用”并不矛盾。殊不知，在一个腐朽、专制、低效的政治制度下，怎么会有健康发展的近代化呢？一切都是空中楼阁，烟雨浮尘。

在李鸿章看来，这个步履蹒跚的老大帝国肯定是患上了一种难以根治的重病。他虽然不是什么医术高超的老中医，通过望闻问切就可以诊断病因所在，但是患者表面的脓肿，他还是看得真真切切。孙郁说：“他知道大清帝国衰微的结局，但一面又在修补着那个世界，竭力挣扎在东西方文化之间。他在受辱和自尊间的平衡点里，重复了古中国庙台文化与市井文化的精巧的东西……内心的体味无疑是复杂的。”

任何一次失败，都不是因为敌人的强大，而是因为自身的虚弱。在李鸿章复杂的内心里，大清国就像是一个已入膏肓的巨人，不能随便下猛药，更不能改弦易辙，只能进行局部调理，或者用点补药使他尽快变得强壮起来。他很快就找到了一条对症下药的路径，从模仿开始，寻求改变，只有先得其表，才能得其根本。以这种初衷所倡导的洋务运动，完全可以看作这个东方帝国的一次内部修炼，是一场高举招幡的借尸还魂。

有人说，李鸿章让这个安静祥和的帝国一夜之间陷落于机器的轰鸣声中，陷落于改天换地的变化之中。朝廷上下许多焦灼的目光，都投向那个来自安徽合肥的白发老人身上。

从北京到上海，从天津到广州，从机械制造和采煤，到铁路、电报和轮船运输……无一不与李鸿章的推动、支持有关。帝国已经不知不觉分作南北两个阵营，南方开放活跃，而北方保守沉闷。当洋人决计在大清的国土上开设电报业务，朝野上下陷入一片惶恐不安，他们担心“电报之设，深入地下，横冲直撞，四通八达，地脉既绝”。而此时的李鸿章，则毫不犹豫地抛弃了传统的风水观，支持在大沽口至天津之间开通了第一条电报电缆线。

面对朝野上下的一片沸腾之声，李鸿章也只能用惨淡的笑容回报这个热闹的世界。问得急了，问得烦了，他会强硬地顶你一句“今昔情势不同，岂可狃于祖宗之法”！

道光二十七年进士，四十二岁任江苏巡抚，封肃毅侯、一等伯爵，戴三眼花翎，可谓雄心勃勃，如今早已两鬓斑白，垂垂老矣，做什么事只要对得起天地良心，亦复何言？

每个人的成功自有他的道理，“运气”二字不足以概括。多事之秋，或许只有在这样的时候，慈禧太后和他辅佐的年轻皇帝才会发现，满朝文武，居然没有一个能为自己办事的人。这岌岌可危的政治局面，就好像是为一个超级玩家量身定制的游戏模块，所有的一切都在等着他出面收拾。

维新派的代表人物谭嗣同曾经引用袁世凯的话来评价李鸿章，他说："香帅尝叹曰：无怪乎合肥之得志也！遍观中外（指朝廷内外），大小臣工，学问非不好，品行非不好，即心术亦未必都不好，然问以大小数百种，后膛精枪亦数百种，形式若何，运用若何，某宜水，某宜陆，某利攻，某利守，某利山林，某利平地，其左右前后之炮界何在，昂度低度若何……以及水雷旱雷炮台地营一切攻守之具，无一人能知，且并其名亦不能辨，又况西人政事法度之美备，有十倍精于此者。某国当与，某国当拒，某国善良，某国凶狡，吾之联之而备之者，其道何在，宜更无一人知之矣。稍知之者，唯一合肥。国家不用之而谁用乎？"

对于这一点，后来的梁启超也有着类似的看法："现在整个朝廷二品以上的大员，五十岁以上的大官，没有一个人能比得上李鸿章。"

放下官场权谋不说，李鸿章是一个彻头彻尾的实干家。他几乎是以一种搏命的姿态投入到大清国的洋务运动中，一个"搏"字道出了他的行事作风，也道出了他的为官之术。他说："人生如朝露，倘及时得手，做成一二件济世安民、顶天立地事业，不更愈于空言耶？"

很多人说李鸿章会做官，实际上他的成功之道很简单，就是拼命地干，拼命地提建议，拼命地笼络人才，拼命地与同僚沟通，拼命地巴结对他有用的人物。

正是在这样的情形下，大多数时候，李鸿章呈现于世人面前的，并不是一个活生生的人。他更像是一个特殊时代的符号、一个表现体。每一个身居高位的人的思想都是极其隐秘的，在大多时间里，他们并不能按自己真实的想法做人行事，而是以各种力量的权衡来实施计划，做出自己的判断，实施自己的行动。

1840 年的鸦片战争，让大清国领教了西方坚船利炮的厉害。李鸿章评论道："洋兵数千枪炮并发，所当辄靡。其落地开花炸弹真神技也！"在与太平军作战中，通过与洋人的合作，他对西洋的坚船利炮深深地沉迷。

那只写惯了奏折、曾经凭借区区六百字的《参翁同书片》就要了翁同龢的长兄翁同书的命的著名刀笔，居然也写起了科学论文。他所写的《蒸汽动力运转奏折》，文中的许多词汇，都是当时的新词，在古文中未见，让人重见徐光启当年经营西洋实用之学的风采。

如果说农耕文明开启了一个悠长而缓慢的过往时代，那么科学技术则催生了一个日新月异的新时代。创新与淘汰，成为这个大时代的主旋律。那些曾经敲开中国大门的船与炮，静静地躺在兵工厂的角落里，已经蒙上历史的灰尘。

科技文明催生的器物，最显著的特点是更新换代。而这一次，吸取经验教训的李鸿章们起了个大早，不仅没有掉队，而且走在亚洲各国的最前沿。1864 年，李鸿章在一封奏折中，道出了当时许多官员想说而不敢说的心里话："鸿章窃以为天下事穷则变，变则通。中国士夫沉浸于章句小楷之积习，武夫悍卒双多粗蠢而不加细心，以致所用非所外国之利器为变怪神奇，以为不能学；不知洋人视火器为身心性命之学者已数百年……鸿章以为，中国欲自强，则莫如学习外国利器；欲学习外国利器，则莫如觅制器之器……欲觅制器之器与制器之人，则或专设一科取士。士终身悬以富贵功名之鹄，则业可成、学，所学非所用。无事则嗤外国之利器为奇技淫巧，以为不必学；有事则惊艺可精，而才亦可集。"

鸦片战争之后，虽然一些开明的官僚士大夫开始认真审视世界，然而他们注视的重点是西方列强，并不是日本。历史上一直以来的文明高位，滋养了中国人的中华文化优越感，这种傲慢的态度造成了国人对日本的了解不够。

法国驻华公使施阿兰对此评论道："当时这个国家对自己的前途似乎毫不关心，它同列强和平共处，丝毫没有觉察到正在强大起来的日本。"1874 年 5 月 6 日，日本明治天皇统治时期的第一位海军元帅、海军大将，也是明治维新的九元老之一的西乡从道带着他的 8 艘战船，载着 3500 名日军士兵，在毫无防范的台湾琅桥顺利登陆，未遇到任何抵抗。

西乡从道还有一个身份，他是在倒幕运动与明治维新中发挥了巨大作用的西乡隆盛的弟弟。中日甲午战争时期，西乡从道担任陆军大臣和海军大臣，可以说是侵华战争中的主要决策者。

清政府方面虽然明确宣布台湾乃中国固有领土，要求日本尽快撤军，甚至有官员建议布告列国，对日宣战，但终难下定决心，做出果断决策。在李鸿章的强烈建议下，清政府以沈葆桢为钦差大臣总理台湾等处事务兼总理衙门大臣兵发台湾。

从春天到秋天，这场浅尝即止的碰撞是日本人试图伸展战争触角的一次试探。双方经过谈判桌上无数次的讨价还价，台湾事件终于有了结局。这时候的日本并不是大清对手，但大清国正沉浸于“同光中兴”的盛世中，致力于“和平崛起”。加之俄国人在新疆的牵制，于是，在占尽优势的前提下，采取了息事宁人的态度，签订《中日北京专条》，向日本服软，赔偿50万两白银。这让日本人第一次尝到了战争的甜头，也看到了大清国的外强中干，从此消除了对这个帝国的恐惧。

英国人李欧尔卡克做了这样的结论，他说：《中日北京专条》的缔结，是“向世界登出广告，宣布这里有个愿意付款、而不愿意战争的富有的帝国”。

对于在重重禁宫中决策的东方政治，对于在李鸿章辈神秘的大脑中翻滚的东方政治，李欧尔卡克之流的智慧仅限于此。严格地说，这只能算是一场“准战争”，而在这场中日交锋中，究竟谁是最大的赢家？

军事上得不到好处的日本，开始做外交努力——强盗总是这样：当他不可能把你的家洗劫一空的时候，他就会力图捞一把就走，除非主人有决心把他彻底打跑。然而作为主人的清政府，偏偏既没有这个决心，也没有这份实力。

日本，这个蕞尔小国的背信弃义，似乎比英国的鸦片、法国的大炮更能刺激大清国本就脆弱不堪的神经，言“东洋之害甚于西洋”者有之，言“无海防无以立国”者亦有之。朝中官员里，无论是经李鸿章举荐带兵赴台的沈葆桢，还是直着脖子坐在军机处等李鸿章拿主意的王公大臣，都从不同的层面忧虑海防问题，一个整饬“轮船水师”的机会已水到渠成。

日本从台湾草草收兵后，无一刻放弃对清政府用兵的准备。他们先后在朝鲜、琉球有所动作，试探清廷的反应。特别是在琉球，日本人更加明目张胆。他们先是于 1877 年 6 月阻止琉球继续向清廷纳贡，后于 1879 年公然兴兵入侵琉球，宣布废琉球国体，将一个邻国改为日本的冲绳县。对此，清廷的态度暧昧，缺乏决断，甚至主张索性放弃番属国琉球这“海外弹丸之利”，以免与日本发生正面冲突。

李鸿章即使不是当时唯一能够清醒分析判断局势的人，也是局中最为明智者之一。他不但了解了日本人的心思，更懂得中国的政治。李鸿章再次重申了一个事实——没有海军，没有铁甲战舰，你能让大清国的骑兵踏过台湾海峡去打日本人吗？

沈葆桢此次赴台所带之兵，不是别人的兵，正是李鸿章的淮军十三营“武毅”军精锐。雄心和野心，如何能够界别分明？李鸿章要把他的政治、军事实力注入这场角逐之中。他既要漂亮的播种，也要完满的收获。

3. 三千年未有之变局

19 世纪 60 年代至 90 年代，即第二次鸦片战争之后到甲午战争爆发前，也就是同治、光绪统治时期，拖着病体的老大帝国还没有走到无可救药的地步。经历了第一、第二次鸦片战争的大清帝国，这时候拿出了壮士断腕的决心。

朝廷在政治、经济、文化、实业等领域颁布一系列改革弊政、图强创新的施政措施，让奄奄一息的帝国迎来了一个短暂的“回光返照”时期。江南制造局、福州船政局和天津机器局等一系列大型军工企业相继创办投产，天津机器局甚至于 1880 年试制潜水艇。

上海郊区，本来只是用来生长庄稼的农田被朝廷征用。随之而来的是巨大的厂房和轰鸣的机器声，那些朝向天空骄傲地吞吐着黑烟的烟囱，让那些祖祖辈辈土里刨食的农民无比震撼。

每天迎着清晨的第一缕阳光，江南制造局的上空便会拉响悠长的汽笛声，与曼彻斯特、匹兹堡、多特蒙德和埃森这些西方大工业城市里的汽笛声完全一致，工人们开始了一天的忙碌。这充满生命律动的画面，像是给这个老迈的帝国服下了一颗还魂丹，让它突然变得年轻许多。眼前的一幕，让李鸿章这样的改革派有了巨大的成就感。

对于变化，西洋人高斯特在回忆中写道："60 多年前在英国，当人们建议筑造第一条铁路时，全国吵闹反对。如果那些喜欢嘲笑中国人害怕蒸汽机工厂和铁路运营的人们，能回忆一下这件事情，不是没有好处的。那时英国各阶级的知识人士所提出的反对，比今天中国人所表示的厌恶，可笑得多了。中国人不喜欢他们的墓地受到侵害，或是他们风水的规条受到破坏。但是在英国，一个著名的律师说，在有狂风的时候是不可能使蒸汽机运转的，就是'搅拨火炉，或是增加蒸汽的压力到汽锅要爆炸的程度'，也是没用处的；医学家们说，隧道的暗淡与潮湿，汽笛的尖叫、机器的飞转，火车头悽怆地睨视着人们，都将给公共卫生带来很大的损害，他们将这种损害描绘成一幅可怖的图画。人们说，火车通过时的火花将引起房屋的火灾，或是使房屋被倒塌的防堤打碎。乡下的士绅们对他们的猎场的前途感到忧惧，因为火车头将穿过他们的地产，放出毒烟，破坏了他们的猎场；他们坚信他们的牛将受惊慌而永远不再想吃饲料，他们的母鸡在新情况之下将不再下蛋；有许多人甚至表示他们怕那些可怖的怪物——工厂所吐出的烟雾将使青天变得完全暗淡无光……当我们想一想，欧洲人和中国人在生活上、文化上、思想的方式上是有巨大的差别的时候，我们对中国从 1860 年的战争到 1895 年间迅猛的进步，实不能不感到惊异。"

洋务派们看到了老大帝国涅槃重生的希望，举国上下也陷入"同光中兴"的迷梦之中。

或许是梦境过于美好，让大清帝国的臣民对现实世界失去了应有的判断。虽然掌握了造枪、造炮、造船的技术，但无一不仿制，无一不落后于西方二三十年甚至更长时间。江南制造总局造了近30年枪，居然还无法设计出一支具有本国知识产权的步枪，更不要说大批量生产；天津机器局为北洋舰队专供炮弹，却造不出急需的爆破弹。至于其他非军工类的官办企业，同样是一片死气沉沉。

向西方学习不是开铁匠铺，工人们在里面零敲碎打就可以造出一个新世界，它是一项系统工程。一个只会仿造枪炮而没有自我创新与自我造血功能的国家，除了向列强买军舰、送订单，别无其他选择。1866年6月27日，中国第一个外交使团访问德国。在此期间，代表团参观了德国历史上最著名的军火及钢铁制造商——克虏伯集团，受到了主人热情的款待。回国后，代表团成员张泰向李鸿章报告了他对阿尔费雷德·克虏伯的深刻印象："他热情、好客，不像英国人、法国人那样藐视我们的长衫、马褂和长辫，他彬彬有礼地用盛宴款待我们这些中国人！"

对于为普鲁士赢得普法战争立下大功的"加农炮之王"阿尔费雷德，李鸿章早已钦佩不已。他让手下准备了一份世界各国炮厂的大炮质量一览表。经过认真的审阅、选择和比较后，他认为，克虏伯家族的大炮优于美国、法国、西班牙、葡萄牙等国的大炮，将来一有战事，"稍有优，则利钝悬殊"。

1871年，李鸿章在科隆商人费雷德里茨·佩尔的鼓动下，一口气向克虏伯家族买下328门各种口径的克虏伯大炮，布防在大沽口、北塘、山海关等炮台，首先稳固北京城的防务安全。

1884年成立的南洋水师和1888年成立的北洋水师，是当时世界上最先进的铁甲舰队。它们的建立，得到欧洲军火商的大力协助。李鸿章在他"以夷制夷"的梦想里纵横驰骋。直到庚子国变、八国联军进北京，"以夷制夷"理论的信仰者才蓦然发现，要想制夷，只能依靠中国人自己。在中欧关系的"蜜月期"，1877年，李鸿章向克虏伯公司的老板阿尔弗雷德·克虏伯提出要求，对中国留学生进行免费培训。阿尔弗雷德·克虏伯答应了，他不能回绝眼前这个大主顾。

谁知那些长期处于封闭状态的学生离开自己的祖国，就像出笼的鸟。他们尝到了自由滋味，很多人发生了改变：有的开始信仰基督教；很多人以长长的辫子为羞，把辫子绾起压在帽子里，有的甚至把辫子剪了；有的再也不愿意学习孔孟之道了，只愿意读西方书……

消息传回国内，那些本就意见不统一、观点摇晃的官员自然是抓住不放，很多人要求立即召回在外留学生。时隔不久，由于中国留学生要求进美国西点军校等事宜受阻，旧势力的压力更大了，朝廷也失去了主张，只好同意撤回留学生。

李鸿章主持下的第一次外派留学生一事，在无奈的现实面前也只能惨淡收场。尽管留学计划不幸夭折，但这次时间不长的留学活动，还是为大清政府培养了不少人才。在那些归国的留学生当中，从事矿山、电报、铁路等行业的有 30 多人，包括 6 名工程师、3 名铁路局长；从事外交、行政行业的也有 20 多人。在他们当中，后来比较有名的有开平煤矿采矿工程师邝荣光、中国铁路第一人詹天佑、北洋政府内阁总理唐绍仪以及外交总长梁敦彦等。

1881 年 8 月 3 日，清朝政府投资 65 万两白银的“超勇”号和“扬威”号巡洋舰，终于在英国纽卡斯尔港下水。

当这两艘巡洋舰在中国海岸出现的时候，李鸿章已经按捺不住兴奋的心情。1884 年，继“超勇”号、“扬威”号两艘巡洋舰之后，大清帝国又有了“定远”号、“镇远”号两艘铁甲舰。这两艘姊妹船也是中国海军历史上仅有的两艘铁甲舰，成了李鸿章手里的王牌。

那些来自遥远世界、武装到牙齿的军舰，将使大清的海军变得无比强悍，其实力也将远远超于日本之上。想到这些，李鸿章没有理由不感到兴奋。然而李鸿章万万没有想到的是，日本人并没有被大清国的船坚炮利吓住，也没有像郑和时代的西南诸国一样向天朝进贡，相反，“定远”号、“镇远”号来到家门口耀武扬威，大大地刺激了日本人的民族自尊心。

曾有过海军经历的作家张承志说：“日本正处在侵略大潮的最上风头，

如一个肆虐四乡未遇敌手的恶棍。他们正狗咬刺猬无处下嘴、发愁找不出下一个寻衅的借口，李鸿章却从海参崴跑来长崎修船……”

直至甲午炮声响起，甚至到了今天，日本朝野仍然喜欢把长崎清国水兵事件解释为一次“国辱”。当时《长崎快报》对事件做了如下报道：“有一群带有醉意的水兵前往长崎一家妓馆寻乐，因为发生纠纷，馆主前往警察局报告。一日警至，已顺利将纠纷平静，但由于中国水兵不服，不久乃有六人前往派出所论理。非常激动，大吵大闹，引起冲突。日警一人旋被刺伤，而肇事的水兵也被拘捕，其他水兵则皆逃逸。”

丁汝昌鉴于前日的冲突严饬水兵不许带械滋事，但在广马场外租界和华侨居住区一带水兵遭到日本警察有预谋的袭击，双方死伤八十余人。其中北洋水师水兵死亡人数多于日本人。当时数百名日本警察将各街道两头堵塞，围住手无寸铁的中国水兵挥刀砍杀。当地居民在歹徒煽动下从楼上往下浇沸水、掷石块，甚至有人手拿刀棍参与混战。

大清的军舰，就这样灰溜溜地离开了日本的海港。几十年后，当伊藤博文的遗著《机密日清战争》出版时，人们才知道，这一事件对历史的深刻影响，不仅在于它丢了一个大国的颜面，增强了日本人的自信心，更重要的是，大清国还弄丢了一样非常重要的东西——用汉字译电的密码簿。一个名叫吴大五郎的日本人捡到了这个密码簿。凭着这个密码簿，日本人很快找到了译电本中数字组合的方法。

整个甲午战争期间，日本对中国的密码通信，至少是外交系统的密码通信，一览无余。这在整个战争期间乃至后来的马关谈判期间，对中国造成了巨大的影响，而中国方面毫无知觉。

为了迎接慈禧太后的60寿诞，大清政府编订了远比编练海军更加详细的财政计划。其实筹备工作早在光绪十八年（1892年）就已经开始启动，光绪帝颁下上谕，提前近两年为慈禧的六旬生日做准备：“甲午年，欣逢（慈禧太后）花甲昌期，寿宇宏开，朕当率天下臣民胪欢祝嘏。所有应备仪文典礼，必应专派大臣敬谨办理，以昭慎重。”

有人算过一笔账，在庆典期间，紫禁城、西苑（今中南海）、颐和园、万寿寺等处的殿宇、门座均用彩绸装饰，这项“形象工程”的预算是 14 万两白银。在巡游回宫的路上，还耗资 46 万两白银，搭建 20 多座彩殿、彩棚，此外，还耗资 240 万两白银装修庙宇、搭建彩棚、安装宫灯、点景楼、音乐楼、灯游廊、牌楼等。不算为太后修建颐和园的费用，仅这些“形象工程”的费用，就能购买 3 艘“吉野”号，足以把日本海军打个稀烂。

1892 年，清廷公开宣布，因老佛爷寿庆需款，海军正式停购军舰。这一决定给日本人吃了一颗安心丸。

老佛爷的六十大寿非比寻常，也由此成为清廷压倒一切的政治任务。当有人建议停止颐和园工程、停修景点，移作军费的时候，慈禧太后大为震怒，甚至说出“今日令吾不欢者，吾亦将令彼终身不欢”的狠话。举国兴办如此规模宏大、豪华铺张的“六旬庆典”，巨大的开支犹如压在光绪帝身上的一座大山。就在筹备庆典的同时，为了应付军费开支，户部刚刚向国外银行借贷。

据《近代史资料》1962 年第 3 期记载：由于战局恶化，为了军事需要，清政府向英国、德国订购了几艘快艇，又向阿根廷订购了十三艘快艇，共计需款四百余万两；为了应付战局，军队的开拔、招募和编练，沿海的防御，总计需款三百九十余万两。

如此巨大的军事开支，短期内集结在一起，令国库空虚、靠借贷度日的清政府难以为继。百般筹措，依然不见效果，不得已户部只得再举外债。光绪二十年六月（1894 年 7 月），也就是慈禧寿典的筹备接近尾声之际，户部通过海关总税务司赫德，向英国银行借贷一千万两，年息七厘半，十年以后还本，十年中利息银四百二十万两。

军费的筹措尚且需要举借外债，那么庆典的费用又将如何筹措？从已经寅吃卯粮的清政府的财政状况来看，用于慈禧庆典的费用，只能是挪用、拼凑与搜刮，此外绝无他途。

黑云压城，日本所缺少的，只是一个战争的借口。对于一心想要发动战争的日本而言，借口不过是一个幌子。有条件要上，没有条件也要上。这一年，朝鲜爆发东学党起义。应朝鲜政府的请求，李鸿章派总兵聂士成率 900 名清兵进入朝鲜，帮助朝鲜平定叛乱。日本人终于看到了机会，迅速派兵入侵朝鲜。

日本人做好了战争的一切准备，而李鸿章还幻想着利用外交手段平息这场战争。朝堂上，帝师翁同龢则以主战派的姿态出现。如同以李鸿藻等为首的“清流派”官员一样，翁同龢不懂军事，只知讲大道理，纸上谈兵。养兵千日，用兵一时，这个道理谁都懂，在翁同龢嘴里，更是显得义正词严。

李鸿章对战争的前景并不乐观。他认为，历史上主战派最好当，他们只需要动动嘴皮子，就可以博得满堂彩，轻而易举地占领道德制高点，反正炮灰往往是别人家孩子。打了胜仗，证明他们正确；而打了败仗，自然还有别人来背这个黑锅。

《蜷庐随笔》中记载了翁同龢的一句话：“正好借此机会让他（李鸿章）到战场上试试，看他到底怎么样，将来就会有整顿他的余地了。”这句话让人听了不仅毛骨悚然。显然，当年的杀兄之仇并未在翁同龢的心头泯灭，但他绑架了国家的命运，却有违他所标榜的儒家道德标准。

如果没有日本人掺和进来，朝堂上下“清”“浊”两派的争斗不过是家里的内务事，与前朝上演过的党争游戏并无本质上的区别。

生逢“三千年未有之变局”，党争也就被赋予了新的时代意义。既然对手是日本，那就拿日本做自己的一面镜子。观照之下，帝国官僚政治的弊端也就变得一目了然——“在日本的明治维新时期，现代化的推进者们不忙于意识形态上的唇枪舌剑，而埋头于扎实的制度建设”，只谈问题，不争主义，扎扎实实搞建设，一心一意谋发展。大清精英阶层的分裂与争斗，则成了帝国内部的致命伤。

这刚好应验了美国学者汉斯·库恩的名言：“没有人民主权观念作为

先导，民族主义是不可想象的。”清代党争几乎将洋务运动、大清王朝和李鸿章本人都推向了绝路。1894 年 7 月 9 日，甲午年八月初九，中、日两军在朝鲜剑拔弩张，双方都闻到了战争的气味。对于日本人来说，这是一个决定性的年份。他们的“大陆政策”执行得太早不行，强大的北洋舰队是他们无法逾越的障碍；执行得太晚也不行，中国的政治处于巨大的变局中，清朝政府正式推行因光绪被废黜而一度中断的新政。这一年，可以说是日本人手里的唯一一次良机。这一年，刚好是“整顿海陆军”诏书提出的“十年准备期”的最后一年。

经过大清帝国自己的大肆宣传，“定远”号和“镇远”号这两艘铁甲舰早已成为日本家喻户晓的超级明星，“市井酒肆之间，无论老妇小儿，满嘴念叨的都是‘定远’号和‘镇远’号”。

后来在甲午海战中担任浪速号舰长的东乡平八郎，当时还只是个海军大佐，他跑到港口观察“定远”舰。当他看见定远主炮上晾满刚洗的湿衣服，说：“这么松懈！说不定可以打败它！”

日本虽然没有“定远”号和“镇远”号，但是它有击败大清帝国的野心和决心。维新仅仅一年后，日本就从美国购进铁甲舰“东”号，海军建设开始起步。1870 年，兵部大辅前原一诚提出扩建强大海军的计划，建议用 20 年时间，建造 200 艘大小军舰，其中铁甲舰 50 艘，以 7 年为一期，分三期实施。

为了能够超过“定远”号、“镇远”号，明治天皇节省宫内开销，捐钱购买军舰。皇太后也把自己珍藏的全部首饰捐献给海军。其实早在三年前，李鸿章就已经敏锐地意识到，在明治维新中脱胎换骨的日本“日后必为中国肘腋之患”，但没有人相信这个不起眼儿的东洋小国，会对大清帝国构成什么威胁和挑战。

从九月二十五日起，王大臣以及外省各大臣呈进万寿贡物，拉开了慈禧六旬庆典的序幕。从十月初一起，内外臣工“穿蟒袍补褂一月”，隆重的祝寿活动正式开始了。

光绪二十年（1894 年）十月初十，慈禧太后的金辇出现在皇极门外，当她从金辇上下来时，上午的阳光刚好洒在她的身上，在她华丽的朝服上面，镀上了一层金色。她由西门而入，从东边的石阶步入皇极殿，在御座上坐定，巨大的宫殿变得一片肃静，只听得大臣们撩动长袍的声音。

在光绪皇帝的率领之下，帝国的王公大臣们三跪九叩，山呼万岁，数千人像潮水一样起伏跪拜，像是排练了无数次的舞蹈，有着令人难以置信的和谐。那曲《海宇升平日之章》也悠然响起，在宫殿庭院上空久久回荡。

如此宏阔的场面，每个人都会对这个王朝具有的强大的组织能力惊叹不已。也难怪翁同龢会在他的日记里留下一句感叹："济济焉，盛典哉！"（《翁同龢日记》）

而就在这一天，日军攻占了辽南重镇大连，并在旅顺进行大屠杀。为此，那个弹丸之国也举行了一场声势浩大的庆典，那场庆典的规模，丝毫不逊于紫禁城内的这场万寿庆典。彼处的庆典是民众自发参加，来自前线的捷报让整个国家陷入翻江倒海的狂喜之中。而此处的庆典却是大臣们被强行召唤来给自己的主子贺寿。两个对阵之国像是商量好了似的，携手上演了这场历史荒诞剧。

熬过冗长的庆祝程序之后，翁同龢等官员迫不及待地站起身来，满脸的忧虑之色。就在他们魂不守舍、准备离席之时，慈禧下达的懿旨让他彻底安顿了下来：赏赐皇帝和诸位王公大臣听戏三日，一切军国大事一概放下停办。

那几日，隔着窗子，慈禧太后应该能看到大臣们的身影明明灭灭。她也应该能够猜得到发生了什么。前线告急的军情电报像雪片一样飞进紫禁城。她看到翁同龢双手哆嗦着将一份电文呈到皇帝面前，她从这对君臣和师生的神色里就能猜出八九不离十，无非是前线吃紧、前线又吃紧。

4. 一个愤怒社会的标靶

夏天是太平洋季风来临的时候，中日甲午战争，同样以不可逆转的风雨之势席卷而来。1894 年 7 月 25 日，日本军舰在丰岛海面不宣而战，突然袭击击沉中国运兵船“高升”号。炮弹击中“高升”号的锅炉，一声惊天动地的巨响之后，锅炉爆炸了，刺眼的火光之后，船的一部分变成无数的铁片、黑烟飞上了天，遮天蔽日。整个船体剧烈地震动着，迅速开始下沉。

8 月 1 日，光绪皇帝在斋戒三天之后，前往太庙行礼，随后驾还养心殿。这天晚上，慈禧太后在纯一斋看戏。就在宫殿的祥和气氛中，中日两国同时宣战，甲午战争正式爆发。李鸿章被任命为清军的最高统帅。第二天，圣旨又下，李鸿章被暂停穿黄马褂和戴三眼翎的资格，最高统帅的位置不变。朝廷这一举措，可以看作对李鸿章前一段工作的不满，也是对李鸿章的警示和激励，希望李鸿章振作起来，在战争中有一个良好表现，以重新取得穿黄马褂的殊荣。

仗是不能不打了，但打了两个星期，李鸿章深知不能硬拼，硬件方面自不是对手，软件方面，李鸿章亦深感“陆军无帅，海军诸将无才，殊可虑”，于是心里仍然想着通过外交途径和平解决这一争端。

黄海之战，清军官兵作战英勇，“镇远”号在作战中，主炮中弹，一个炮手的头骨当场炸碎，脑浆像柳絮一样在海风中飘过。在他倒下的地方，另一炮手及时补上来。“来远”号水手王福清在搬炮弹时，脚跟被炮弹削去，竟依然奔跑如飞，直到他看见甲板上拖出的长长的血迹，才发现自己受伤。

只有“济远”号、“广甲”号临阵逃脱。“济远”管带方伯谦称，“济远”漏水，火炮皆毁，不能出战，所以退出战场。它返回旅顺港时，才把海战的消息，带给岸上的人们。

李鸿章就在这时获得了关于海战的电文，但关于战果，他一无所知。没有人比他更加焦急。他就像是一只热锅上的蚂蚁，等待着最后的结局。他知道，自己的身家性命，都维系在这场战斗中。海战结束了，大海恢复了它的平静。李鸿章的手里，攥着丁汝昌在伤痛中给李鸿章写下的一纸避重就轻的战况汇报。他心绪难平，除了为死难的邓世昌、林永升、陈金揆、黄建勋、林履中请恤，他决然奏请将方伯谦即行正法。24日清晨，方伯谦还在睡梦中就被从床上拖下来，穿着一身茄青色纺绸睡衣，押到黄金山下大船坞西面的刑场上，他那颗呈现混沌状态的脑袋被刽子手一刀剁了下来。

有人说，甲午之败责任不在李鸿章，而在醇亲王奕譞。为太后一人的雅兴挪用军费，以创建京师水操学堂为名，借洋款八十万两。如此做法，对于这个危患中的国度无异于自杀。李鸿章在面对朝廷上下的责备与谩骂时，心有不甘地说："假如海军经费按年如数拨给，不过十年，北洋海军船炮甲地球矣，何至大败？此次之败，我不任咎也！"

1880年，李鸿章的老部下刘铭传就任台湾第一任巡抚。在任上，刘铭传上了一道"请筹造铁路折"，要求在台湾以及国内大兴铁路。在这样的情况下，李鸿章来到京城面见慈禧时，送了慈禧一件"小玩意儿"——在慈禧所住的北、中、南海，建一条小小的铁路，由法国商人全额赞助。李鸿章真是用心良苦，这样的行为，实际上是对朝廷决策者的一次铁路交通的启蒙教育。不久，一条长1500米的微型铁路落成了，慈禧太后和大臣坐上了6节车厢的小火车，火车晃晃悠悠地在园内绕了一个大圈，比乘马车坐轿子更稳健快捷，慈禧直接地感受到现代化的车轮滚滚。经过这一次切身体验，慈禧的态度来了个180度大转弯，她再也不反对修建铁路了。5个月之后，清廷终于发布第一个关于兴办铁路的正式文件。

李鸿章修铁路的事情，同样可以说明洋务运动的艰难，也可以说明李鸿章的苦心孤诣。从李鸿章洋务运动的内容来看，他的着眼点一是在军事上，如购船、购械、造船、筑炮台等；二是在商务实行上，如铁路、招商局、电报局、织布局、开平煤矿、漠河金矿等；三是在文化上，比如说派留学生、设医学堂等。可以说李鸿章考虑得非常周到了，而且意识到在诸多方面的落后，想奋起直追。

对于这个暮气十足的帝国来说，丝毫的改变都有可能如蚍蜉撼树，何况像李鸿章这样大踏步地学习西方？器物从来不是孤立存在的，它们无一不是观念的载体，中国人重器物，也不仅限于器物本身，比如商周的青铜器，就是国家权力和礼仪的象征。犹如电报电缆瓦解了传统的风水观，和洋务运动中的西洋器物一起进来的，当然是西方的科技、西方的思想。正是由于他倡导的物质革命，导致了科举的终结、新式教育的兴起，进而促使了传统社会的彻底解体。

对于李鸿章的处境，知之者，莫过于日本内阁总理伊藤博文。伊藤博文曾在谈到中日战争前中国海军的弱点时指出："李忠于朝廷，但是他还负责处理许多紧迫的事务，他此时已成为全国督抚的领袖，集内政、外交、洋务、海防于一身。在1880年代末、1890年代初，他忙于应付每日遇到的政治问题，以致不能对北洋海军诸多问题给予充分的注意。"

伊藤博文最后得出结论说："李鸿章的任务比起今天人们所能想象到的要艰巨得多。因为他面临向清廷寻求资金、说服各省官员争取他们的合作，同时又要抵挡来自各方的不断批评这多重的任务。清政府的弱点众所周知。清政府从整体上看给李鸿章增加了许多障碍。它充满官僚主义陋习、地方主义观念和派系的明争暗斗。北洋海军本身也因组织不健全、装备陈旧过时而深受其患。在这样的环境下，对李鸿章创建海军的努力，不应从不可能实现的理想，而应当从当时情况的整个背景做出评判。"

洋务运动为什么会失败？梁启超在比较李鸿章与当时的日本首相伊藤博文时讲了这样一段话："伊（伊藤博文）有优于李者一事焉，则曾游学欧洲，知政治之本原是也。此伊之所以能制定宪法为日本长治久安之计。李鸿章则唯弥缝补苴，画虎效颦，而终无成就也。但日本之学如伊藤者，其同辈中不下百数，中国之才如鸿章者，其同辈中不得一人，则又不能专为李咎者也。”

1895年3月20日午后，李鸿章一行登上春帆楼。春帆楼位于一座小山丘上，面朝大海。木制小楼看上去并不大，却显得错落有致。日方将这里作为和谈场所，可能还是别有一番深意。

伊藤博文是马关所属的山口县人，春帆楼是他经常光顾的地方。或许日本国改革的最初构想，也是他站在窗前面朝大海时忽然生出的灵感。下关盛行吃河豚。而春帆楼，是开下关吃河豚风气的名店。海边建有军港，冒着黑烟的军舰往来穿梭。李鸿章看出了主人的意图，除了显示私人的胜利，更是在炫耀日本海军的军威。

谈判的会议室摆放着一张长方形的会议桌，十多把椅子相对而设，左为宾，右为主。日方还特别在李鸿章的座位边安置了一只痰盂，似乎在提醒着人们，这位清国全权大臣已值暮年，垂垂老矣。

流水光阴，十年一梦，虽然已经是各自国家的权力代言人，可人毕竟是感性动物。那一天，伊藤博文见李鸿章进来，走过来握手致礼，然后按照事先摆放好的名签各自落座。

谈判桌前，故人相见，免不了一番唏嘘与感慨。除了例行常规的讨价还价，还有一些打哈哈的“闲谈”，其中最让人感兴趣的，是他们换位思考所做出的对比。李鸿章坐在谈判长桌一侧最大的红色靠背椅上，他的名签是：大清帝国钦差头等全权大臣、太子太傅、文华殿大学士、北洋大臣李鸿章。

他身边依次是：大清帝国钦差全权大臣、二品顶戴前出使大臣李经芳，头等参赞官马建忠。

清方的对面，坐着日方谈判代表和书记官，分别为：大日本帝国全权弁理大臣、内阁总理大臣、从二位勋一等伯爵伊藤博文，大日本帝国全权弁理大臣、外务大臣、从二位勋一等子爵陆奥宗光，内阁书记官长伊东已代治。

长桌顶端座位上坐着头等参赞官伍廷芳、外务书记官井上胜之助。

对面的一端坐着：（大日本帝国）外务大臣秘书官中田敬义、外务省翻译官陆奥广吉。

双方翻译罗庚龄和楢原陈政分别坐在各自谈判代表身后靠墙的位置。

李鸿章说："我若居贵大臣之位，恐不能如贵大臣办事之卓有成效！"

伊藤博文说："若使贵大臣易地而处，则政绩当更有可观。"

李鸿章说："贵大臣之所为，皆系本大臣所愿为；然使易地而处，即知我国之难为有不可胜言者。"

伊藤博文说："要使本大臣在贵国，恐不能服官也。凡在高位者都有难办之事，忌者甚多；敝国亦何独不然！"

在与李鸿章的首次谈判中，伊藤博文向李鸿章提出的停战条件是：日军占领大沽、天津、山海关一线所有城池和堡垒，驻扎在上述地区的清朝军队要将一切军需用品交与日本军队；天津至山海关的铁路由日本军官管理；停战期间日本军队一切驻扎费用开支由清政府负担，等等。伊藤博文明白，山海关、天津一线如果被日军占领，将直接危及北京安全。这个停战条件是清政府万万不会答应的。如果这一停战条件被清政府驳回，日本正好就此再战。尤其狡猾的是，伊藤博文此时隐藏了日军正向台湾开进的事实，企图在日军占领台湾既成事实后，再逼李鸿章就范。

春帆楼上，中日两国代表唇枪舌剑，谈判僵持不下。恰在此时，一桩突发事件改变了谈判的进程。3 月 24 日下午 4 时，中日第三轮谈判结束后，满腹心事的李鸿章走出春帆楼，返回驿馆。谁知，就在李鸿章快到驿馆时，人群中突然窜出一名日本男子，在卫兵未及反应之时，朝李鸿章脸上开了枪。一时间，现场大乱，行人四处逃窜。行刺者趁乱潜入人群溜之大吉，躲入路旁的一个店铺里。

李鸿章左颊中弹，血染官服，倒在血泊之中。随员们赶快将其抬回驿馆，由随行的医生马上进行急救。幸好子弹没有击中要害。过了一会儿，李鸿章苏醒过来。李鸿章毕竟经历过大风大浪，面对此突发事件，异常镇静，除了安慰随行人员外，不忘叮嘱随员将换下来的血衣保存下来，不要洗掉血迹。面对斑斑血迹的官服，这个七十三岁的老人算是为自己找到了一点儿安慰，他一声长叹：“此血可以报国矣！”

李鸿章的伤口在左眼下一寸的位置，子弹刚好卡在骨头缝里。子弹虽然留在了体内，但并没有伤到眼睛。德国驻日公使馆的医生赶来为他看病。各国医生会诊之时，日本医生建议开刀，但德国和法国医生坚决反对。理由是：既然这颗子弹对李鸿章眼睛的正常工作无害，不如暂时留在体内。如果贸然开刀，将会危及李鸿章的性命。

李鸿章在日本遇刺引起了国际社会的强烈关注，各国纷纷谴责日本这种不顾外交人员安危的行为。行刺事件发生后，马关警方很快抓到了凶手。经审讯，此人名叫小山丰太郎（又名小山六之介），二十六岁，是日本右翼团体“神刀馆”的成员。在小山丰太郎看来，日本国之所以不能吞并朝鲜、踏上大陆，是因为有了李鸿章。现在，李鸿章又来到日本进行议和，更是凭其三寸不烂之舌挽救清国，阻止日本对中国的进攻。为了日本的前途，更为了激励日本军人向中国发动全面进攻，小山丰太郎坚决反对中日议和，决心刺杀李鸿章。

小山的想法与日本政府此时的意图大相径庭。日本政府本来拟就的谈判方略是借战争逼迫清政府签订不平等条约，然后见好就收。伊藤博文最担心的是虎视眈眈的西洋各国坐收渔翁之利、趁火打劫，毕竟，日本也在甲午战争中耗尽了力量，而小山丰太郎的行为无异于授人以柄。难怪伊藤博文闻讯后气急败坏地发怒道：“这一事件的发生比战场上一两个师团的溃败还要严重！”

日本政府没有办法，只好答应“无条件停战”。脸上缠着绷带的李鸿章在床榻上读到了日本拟定的和约草案。这无异于在他的伤口上撒了一把盐，令他身心俱痛。李鸿章比谁心里都清楚，这场战争的输赢其实早就已经注定了。军事的失败只是一个表象，而政治的失败才是真正的失败。

李鸿章就像是一个日薄西山的帝国的谨小慎微的看门人，他的风度丝毫改变不了谈判桌上的弱势地位。结果不用等待，早就已经摆放在那里，就像被人贴上了一张无法撕去的宿命标签。

这是一张条件完全不对等的协议，草案内容主要有：

朝鲜自主；

将奉天以南领土、台湾及澎湖列岛割让给日本；

赔偿兵费3亿两白银；

修订通商条约，使日本在华的通商地位与欧美列强相同；

增加北京、重庆等七个通商口岸、允许各国输入机器直接在华生产，等等。

4月10日，李鸿章面缠绷带、坚持带伤回到谈判桌前。双方唇枪舌剑，有攻有守。或许是看到李鸿章受了枪伤，伊藤博文最后做了一亿两白银的让步。

李鸿章不甘心于此。关于赔款，他说："赔款二万万，为数甚巨，不能担当。"

伊藤博文说："减到如此，不能再减。再战则款更巨矣……中国财源广大，未必如此减色。"

李鸿章说："财源虽广，无法可开。"

伊藤博文说："中国之地，十倍于日本。中国之民四百兆，财源甚广，开源尚易。国有急难，人才易出，即可用以开源。"

李鸿章说："中国请你来做首相怎样？"

伊藤博文说："当奏皇上，甚愿前往。"

李鸿章说："奏如不允，尔不能去；尔当设身处地，将我为难光景细为体谅。果照此数写明约内，外国必知将借洋债方能赔偿，势必以重息要我。债不能借，款不能还，失信贵国，又将复战。何苦相逼太甚？"

这次会谈后，日本觉得需要给清廷施加点儿压力了，于是又做出了派兵舰出兵大连湾的态势。同时，李鸿章收到来自总理衙门的电报，要求他与日本订约。4月15日，双方举行最后一轮会谈。李鸿章仍要求日方减让赔款总款。经一番讨价还价后，日方同意每年贴兵费为50万两。17日，即光绪二十一年三月二十三日，日清双方全权代表在日本马关春帆楼签约。

《马关条约》中有关辽东半岛的条款如下：

下开划界以内之奉天省南边地方以鸭绿江溯该江以抵安平河口，又以该河口划至凤凰城、海城及营口而止，划成折线以南地方。所有前开各城市，皆包括在划界线内。该线抵营口之辽河后，又顺流至海口止，彼此以河中心为界。辽东湾南岸及黄海北岸，在奉天省所属诸岛亦一并在所让界内。

有关赔款的条款是：中国约将库平银二万万两交与日本，作为赔偿军费。

翁同龢在日记中写：唯李相频来电，皆议和要挟之款，不欲记，不忍记也。

这笔白银对日本意味着什么呢？两亿两白银，加上后来由于“三国干涉还辽”追加的3000万两白银，约合3.472亿日元，而日本政府的年度财政收入只有8000万日元。也就是说，这笔赔款，相当于日本4年多的财政收入总和。前外务大臣井上馨说：“一想到现在有3.5亿日元滚滚而来，无论政府或私人都觉得无比地富裕。”

日本人从此怀着暴发户的豪迈，陷入战争的赌博中不能自拔。

学者认为：“甲午战争对世界局势的影响远远不仅限于第一次世界大战和后来的第二次世界大战。在一百多年后的今天，其影响仍然深刻存在，甚至可能再次空前激烈地爆发出来。”

李鸿章神情黯然地踏上了归国的船只，发誓从此不再踏上日本国土。两年后，李鸿章从欧美归来，当他途径日本需要换船时，他让随从在两船之间搭上板桥，从上面直接走过，兑现了自己的承诺。

1895年4月18日，当面缠绷带的李鸿章带着《中日马关条约》回到国内的时候，他感觉到前所未有的陌生。这种陌生感让他心底生出一股寒意，就是置身于生死未卜的异国，也不曾有过这种感觉。

虽然是春天，他的心情却像冬日里铁青色的天空，被压得透不过气来。他被自己所忠于的王朝抛弃了，他成了众矢之的，成了一个愤怒社会的标靶。他在此之前的所有努力，都被毫不留情地否定了。

回到天津以后，他称病不出，只是派人星夜进京，给总署呈送了《中日马关条约》的正本。在此后，李鸿章一直留在天津与俄、法、德三国交涉，让他们对日本施压，要求将辽东半岛归还清国。

8 月 28 日，当他进京向光绪汇报所有情况后，皇帝阴沉着脸例行公事先慰问一番李鸿章的伤势情况，然后话锋一转，声音立即变得严厉起来："身为重臣，两万万之款从何筹措；台湾一省送予外人，失民心，伤国体。"光绪说得义正词严，李鸿章一下不知怎样回答才好，只得"引咎唯唯"，满脸尴尬。

他就这样一下子成了全国公敌，"李鸿章"三个字成了卖国贼的代名词。要求惩办李鸿章的奏折从四面八方雪片般地飞进紫禁城，落在光绪和慈禧的案头。更有所谓的爱国人士在各种场合宣称，要不惜一切暗杀李鸿章，以雪辱国之耻。

李鸿章深知宫廷政治的翻云覆雨，随时会将一个人陷入万劫不复的深渊。尽管他早就做好了准备，可是当暴风雨来临的时候，他还是被吓了一跳。光绪皇帝的圣旨适时地下达了，李鸿章被留在北京，奉旨"留京入阁办事"。所谓"入阁办事"，实际上是保留"文华殿大学士"，算是给李鸿章留了一点儿面子，让他赋闲在京。这位昔日大权在握的直隶总督、北洋大臣一下子变得两手空空。

就像李鸿章自己所说的那样，终其一生，他也只不过是一个裱糊匠，面对一个破屋只知修葺却不能改造。既不能，也不愿，更不敢。

历史的面孔：古代中国的生存路径与人性解读

出版统筹：新华先锋

出版策划：王　铭　木易雨田

特约监制：宋亚荟

营销统筹：杨文璐

版权运营：刘　洋

策划编辑：王亚松

文字编辑：王亚松

封面设计：王　鑫

版式设计：朱明月

责任印制：李　静